UMA NOVA SALA DE AULA É POSSÍVEL
Aprendizagem Ativa na Educação em Engenharia

Respeite o direito autoral

O GEN | Grupo Editorial Nacional – maior plataforma editorial brasileira no segmento científico, técnico e profissional – publica conteúdos nas áreas de ciências exatas, humanas, jurídicas, da saúde e sociais aplicadas, além de prover serviços direcionados à educação continuada e à preparação para concursos.

As editoras que integram o GEN, das mais respeitadas no mercado editorial, construíram catálogos inigualáveis, com obras decisivas para a formação acadêmica e o aperfeiçoamento de várias gerações de profissionais e estudantes, tendo se tornado sinônimo de qualidade e seriedade.

A missão do GEN e dos núcleos de conteúdo que o compõem é prover a melhor informação científica e distribuí-la de maneira flexível e conveniente, a preços justos, gerando benefícios e servindo a autores, docentes, livreiros, funcionários, colaboradores e acionistas.

Nosso comportamento ético incondicional e nossa responsabilidade social e ambiental são reforçados pela natureza educacional de nossa atividade e dão sustentabilidade ao crescimento contínuo e à rentabilidade do grupo.

UMA NOVA SALA DE AULA É POSSÍVEL
Aprendizagem Ativa na Educação em Engenharia

Gabriel Elmôr Filho
Laurete Zanol Sauer
Nival Nunes de Almeida
Valquíria Villas-Boas

Os autores e a editora empenharam-se para citar adequadamente e dar o devido crédito a todos os detentores dos direitos autorais de qualquer material utilizado neste livro, dispondo-se a possíveis acertos caso, inadvertidamente, a identificação de algum deles tenha sido omitida.

Não é responsabilidade da editora nem dos autores a ocorrência de eventuais perdas ou danos a pessoas ou bens que tenham origem no uso desta publicação.

Apesar dos melhores esforços dos autores, do editor e dos revisores, é inevitável que surjam erros no texto. Assim, são bem-vindas as comunicações de usuários sobre correções ou sugestões referentes ao conteúdo ou ao nível pedagógico que auxiliem o aprimoramento de edições futuras. Os comentários dos leitores podem ser encaminhados à **LTC — Livros Técnicos e Científicos Editora** pelo e-mail faleconosco@grupogen.com.br.

Direitos exclusivos para a língua portuguesa
Copyright © 2019 by
LTC — Livros Técnicos e Científicos Editora Ltda.
Uma editora integrante do GEN | Grupo Editorial Nacional

Reservados todos os direitos. É proibida a duplicação ou reprodução deste volume, no todo ou em parte, sob quaisquer formas ou por quaisquer meios (eletrônico, mecânico, gravação, fotocópia, distribuição na internet ou outros), sem permissão expressa da editora.

Travessa do Ouvidor, 11
Rio de Janeiro, RJ – CEP 20040-040
Tels.: 21-3543-0770 / 11-5080-0770
Fax: 21-3543-0896
faleconosco@grupogen.com.br
www.grupogen.com.br

Capa: Leônidas Leite
Imagem: © elenabs | iStockphoto.com
Editoração Eletrônica: Edel – Editoração Eletrônica Ltda.

CIP-BRASIL. CATALOGAÇÃO NA PUBLICAÇÃO
SINDICATO NACIONAL DOS EDITORES DE LIVROS, RJ

N811

    Uma nova sala de aula é possível : aprendizagem ativa na educação em engenharia / Gabriel Elmôr Filho ... [et al.] - 1. ed. - Rio de Janeiro : LTC, 2019.
    23 cm.

    Inclui índice
    ISBN 978-85-216-3589-5

    1. Engenharia - Estudo e ensino (Superior) - Brasil. 2. Ensino superior - Brasil - Currículos. I. Elmôr Filho, Gabriel. II. Título.

18-53425

                               CDD: 620.00711
                               CDU: 62:378(81)

Leandra Felix da Cruz - Bibliotecária - CRB-7/6135

Apresentação

Estamos vivenciando o século do conhecimento, no qual o avanço da Engenharia no mundo passa, cada vez mais, por soluções tecnológicas e inovações que possam assegurar melhor qualidade de vida para a sociedade. Nesta trajetória de avanços, a humanidade sempre lançou mão da Engenharia para suprir suas necessidades do dia a dia. Das pirâmides do Egito aos smartphones e carros autônomos, o crescimento da Engenharia foi exponencial, demonstrando a capacidade da humanidade de superar problemas e promover o conforto das pessoas. Neste século, a Educação em Engenharia tem se tornado, portanto, cada vez mais importante e precisa ser extremamente eficiente em encontrar novas metodologias e técnicas cada vez mais aplicáveis à formação de engenheiros capazes de encontrar as soluções de problemas nas diversas áreas de interesse do ser humano.

O Brasil tem experimentado mudanças curriculares esparsas e fragmentadas na Educação em Engenharia, ao tempo que o avanço do conhecimento tem sido exponencial. Este contexto requer uma referência bibliográfica capaz de cobrir os diversos matizes da Educação em Engenharia focada no desenvolvimento da competência como base na formação do engenheiro. Desse modo, um currículo apropriado poderá promover o desejado e necessário avanço na formação de engenheiros profissionais comprometidos e preparados para enfrentar os desafios da Engenharia cujas ferramentas têm sofrido mudanças disruptivas, portanto, impossíveis de prever. Este livro apresenta capítulos que podem jogar luz sobre como preparar a formação desse novo engenheiro. Tais capítulos, embora cuidadosamente encadeados, podem ser consultados de forma independente de acordo com o interesse do leitor num tema particular.

Esta é uma obra que traz conceitos importantes e atuais na Educação em Engenharia para o desenvolvimento de currículos que possam tornar o Brasil uma nação plenamente desenvolvida. Adequar a formação dos engenheiros dentro desta nova realidade é urgente, ou o Brasil perderá "o bonde da história".

Importante contribuição para o assunto, este livro demonstra o fato de que a Engenharia tem um papel essencial a desempenhar no mundo globalizado, e particularmente no Brasil. Por consequência, uma educação para formar engenheiros do século XXI se reveste de importância crucial. O destaque da contribuição – elaborada com a profundidade requerida pelo tema – se concentra na didática e na elegância do texto, que proporciona uma leitura prazerosa e instrutiva. O resultado dessa nova abordagem para a Educação em Engenharia para os cursos do Brasil pode fazer a diferença entre o sucesso e o fracasso do País na formação de seus engenheiros.

Boa leitura!

Mário Neto Borges, Ph.D.

Presidente do CNPq
(gestão outubro 2016-janeiro 2019)

Prefácio

A partir das grandes mudanças tecnológicas experimentadas nos últimos anos, notadamente no que se refere à Engenharia, todos os sistemas passaram por alterações, inclusive o educacional e o profissional. Do lado profissional, verifica-se que a Engenharia vem aumentando as suas interfaces e o seu espectro de abrangência, o que pode ser comprovado pelo incremento das modalidades existentes e pelo surgimento de novas ênfases e especialidades.

Estas mudanças trazem também o entrelaçamento de áreas na busca de soluções, como se tem verificado na Engenharia, que cada vez mais aumenta a interface com áreas como a Biologia, Medicina, Bioquímica, entre outras. Isto significa que a formação em Engenharia também tem que se adaptar a estes novos tempos, especialmente no que se refere ao processamento dessa formação, que não mais pode se basear em metodologias tradicionais, dada a necessidade de desenvolvimento de competências, que não mais se encerram no conhecimento técnico apenas. A par disso, há necessidade de se inovar nos diversos aspectos da formação em Engenharia, a começar pelas diretrizes curriculares nacionais para o curso, que necessitam urgente substituição.

Sobre as diretrizes, durante o ano de 2017, em um esforço articulado da Associação Brasileira de Educação em Engenharia (ABENGE), da Secretaria de Educação Superior do Ministério da Educação (SESu/MEC), da Câmara de Ensino Superior do Conselho Nacional de Educação (CES/CNE) e do Movimento Empresarial pela Inovação da Confederação Nacional da Indústria (MEI/CNI), foi encaminhada a proposta de elaboração de novas diretrizes para o Curso de Graduação em Engenharia. Tal proposta foi elaborada conjuntamente pela ABENGE e pela MEI/CNI, sendo entregue à CES/CNE em março de 2018. Esta proposta tem o objetivo de substituir as atuais Diretrizes Curriculares Nacionais para o Curso de Engenharia que estão estabelecidas na Resolução CNE/CES Nº 11 de 02 de março de 2002 e encontra-se em tramitação do âmbito da CES/CNE e SESu/MEC.

Dentre as principais características desta proposta de diretrizes, pode-se destacar a flexibilidade que permite diversos desenhos curriculares e propostas inovadoras para a formação em Engenharia. Destaque especial para a mudança de concepção ao alterar a atual formação baseada em conteúdos para formação por competências. Outro aspecto que permeia a proposta é a oficialização do empreendedorismo como campo de formação do Engenheiro. Também a perspectiva de atuação docente foi contemplada, tendo-se em vista as novas metodologias necessárias para a formação por competência e a otimização no uso da tecnologia como auxiliar nos processos de ensino e de aprendizagem.

A proposta de diretrizes inovadoras prevê também sistemas de acolhimento dos ingressantes para além do nivelamento de conhecimento, ao considerar aspectos sociais e psicopedagógicos que visam preparar o estudante para ter melhor desempenho nas atividades do curso. Aliada às novas metodologias e a este sistema de acolhimento, a proposta prevê também um programa de formação e desenvolvimento contínuo do corpo docente do curso.

Nesse contexto, as estratégias e métodos de Aprendizagem Ativa vêm recebendo atenção crescente dos professores de Engenharia por constituir uma das respostas possíveis a essas novas demandas educacionais.

Com este livro, professores de Engenharia tomarão conhecimento de que as estratégias e os métodos de Aprendizagem Ativa auxiliam na concepção de ambientes de aprendizagem que podem levar um estudante a compreender fenômenos, identificar e resolver problemas e a construir conceitos por si mesmo, relacionando suas "descobertas" com seu conhecimento prévio do mundo ao seu redor. Ao mesmo tempo, compreenderão que, nesses ambientes, o papel do professor é o de facilitador do processo, atuando como mediador na construção do conhecimento dos estudantes. E, não menos importante, se darão conta de que as estratégias e os métodos de Aprendizagem Ativa podem ser utilizados na concepção de ambientes de aprendizagem de cursos, tanto no modelo presencial como no modelo híbrido.

E, como apresentam os autores, de forma muito pertinente, a Aprendizagem Ativa e a Educação em Engenharia constituem um par natural. Ambientes de Aprendizagem Ativa podem proporcionar condições para que os futuros engenheiros desenvolvam as competências que o mercado e a sociedade demandam.

Assim, *Uma Nova Sala de Aula É Possível: Aprendizagem Ativa na Educação em Engenharia*, escrito por profissionais da Educação em Engenharia, com reconhecida experiência na área, tanto nacional como internacionalmente, traz importantes subsídios para os docentes que queiram entender os processos de ensino e de aprendizagem mais a fundo, bem como para aqueles que, em um primeiro momento, estão se perguntando: mas o que é mesmo Aprendizagem Ativa? Aprendizagem Ativa funciona? Que estratégias ou métodos poderia usar para ajudar os estudantes a aprender e de forma mais duradoura? Que base conceitual é capaz de fundamentar o planejamento de ambientes de aprendizagem no qual o estudante tenha espaço para agir, discutir, problematizar e analisar a sua ação? O que os professores devem fazer para auxiliar esta nova geração de estudantes a aprender e para que possam desenvolver as competências necessárias para os profissionais do futuro? Como as instituições de ensino superior estão se organizando para acolher esse "novo" estudante, como provocam os autores deste livro?

Finalmente, deixo aqui expressa a minha satisfação em prefaciar esta obra que carrega o selo ABENGE e que muito auxiliará os colegas neste momento em que estamos trabalhando na nova proposta das DCN do curso de graduação em Engenharia.

Vanderli Fava de Oliveira
Presidente da ABENGE

Agradecimentos

A Deus, em primeiro lugar.

Aos meus pais, esposa e filhos, que sempre me apoiaram em todos os projetos.

Aos professores do IME e amigos, Antônio César Castro De Sordi e Fábio Bicalho Cano, que me apoiaram e tornaram possível a implementação da Nova Sala de Aula em algumas disciplinas no IME.

Por fim, agradeço ao IME e ao Grupo Editorial Nacional pela parceria, infraestrutura e principalmente pela confiança para que eu pudesse tornar real o sonho de aplicar novas Estratégias e Métodos de Aprendizagem Ativa em Sala de Aula.

G. E. F.

Ao meu amado Flávio, pela força, pelo incentivo, paciência e entusiasmo com minhas conquistas.

Às minhas jóias mais preciosas, o Felipe e a Débora, pelo muito que me ensinam desde que entraram em minha vida para me fazer muito mais feliz.

Tenho certeza de que não esperam meu agradecimento mas, sim, minha felicidade e satisfação e, por isso mesmo, espero nunca desapontá-los.

Vocês sempre iluminaram meus caminhos, além de serem meus maiores motivos de orgulho!

L. Z. S.

Inicialmente, agradeço a Deus por todas as bênçãos que tenho recebido durante a minha vida.

Agradeço a educação recebida de meus pais, Lourival e Nívea, e o aprendizado obtido junto a minha filha Ana Carolina. Agradeço também a meus amigos, a meus estudantes, a meus professores e a meus colegas engenheiros e docentes dos quais, durante o meu exercício profissional e acadêmico, pude desfrutar os conhecimentos.

Sinto-me ainda honrado e agradeço em poder ter participado desta obra, inicialmente idealizada por Gabriel Elmôr Filho e desenvolvida competentemente por ele, Valquíria Villas-Boas e Laurete Zanol Sauer, professores que se dedicam à causa da educação em Engenharia.

Finalmente, agradeço à LTC na pessoa da Sra. Carla Nery, Superintendente Editorial, e a Sra. Raquel Bouzan pelo seu excelente trabalho na revisão de todo o texto e das figuras.

N. N. A.

Ao Frank, por seu amor, companheirismo e incentivo constantes.

Aos meus filhos Daniel, Thomas e Isabella, por serem minha fonte de inspiração, alegria de viver e por me fazerem tão orgulhosa de suas conquistas. Eles foram meu laboratório em muitas reflexões sobre ensinar e aprender.

Aos meus estudantes, por acolherem as minhas aulas diferentes e para quem trabalho para que sejam profissionais brilhantes e seres humanos felizes.

E aos meus colegas de muitas caminhadas com quem aprendi muita coisa sobre a arte de ensinar e os mistérios de aprender.

V. V-B.

Sobre os Autores

Gabriel Elmôr Filho

Engenheiro graduado pelo Instituto Militar de Engenharia (IME) e doutor em Ciências em Engenharia pela Universidade Federal do Rio de Janeiro. Acadêmico de longa data no IME, onde leciona, foi Diretor de Departamento de Ensino e Pró-Reitor. Tem experiência marcante em EAD, tendo desenvolvido diversos cursos e ambientes virtuais nesta modalidade. Tem ministrado palestras e oficinas de capacitação docente relacionadas aos temas de Estratégias e Métodos de Aprendizagem Ativa e Sala de Aula Invertida ("Flipped Classroom") e ajudado diferentes Instituições de Ensino na transição da Sala de Aula tradicional para a Nova Sala de Aula, com forte protagonismo dos estudantes. Atua como consultor editor e conselheiro no Grupo Editorial Nacional (GEN), onde concebe e coordena o desenvolvimento de soluções educacionais inovadoras, tais como ambientes com avaliações diagnósticas que mapeiam e revisam o conhecimento dos estudantes, que a partir de seus erros e acertos são direcionados automaticamente para uma trilha de aprendizagem personalizada. Tem participado ativamente em Palestras e Treinamentos em congressos, seminários e Instituições de Ensino, nos Temas Blended Learning, Sala de Aula Invertida e EAD.

Laurete Zanol Sauer

Doutora em Informática na Educação e mestre em Matemática Aplicada pela Universidade Federal do Rio Grande do Sul (UFRGS). Graduada em Licenciatura Plena em Matemática e professora titular na Universidade de Caxias do Sul (UCS), onde atua, desde 1989, na área de Matemática, com ênfase em disciplinas de Cálculo Diferencial e Integral e Equações Diferenciais para cursos de Engenharia e Licenciatura em Matemática. É professora do corpo permanente no Programa de Pós-Graduação em Ensino de Ciências e Matemática da UCS. Tem experiência em EAD, tendo coordenado o Núcleo de Educação a Distância da UCS, de 2011 a 2014. Atuou como professora em Seminários de Formação Pedagógica para atuação em EAD junto ao Núcleo de Formação para Professores da UCS, de 2007 a 2014. Participou, de 2005 a 2013, do projeto Tuning América Latina.

Suas pesquisas concentram-se nos seguintes temas: Educação Matemática, Educação Matemática para Engenharia e Ambientes de Aprendizagem Ativa, apoiados por tecnologias de informação e comunicação, com projetos desenvolvidos na Área do Conhecimento de Ciências Exatas e Engenharias, da UCS. Integra o Observatório Docência, Inclusão e Cultura Digital da UCS e pertence ao corpo de avaliadores do SINAES – MEC, desde 2006.

Nival Nunes de Almeida

Doutor em Engenharia Elétrica pela Coordenação dos Programas de Pós-Graduação em Engenharia da Universidade Federal do Rio de Janeiro – COPPE/UFRJ (1997), mestre em Engenharia Elétrica pela COPPE/UFRJ (1988) e graduado em Engenharia Elétrica, com ênfase em Sistemas Eletrônicos, pela Universidade do Estado do Rio de Janeiro – UERJ (1982). Atualmente é professor titular da Escola de Guerra Naval (EGN), onde atua em cursos de pós-graduação e, em especial, no Programa de Mestrado em Estudos Marítimos (PPGEM). Exerceu o cargo de Reitor da UERJ de 2004 a 2007; desempenhou ainda nesta Universidade as funções de: chefe do Departamento de Engenharia de Sistemas e Computação, vice-diretor e diretor da Faculdade de Engenharia e diretor do Centro de Tecnologia e Ciências. Em agosto de 2018, aposentou-se como professor na UERJ, na qual foi membro do Programa de Mestrado em Engenharia Eletrônica/Área de Sistemas Inteligentes e Automação. Foi ainda professor da Pontifícia Universidade Católica do Rio de Janeiro (PUC-Rio). Atuou como colaborador do Instituto Nacional de Estudos e Pesquisas Educacionais/INEP-MEC no Exame Nacional de Cursos (ENC) e no Exame Nacional de Desempenho dos Estudantes (ENADE); presidiu a Associação Brasileira de Educação em Engenharia (ABENGE) de 2011 a 2016; presidiu o Conselho de Reitores das Universidades Brasileiras de 2006 a 2007; foi membro titular do Conselho Estadual de Cultura do Rio de Janeiro, do Conselho Estadual de Educação do Rio de Janeiro e do Conselho Regional de Engenharia, Arquitetura e Agronomia do Rio de Janeiro (CREA-RJ); foi professor da Escola Naval na área de Eletricidade e Eletrônica (1984 a 2006). Possui experiência na área de Engenharia Elétrica, com ênfase em Automação Eletrônica de Processos Elétricos e Industriais, e dedica-se aos seguintes temas: ensino em engenharia; políticas públicas em ciência, tecnologia e inovação; sistemas inteligentes e automação; e gestão educacional. Tem publicado diversos trabalhos técnico-científicos e participado como palestrante em vários eventos acadêmicos e profissionais de âmbito nacional e internacional. Homenageado e paraninfo por diferentes turmas na UERJ, também foi agraciado com importantes honrarias, podendo-se destacar: Ordem do Mérito José Bonifácio – Grão-Oficial (UERJ), Medalha Mérito Tamandaré (Marinha do Brasil), Medalha Mérito Naval (Marinha do Brasil), Grande Medalha da Inconfidência (Estado de Minas Gerais), Medalha Tiradentes (Assembleia Legislativa do Rio de Janeiro), Medalha do Mérito Social Celso Suckow da Fonseca (CEFET/

RJ), Chevalier dans l'Ordre des Palmes Académiques (République Française – Ministère de L'Éducation Nationale) e a Medalha da Escola da Magistratura do Estado do Rio de Janeiro.

Valquíria Villas-Boas

Diretora acadêmica em exercício da Associação Brasileira de Educação em Engenharia (ABENGE) e coordenadora do Grupo de Trabalho em Aprendizagem Ativa na Educação em Engenharia da mesma instituição. É membro do Steering Committee do grupo Active Learning in Engineering Education (ALE), do qual foi Chairperson de 2011 a 2014. É membro do Consultative Committee for the Aalborg Centre for PBL in Engineering Science and Sustainability, do Editorial Board of the European Journal of Engineering Education e do Governing Board da Research in Engineering Education Network. Tem coorganizado vários eventos de aprendizagem ativa como o ALE 2014, o REES 2017 e o PAEE/ALE 2018. Bacharel em Física pela Universidade de São Paulo (USP), mestre em Física da Matéria Condensada e doutora em Ciências também pela USP. Fez seu pós-doutorado no Laboratoire de Magnétisme Louis Néel do CNRS (Grenoble – França). Foi professora do Instituto de Física da USP entre 1995 e 2003. Foi professora convidada da University of San Diego (San Diego – Califórnia – Estados Unidos) de 2001 a 2002 e professora adjunta do Evergreen Valley College (San Jose – Califórnia – Estados Unidos) de 2002 a 2003, onde trabalhou principalmente na área de ensino de Física. Desde 2003 é professora da Universidade de Caxias do Sul (UCS). Sua formação principal é na área de Física da Matéria Condensada, com ênfase em Materiais Magnéticos. Nos últimos 16 anos, tem trabalhado nas áreas de Aprendizagem Ativa para o Ensino de Física e de Engenharia, de Formação Profissional de Professores de Ensino Superior e de Formação Continuada de Professores de Ciências e Matemática. É professora do Programa de Pós-Graduação em Ensino de Ciências e Matemática e do Núcleo de Formação para Professores da UCS.

Material Suplementar

Este livro conta com o seguinte material suplementar:

- Ilustrações da obra em formato de apresentação (restrito a docentes).

O acesso ao material suplementar é gratuito. Basta que o leitor se cadastre em nosso *site* (www.grupogen.com.br), faça seu *login* e clique em GEN-IO, no menu superior do lado direito. É rápido e fácil.

Caso haja alguma mudança no sistema ou dificuldade de acesso, entre em contato conosco (gendigital@grupogen.com.br).

GEN-IO (GEN | Informação Online) é o ambiente virtual de aprendizagem do GEN | Grupo Editorial Nacional, maior conglomerado brasileiro de editoras do ramo científico-técnico-profissional, composto por Guanabara Koogan, Santos, Roca, AC Farmacêutica, Forense, Método, Atlas, LTC, E.P.U. e Forense Universitária. Os materiais suplementares ficam disponíveis para acesso durante a vigência das edições atuais dos livros a que eles correspondem.

Sumário

1 Introdução, 1

   1.1 Antecedentes educacionais e demandas profissionais, 1

   1.2 A graduação em Engenharia nas instituições brasileiras, 3

   1.3 Experimentos educacionais, 5

   1.4 O livro e sua organização, 8

2 O estudante do século XXI: futuro profissional da Engenharia, 11

   2.1 A difícil transição do ensino médio para a universidade: concepções, 14

   2.2 A tão badalada geração digital e as implicações para o ensino superior, 18

   2.3 A atividade cerebral do estudante: relações dinâmicas entre razão e emoção, 23

   2.4 Quais seriam as melhores condições de aprendizagem para o estudante do século XXI?, 26

3 Fundamentos de aprendizagem ativa, 34

   3.1 Ambientes de aprendizagem ativa, 34

   3.2 Concepções de aprendizagem, 36

   3.3 Teorias de Piaget e Ausubel, o modelo pedagógico de Paulo Freire e a aprendizagem ativa, 37

4 Sala de aula invertida, 42

   4.1 A sala de aula invertida, 43

   4.2 Os três momentos da sala de aula invertida, 47

5 O modelo híbrido e a aprendizagem ativa, 53

   5.1 O modelo híbrido, 53

   5.2 Possibilidades de aprendizagem ativa no modelo híbrido, 55

6 Estratégias e métodos de aprendizagem ativa potencializadores da sala de aula invertida: descrição e exemplos de aplicação, 62

6.1 *Peer instruction*, 64

6.1.1 Etapas de aplicação da *Peer instruction*, 64

6.1.2 Como avaliar ao aplicar a *Peer instruction*, 67

6.1.3 Alguns exemplos de aplicação da *Peer instruction*, 67

6.2 *Just-in-time teaching*, 72

6.2.1 Etapas de aplicação da *Just-in-time teaching*, 72

6.2.2 Como avaliar ao aplicar a JiTT, 74

6.2.3 Alguns exemplos de aplicação da estratégia, 76

6.3 *Think-pair-share* (Pense-discuta com um colega-compartilhe com o grande grupo), 82

6.3.1 Etapas de aplicação da TPS, 83

6.3.2 Duas variações para a TPS, 84

6.3.3 Como avaliar ao aplicar a TPS, 84

6.3.4 Alguns exemplos de aplicação da TPS, 85

6.4 *In-class exercises* (Exercícios em sala de aula), 86

6.4.1 Etapas de aplicação da *In-class exercises*, 86

6.4.2 Como avaliar ao aplicar a *In-class exercises*, 87

6.4.3 Alguns exemplos de aplicação da *In-class exercises*, 88

6.5 Grupos com tarefas diferentes, 91

6.5.1 Etapas de aplicação da estratégia Grupos com tarefas diferentes, 92

6.5.2 Como avaliar ao aplicar a estratégia Grupos com tarefas diferentes, 95

6.5.3 Alguns exemplos de aplicação da estratégia Grupos com tarefas diferentes, 95

6.6 *Thinking-aloud pair problem solving* (resolução em voz alta de problemas em pares), 96

6.6.1 Etapas de aplicação da TAPPS, 97

6.6.2 Como avaliar ao aplicar a TAPPS, 98

6.6.3 Alguns exemplos de aplicação da TAPPS, 98

6.7 *Constructive controversy* (Controvérsia construtiva), 99

6.7.1 Etapas de aplicação da estratégia Controvérsia construtiva, 100

6.7.2 Como avaliar ao aplicar a estratégia Controvérsia construtiva, 101

6.7.3 Alguns exemplos de aplicação da estratégia Controvérsia construtiva, 101

6.8 *Jigsaw*, 103

6.8.1 Etapas de aplicação da *Jigsaw*, 103

6.8.2 Como avaliar ao aplicar a *Jigsaw*, 107

6.8.3 Alguns exemplos de aplicação da *Jigsaw*, 107

6.9 *Co-op co-op*, 108

6.9.1 Etapas de aplicação da *Co-op co-op*, 108

6.9.2 Como avaliar ao aplicar a *Co-op co-op*, 110

6.9.3 Alguns exemplos de aplicação da *Co-op co-op*, 110

6.10 Desafio em grupos, 111

6.10.1 Etapas de aplicação da estratégia Desafio em grupos, 111

6.10.2 Como avaliar ao aplicar a estratégia Desafio em grupos, 113

6.10.3 Alguns exemplos de aplicação da estratégia Desafio em grupos, 113

6.11 Casos de ensino, 114

6.11.1 Etapas de aplicação do método de Casos de ensino, 115

6.11.2 Como avaliar ao aplicar o método de Casos de ensino, 115

6.11.3 Alguns exemplos de aplicação do método de Casos de ensino, 116

6.12 *Problem-based learning* (Aprendizagem baseada em problemas), 120

6.12.1 Etapas de aplicação do método PBL, 121

6.12.2 As funções do tutor, do líder, dos secretários e dos demais membros da equipe, 123

6.12.3 Problema na PBL, 126

6.12.4 Como avaliar ao aplicar o método PBL, 128

6.12.5 Alguns exemplos de aplicação de problemas na aplicação da PBL, 132

6.13 Escolhendo uma estratégia ou método de aprendizagem ativa, 133

7 Avaliação: processo contínuo e formativo, 137

7.1 O que significa avaliar?, 138

7.2 Condições para que a avaliação integre o processo de aprendizagem, 140

7.3 Possíveis abordagens de avaliação em ambientes de aprendizagem ativa, 142

7.4 Estratégias de avaliação em ambientes de aprendizagem ativa, 146

7.4.1 *One minute paper* (O relatório do último minuto), 146

7.4.2 Autoavaliação, 147

7.4.3 Avaliação formativa, 151

7.4.4 Avaliação pelos pares, 157

7.4.5 Portfólio físico ou digital, 157

8 O Planejamento das aulas e os resultados de aprendizagem, 160

8.1 O planejamento e os resultados de aprendizagem, 162

8.2 A taxionomia de Bloom, 164

8.3 O planejamento da metodologia para o desenvolvimento da aula, 167

8.3.1 Exemplos de planos de aula, 170

8.4 O planejamento de critérios de avaliação, 187

9 A aprendizagem ativa e a educação em Engenharia: um par natural, 190

Índice, 196

Introdução 1

Se apenas com idealismo nada se consegue de prático, sem essa
força propulsora é impossível realizar algo de grande.

Almirante Álvaro Alberto

Nos dias de hoje, há uma pressão permanente das atualizações tecnológicas. Fronteiras físicas internacionais são superadas e as comunicações estão muito mais fáceis de serem realizadas. Além disso, bases de dados e informações armazenadas na rede computacional mundial, assim como as mídias sociais, têm gerado desafios educacionais, econômicos e sociais impactantes. Por outro lado, crises econômicas, necessidade de saneamento básico e água potável, dentre tantos outros problemas, ainda atingem drasticamente diversos países.

Nesse cenário, a Educação em Engenharia tem buscado atender as demandas da sociedade em todo o mundo. Assim, a formação técnico-científica de engenheiros(as) deve compreender a inter-relação existente entre governo, academia e empresa na produção de bens e serviços, mas também buscar que os egressos das escolas de Engenharia sejam profissionais técnicos, competentes e socialmente responsáveis.

Essa realidade tem estimulado a inquietante reflexão: como preparar as novas gerações de estudantes? Como ajudar os docentes e profissionais em atividade? Como esses atores podem estar aptos a enfrentar desafios atuais e futuros no exercício de sua cidadania profissional?

Diante disso, a Educação em Engenharia tem buscado equilibrar questões de aprendizagem emergentes na academia (mundo educacional) *versus* demandas da sociedade (mundo empresarial) a partir de diretrizes econômicas e educacionais (mundo governamental). Portanto, uma finalidade maior deste livro consiste em motivar o estudo de fundamentos técnico-científicos, de forma simples e objetiva, possibilitando aprender a arte de saber como fazer (*know-how*) e saber por que fazer (*know-why*), para que tenhamos um círculo virtuoso na inter-relação entre estes mundos, na qualidade da formação dos egressos das instituições educacionais, na geração de novos saberes e de bens e serviços que atendam a sociedade brasileira.

1.1 Antecedentes educacionais e demandas profissionais

Há um consenso no mundo político que conhecimento/saber é poder. Assim, torna-se importante para uma sociedade que queira ser justa e soberana. Diferentemente do que ocorria na Grã-Bretanha, que buscava ampliar e manter seu império, e respectiva colonização nas Américas, no Brasil ainda estava

2 Capítulo 1

na fase de seu descobrimento sob o domínio do reino português. Vivíamos uma economia de puro extrativismo e a coroa portuguesa não vislumbrava a implantação de escolas de ensino superior. Não obstante, a colonização espanhola já apresentava algumas iniciativas de criação de instituições de ensino superior (IES).[1]

Embora houvesse algumas tentativas de estabelecer o ensino superior no Brasil colônia, a historiografia da educação registra que este nível de ensino foi iniciado, formalmente, a partir da transmigração da Família Real portuguesa para o Brasil, em 1808, acompanhada por sua Academia Real de Guardas-Marinhas, e que, ao se estabelecer em terras brasileiras, o novo governo instituiu as aulas régias de Anatomia, na Bahia, e Cirurgia e Anatomia, no Rio de Janeiro, bem como a Academia Real de Artilharia, Fortificação e Desenho, em 1810. Ainda outras importantíssimas instituições científicas e culturais foram implantadas, como a Imprensa Régia, a Biblioteca Nacional, o Museu Real, o Horto Real, o Arquivo Militar, o Observatório Astronômico, todas valiosas iniciativas para o desenvolvimento da sede da Corte no Rio de Janeiro.

Vale observar a necessidade de incluir esses cursos em instituições militares, pois era uma questão de defesa à recém-instalada Corte. Por exemplo, muito próximo ao Paço Imperial, na atual Praça Quinze – centro da cidade do Rio de Janeiro –, ficava a Academia Real de Guardas-Marinha e a Academia Real de Artilharia, Fortificação e Desenho (Casa do Trem – atual Museu Histórico Nacional). No tocante à Academia Real de Guardas-Marinhas, antecessora da Escola Naval brasileira, sua transferência para o Rio de Janeiro foi realizada com seus alunos, lentes e parte de material escolar, didático e instrumental, bem como a sua respectiva biblioteca.

Nesse contexto, as atividades de ensino de Engenharia tiveram seu início fortemente ligado à questão da ocupação territorial, nas construções de fortificações e na logística dos serviços de exploração e no comércio de matérias-primas a partir da colonização do Brasil. Com a criação da Real Academia de Artilharia, Fortificação e Desenho, em 1810, o país passou a ter uma formação acadêmica de ensino superior de Engenharia para fins de atender finalidades militares e obras civis, ou seja, uma formação para acolher as demandas do Estado. Posteriormente, com a constituição da primeira escola civil, Escola Politécnica da atual Universidade Federal do Rio de Janeiro, em 1792, gerada a partir desta Real Academia, seguiram-se outras escolas de Engenharia.

A partir do início do século XX, com as novas tecnologias de geração de energia, comunicações e possibilidades de conceber produtos no Brasil para atender as demandas de uma indústria nacional embrionária, a formação do engenheiro passa a priorizar as questões fabris e do mercado e, consequentemente, nos anos 1930, passou a ser reconhecida a profissão de engenheiro. Cumpre

---

[1] A Universidade de Santo Domingo, na República Dominicana, foi criada em 1538 (FÁVERO, 1977).

registrar que, embora houvesse várias discussões e tentativas para estabelecer um sistema universitário no País, apenas em 1920 foi instituída, na antiga Capital da República, a Universidade do Rio de Janeiro, atual Universidade Federal do Rio de Janeiro (UFRJ), por meio da junção das seguintes instituições isoladas de ensino: Faculdade de Medicina, Faculdade de Direito e Escola Politécnica. A partir de então, este modelo de criação de universidades foi instituído em diversos estados no Brasil de então.[2]

1.2 A graduação em Engenharia nas instituições brasileiras

Após a Segunda Grande Guerra Mundial, com o modelo industrial dos anos 1950 e, em especial, com a criação da pós-graduação em Engenharia, nos anos 1960, ocorreu um avanço no desenvolvimento de projetos, na concepção de obras de grande porte e fabricação de produtos nacionais, bem como o surgimento de empresas de consultoria em projetos de Engenharia para atuar junto às demandas de governo e em parceria com as empresas estatais. Dessa maneira, configuraram-se os seguintes tipos de atuação profissional: o engenheiro pesquisador e desenvolvedor de tecnologias, o elaborador e o executor de projetos.

Para estabelecer diretrizes curriculares para os diversos cursos e habilitações existentes, o antigo Conselho Federal de Educação (CFE) constituiu a figura do currículo mínimo com as áreas básicas das Engenharias,[3] que foi bem interessante para regular as questões da oferta dos cursos no País. A promulgação da Lei de Diretrizes e Bases da Educação Nacional (LDBEN),[4] a criação das Diretrizes Curriculares Nacionais das Engenharias[5] e a consolidação de um sistema de avaliação de cursos de graduação[6] induziram um crescimento no número de cursos no País, existindo, atualmente, diversas IES com oferta de cursos em diferentes áreas e modalidades de engenharias.

Na legislação atual, relativa à estrutura organizacional das universidades, centros universitários e faculdades, observamos alguns perfis de formação profissional em Engenharia, ou seja, engenheiros desenvolvedores, integradores,

---

[2] Segundo Fávero (1977), apesar de a instituição antecessora da UFRJ ter, naquele momento, diversas falhas e críticas, houve um mérito: "suscitar o debate em torno do problema universitário brasileiro."

[3] A Resolução do CFE nº 48/1976 fixou os mínimos de conteúdo e de duração do curso de graduação em Engenharia e definiu suas áreas de habilitações.

[4] A Lei nº 9394/1996 estabelece as diretrizes e bases da educação nacional.

[5] O Conselho Nacional de Educação aprovou a Resolução CNE/CES nº 11/2002, que instituiu Diretrizes Curriculares Nacionais do Curso de Graduação em Engenharia.

[6] Iniciado com a Lei nº 9.131/ 1995, que estabeleceu o Exame Nacional de Cursos (ENC) – denominado Provão –, com a respectiva avaliação institucional, e, posteriormente, com o Sistema Nacional de Avaliação da Educação Superior (Sinaes), formalmente instituído pela Lei nº 10.861/2004, que instituiu o Exame Nacional de Desempenho de Estudantes (Enade).

executores e gestores de tecnologias. Esse perfil profissional do egresso depende do tipo de IES, de sua inserção social, de sua cultura institucional, de sua tradição de oferta de cursos, de seu engajamento na pesquisa científica e tecnológica, de aspectos relacionados com economia do País, com as conjunturas nacional e internacional, com a inserção regional e com as demandas do setor empresarial.

De maneira especial, a grande velocidade dos avanços tecnológicos conjugada aos grandes desafios econômicos e sociais nos leva a todo o momento a questionamentos, reflexões e a uma permanente e constante atualização no campo profissional. Neste caso, o planejamento, a elaboração e a oferta dos cursos de graduação nas engenharias, com vistas a adequá-los ao cenário atual, bem como o perfil do profissional que o setor empresarial deseja, é um grande desafio para a academia.

Portanto, alguns assuntos no mundo acadêmico devem ser constantemente debatidos, tais como: a legislação educacional e a sua aplicação em face das conjunturas nacional e internacional, a educação básica e as novas gerações que ingressam nos cursos, o papel das IES na formação dos cidadãos e a permanente atualização de profissionais por meio de cursos de extensão, de especialização e programas de mestrado e doutorado.

Por outro lado, as transformações industriais no Brasil, em razão das alterações nos contextos econômico e social, trazem à indústria nacional problemas decorrentes, desde aspectos relacionados com a produção de bases fabris competitivas, em uma concorrência nacional e internacional, em um mundo interdependente, bem como demandas por novos conhecimentos de logística e gestão, condições de trabalho e respeito à natureza com pressupostos de sustentabilidade ambientais e financeiras. Essas preocupações empresariais levam à reflexão, não apenas no que concerne à questão de isenções fiscais e apoios governamentais, mas também à busca pelo conhecimento novo junto à academia e às instituições de ciência e tecnologia para fins de inovação, desenvolvimento, comercialização de seus produtos de qualidade e competitivos no mercado.

Contudo, a despeito de o setor empresarial reconhecer uma boa formação técnica ofertada pelas IES brasileiras,[7] foi constatado que engenheiros brasileiros apresentavam dificuldades em atitude empreendedora, em capacidade de gestão e de comunicação, em liderança e no trabalho em equipes multidisciplinares, requisitos cada vez mais importantes nas equipes de pesquisa, desenvolvimento e elaboração de projetos. Na área de pesquisa, a indústria detectou ainda uma fragilidade no que tange à sua colaboração com instituições

---

[7] Ver Inova Engenharia – Propostas para a modernização da educação em engenharia no Brasil. Brasília: IEL-NC/Senai-DN, 2006. Disponível em: <http://www.nece.ctc.puc-rio.br/publicacoes/INOVA_ENGENHARIA.pdf>. Acesso em: 02 set. 2018.

dessa área e sugeriu que uma entidade nacional assumisse a tarefa de reunir as empresas para discutir e elaborar um programa nacional de ações dirigidas a promover a interação entre o meio acadêmico e o setor empresarial.

1.3 Experimentos educacionais

Desde a Resolução nº 48/1976 do Conselho Federal de Educação, as IES brasileiras têm se empenhado de modo que seus currículos tornem-se mais eficientes (capazes de usar produtivamente os recursos) e eficazes (capazes de alcançar os objetivos). No entanto, a partir dos anos 1990, com a reorganização da economia em termos monetários, a institucionalização da avaliação de cursos de graduação e das IES, do estabelecimento da Lei de Diretrizes e Bases da Educação, a Educação em Engenharia, por meio da Associação Brasileira de Educação em Engenharia (Abenge), tem sido instada a promover e estimular novos experimentos educacionais que sejam mais efetivos (capazes de realizar o projeto de modo correto para modificar a conjuntura existente).

Um marco interessante naquele momento foi o Reengenharia do Ensino de Engenharia (Reenge),[8] cujo edital foi elaborado consultando, por meio de carta, todas as escolas de Engenharia do País (159 na ocasião), convidando-as para que seus representantes apresentassem planos de reestruturação dos seus cursos e troca de ideias sobre o assunto, em sucessivas reuniões organizadas. Assim, foi divulgado em setembro de 1995, o Edital de Adesão ao Reenge 01/95-96 e respectivos Termos de Referência.[9]

As condições de elegibilidade para participação das escolas no Reenge incluíram a apresentação de um plano de trabalho contendo: definição do perfil desejado do engenheiro e das metodologias e experimentos pedagógicos a serem empregados para atingi-lo; visão sistêmica da formação dos engenheiros, devendo as ações propostas abranger uma coalizão vertical, ou seja, envolver o ensino médio, bem como a graduação e a pós-graduação; coalizão horizontal, na instituição, envolvendo os institutos ou departamentos de Física, Química, Biologia, Matemática e Informática, julgados fundamentais para a formação básica dos engenheiros.[10] Esse programa teve um grande mérito, unindo a comunidade de Educação em Engenharia. Além disso, como consequência, levou não apenas a melhorias laboratoriais nas diversas IES que participaram do programa, mas aumentou, significativamente, o interesse e publicação de trabalhos técnicos e científicos sobre investigações na área de Educação em Engenharia, bem como na produção de dissertações e teses.

---

[8] O Reenge foi um subprograma do Programa de Desenvolvimento das Engenharias (Prodenge), que contou com participação da Capes, do CNPq e da Secretaria de Educação Superior (SESu/MEC).
[9] Em Longo, Loureiro e Scavarda do Carmo (1997) há um excelente esclarecimento acerca do programa.
[10] Prodenge: Documento Básico, MCT/MEC, set. 1995, Brasília, DF.

6 Capítulo 1

Tradicionalmente, a realização em engenharia se reveste de quatro ações: imaginar, projetar, construir e melhorar. Além disso, o profissional de Engenharia exerce suas atividades interagindo com pessoas e necessita de colaboração. Por exemplo, há muitos saberes a conjugar: técnicos e científicos; pesquisa e desenvolvimento; qualidade do produto e do serviço; gestão de recursos e de pessoas, trabalho colaborativo e ética profissional; sustentabilidade e responsabilidade social, ambiental; saúde e segurança no trabalho.

As IES brasileiras têm ofertado diversos programas para alcançar esses resultados na elaboração dos projetos pedagógicos de seus cursos, pois, para além do enfoque puramente curricular, as Diretrizes Curriculares Nacionais do Curso de Graduação em Engenharia vieram acrescentar, àquela resolução do antigo Conselho Federal de Educação, as necessidades de desenvolvimento de habilidades e competências de nossos estudantes. Dessa forma, e de acordo com sua cultura institucional e sua inserção acadêmica e social, as IES têm ofertado diversas possibilidades para que os estudantes possam desenvolver suas habilidades, competências e atitudes, tais como: estágio, monitoria e iniciação científica; empresa júnior e atividades relacionadas com o empreendedorismo; incubadoras de empresas e ambientes de inovação; convênios e acordos internacionais; e atividades complementares.

Recentemente,[11] a partir de estudos realizados pela Secretaria de Educação Superior do Ministério da Educação (SESu/MEC), Câmara de Ensino Superior do Conselho Nacional de Educação (CES/CNE), Associação Brasileira de Educação em Engenharia (Abenge) e pelo Movimento Empresarial da Inovação da Confederação Nacional da Indústria (MEI/CNI), foi proposta uma atualização das Diretrizes Curriculares Nacionais do Curso de Graduação em Engenharia em face das demandas da sociedade. Esta proposta tem a finalidade de promover a excelência na Educação em Engenharia e, em especial, preconizar que os cursos de graduação em Engenharia devem manter permanente um Programa de Formação e Desenvolvimento de seu corpo docente, especialmente dedicado à valorização da aprendizagem, à participação permanente no desenvolvimento das políticas de organização curricular e no projeto pedagógico do curso e à aplicação de estratégias e métodos de aprendizagem ativa, pautados em práticas reais, interdisciplinares, de pesquisa e extensão, de modo a assumirem maior compromisso com o desenvolvimento das competências desejadas por parte dos egressos.

Em resumo, precisamos preparar os estudantes para estarem aptos a enfrentar os desafios atuais e futuros na sua trajetória profissional; harmonizar as questões da aprendizagem do mundo do trabalho e do mundo educacional; materializar os fundamentos técnico-científicos apreendidos, de forma viável e sustentável, sabendo como fazer e por que fazer; capacitar profissionais para

---

[11] Agosto de 2017.

gerenciar a produção de bens e de serviços de forma técnica e socialmente responsável.

Por outro lado, são requeridas competências funcionais e competências específicas, normalmente desenvolvidas em empresas inovadoras, pelo egresso dos cursos. Por exemplo, competências funcionais podem ser apreendidas pelo profissional durante a trajetória para sua senioridade por meio da aplicação e geração do conhecimento, superação de desafios, tomada de decisão, *coaching* (treinamento) e *mentoring* (preceptoria). Além disso, competências específicas podem ser adquiridas nos processos de concepção, inovação, análise e síntese, gestão (conhecimento, recursos e interfaces), uso de métodos e ferramentas de Engenharia, prevenção e solução de problemas, com foco no cliente e na integração do conhecimento multidisciplinar.[12]

Não obstante, os acontecimentos mais recentes têm se caracterizado por desafios econômicos e sociais, rápidos e contínuos avanços tecnológicos, separando os que têm daqueles que não têm acesso às novas tecnologias. Nesse sentido, os avanços das tecnologias da informação e de comunicação têm estabelecido novos espaços para atuação em diversas áreas, nas quais conhecimento e novos saberes são essenciais.

Esse espaço das comunicações por redes de computadores, o ciberespaço, tem modificado hábitos e comportamentos. Ademais, vivemos também um momento disruptivo na área educacional, ou seja, há uma ruptura de conceitos e modelos consolidados até então, levando os docentes a algumas inquietações e desafios/dilemas complexos para serem equacionados. Dentre essas inquietações, podemos citar:

- Como apresentar saberes de determinado tema em sala de aula, se os estudantes acessam o conhecimento de todo lugar no ciberespaço?

- Como conseguir que os estudantes leiam e estudem em um ambiente multimídia?

- Como o professor pode organizar um plano de aula articulando diferentes conteúdos em diversos formatos?

- Como combinar as atividades a serem desenvolvidas pelos estudantes, nas tecnologias disponíveis, para a melhoria da aprendizagem?

Na realidade, o que desejamos com este livro e o que se traduz como um de seus principais objetivos é:

> *Como ajudar nessa transição do método tradicional para o digital, utilizando as melhores práticas das principais abordagens didático-pedagógicas?*

---

[12] Resumo dos autores a partir de suas participações no V Fórum de Gestores das Instituições de Educação em Engenharia *Ecossistemas de inovação: sua importância na formação em Engenharia*, Joinville, 22 maio 2015.

Portanto, trata-se de um questionamento muito interessante e que diversos professores têm compartilhado nos mais diversos espaços da academia e em suas atividades educacionais cotidianas, mas que não tem uma única resposta.

A partir dessa constatação, podemos inferir que uma nova sala de aula é necessária para atender a essa realidade que tem sido discutida em diversos níveis de ensino e tem provocado educadores e a sociedade. Com base nessa tendência, temos acompanhado a incessante pesquisa e desenvolvimento de soluções educacionais customizadas, com base em novas abordagens didático-pedagógicas, para atender as mais diferentes demandas de professores e estudantes, onde importantes recursos pedagógicos, que mesclam o ensino presencial com o ensino a distância, estão sendo apresentados. Além disso, têm sido investigadas diferentes abordagens didático-pedagógicas que visam a atender à personalização da educação dos estudantes, ao aperfeiçoar o aproveitamento do tempo das aulas e ao melhorar o rendimento dos mesmos no que se refere à aprendizagem.

Nesse sentido, acreditamos que *Uma Nova Sala de Aula É Possível!* Tal assertiva vem da experiência dos autores desta obra e, também, do aprendizado a partir de diferentes fóruns de discussão e espaços na prática educacional.

Esse novo ambiente se caracteriza fundamentalmente pela motivação do estudante, de tal forma que este se torne mais ativo e senhor de sua própria aprendizagem, ou seja, efetivo em uma experiência que lhe seja prazerosa. Ademais, o professor passa a ter um papel primordial no presente e no futuro dos processos de ensino e de aprendizagem, exercendo ativamente a orientação do estudante nesse ambiente, e deixa de ser caracterizado como um transmissor de conhecimento, que está no senso comum e no imaginário social.

1.4 O livro e sua organização

Este livro traz subsídios para auxiliar os professores de Engenharia, e de outras áreas do conhecimento, a conceberem ambientes de aprendizagem disruptivos, com os quais serão formados profissionais com as competências demandadas no contexto atual. Ele foi escrito com o objetivo de auxiliar na busca pela excelência na Educação em Engenharia e na Educação Superior, de modo geral. Ele, definitivamente, pode servir de referência para programas de formação e desenvolvimento de professores, suprindo uma lacuna de material sobre estratégias e métodos de Aprendizagem Ativa.

Está organizado para que o leitor possa usufruir dos conhecimentos da obra na sequência pela qual os capítulos são apresentados, ou se dedicar a capítulos isoladamente, isto é, os assuntos apresentados podem ser explorados de acordo com a necessidade ou interesse do leitor.

O livro está dividido em nove capítulos.

No Capítulo 2, consideramos o ingresso de jovens na universidade, suas concepções epistemológicas, questões relacionadas com a razão e emoção nos novos ambientes de aprendizagem que passarão a frequentar, além de procurar relacionar currículos com projetos de vida. Também abordamos questões do estudante e (futuro) profissional do século XXI, que almeja aprender a aprender, também para construir uma carreira de sucesso.

No Capítulo 3, apresentamos as bases conceituais que fundamentam o planejamento de ambientes de aprendizagem ativa. As teorias de Piaget, Freire e Ausubel são trazidas para fundamentar os processos de ensino e de aprendizagem em ambientes de aprendizagem ativa.

No Capítulo 4, exploramos a abordagem pedagógica conhecida por "sala de aula invertida", apresentamos os três momentos da mesma (pré-aula, aula e pós-aula) e alguns argumentos que justificam novas tendências na Educação em Engenharia e Educação Superior, de modo geral.

No Capítulo 5, abordamos possibilidades de aprendizagem ativa no modelo híbrido de Educação, também conhecido como semipresencial, ou *blended learning*. A nossa concepção pedagógica de ambiente virtual de aprendizagem (AVA) é apresentada, destacando os papéis de estudantes e professores na condução do AVA, a fim de que a aprendizagem ocorra.

No Capítulo 6, reunimos um conjunto de dez estratégias e dois métodos de aprendizagem ativa. Cada estratégia ou método é apresentado, juntamente com a descrição das etapas para o seu desenvolvimento, além de sugestões de avaliação do desempenho dos estudantes, bem como exemplos de aplicação.

No Capítulo 7, tratamos do processo de avaliação em ambientes de aprendizagem ativa, do nosso entendimento sobre a avaliação da aprendizagem e sob que condições devem ocorrer. Também trazemos nosso entendimento sobre diferentes abordagens de avaliação e, com base nisso, apresentamos sugestões de estratégias de avaliação condizentes com nossas concepções sobre os ambientes de aprendizagem ativa, em que as mesmas são promovidas, com considerações sobre como incluir o processo de avaliação no processo de aprendizagem.

No Capítulo 8, apresentamos sugestões de como o professor de Engenharia pode planejar suas aulas tendo como ponto de partida os resultados de aprendizagem pretendidos, a metodologia de desenvolvimento das aulas e os instrumentos de avaliação, com uma abordagem em que os estudantes sejam os principais atores durante os processos de ensino e de aprendizagem.

Finalmente, no Capítulo 9, apresentamos considerações que justificam nossa proposta de implementação de estratégias e métodos de aprendizagem ativa, como possível contribuição para a solução de problemas apontados, quanto à formação de mais e melhores engenheiros.

REFERÊNCIAS BIBLIOGRÁFICAS

FÁVERO, M. L. A. *A universidade brasileira em busca de sua identidade*. Petrópolis, RJ: Vozes, 1977.

JAPIASSÚ, H.; MARCONDES, D. Dicionário básico de filosofia. Rio de Janeiro: Jorge Zahar Editor, 2001.

LONGO, W. P.; LOUREIRO, L. V.; SCAVARDA DO CARMO, L. C. REENGE: the Brazilian engineering education reform program. *Anais da International Conference on Engineering Education*, v. I, p. 420-430, Chicago, Estados Unidos, 1997.

BIBLIOGRAFIA CONSULTADA

ALMEIDA, N. N.; BORGES, Mario Neto. *A pósgraduação em engenharia no Brasil:* uma perspectiva histórica no âmbito das políticas públicas.

Ensaio. Avaliação e Políticas Públicas em Educação, v. 15, p. 323-339, 2007.

SCHWARTZMAN, S. Estudos em ciência e tecnologia. In: *Formação da comunidade científica no Brasil*, v. 2, Biblioteca Universitária. São Paulo: Companhia Editora Nacional, 1979.

SILVEIRA, M. A.; PARISE, J. A. R.; CAMPOS, Reinaldo Calixto; CARMO, L. C. S.; ALMEIDA, N. N. Project-Based Learning (PBL) experiences in Brazil. In: DU, X.; DE GRAAFF, E.; KOLMOS, A. (Org.). Research on PBL Practice in Engineering Education. Rotterdam: Sense Publishers, 2009, v. 1, p. 155-168.

VILLAS-BOAS, V.; MARTINS, J. A.; GIOVANNINI, O.; SAUER, L. Z.; BOOTH, I. A. S. (Org.). *Aprendizagem baseada em problemas:* estudantes de ensino médio atuando em contextos de ciência e tecnologia. Brasília: Abenge, 2016.

O estudante do século XXI: futuro profissional da Engenharia **2**

Estamos olhando para uma sociedade cada vez mais dependente de máquinas, mas cada vez menos capaz de as fazer ou até de as utilizar de forma eficaz.

Douglas Rushkoff

Em diversas instituições de ensino superior (IES) as características de um novo estudante vêm sendo motivo de preocupação. Algumas IES têm estudado esse perfil, visando à redução de índices elevados de abandono e insucesso, já constatados no final do século passado, bem como à necessidade imperiosa de se levar em consideração, no planejamento dos currículos dos cursos, o perfil desta nova geração que se apresenta. O comportamento dos estudantes tem mudado radicalmente, o que nos leva a crer que os sistemas educacionais vigentes devem ser (re)pensados, a fim de compreender, criar e utilizar ambientes de aprendizagem com a qualidade necessária.

Em meados de 2015, foram divulgados, no Brasil, os resultados de uma pesquisa, realizada pela Fundação Lemann,[1] com o apoio do Todos pela Educação (TPE).[2] A referida pesquisa revela como alguns estudantes veem a educação e foi promovida com base na questão: "como a escola se relaciona com a vida adulta de jovens recém-formados no ensino médio?" Foram entrevistados 40 jovens com idades entre 20 e 21 anos, com bom desempenho no ensino médio, com notas acima da média no Exame Nacional do Ensino Médio (Enem) e já atuantes no mercado de trabalho e/ou estudantes universitários. A pesquisa também ouviu especialistas em Educação, empresários, empregadores, professores universitários e representantes de organizações não governamentais. A partir do relato de 120 entrevistados, as conclusões da pesquisa foram preocupantes: há uma desconexão entre o que é ensinado na escola e as habilidades exigidas do estudante no ambiente profissional, bem como na graduação. Os resultados apontaram para defasagens na aprendizagem, centradas

---

[1] Organização familiar, sem fins lucrativos, criada em 2002, que trabalha por uma educação pública de qualidade para todos. Disponível em: <https://fundacaolemann.org.br/>. Acesso em: 03 set. 2018.

[2] Organização, sem fins lucrativos, composta por diversos setores da sociedade brasileira com o objetivo de assegurar o direito à educação básica de qualidade para todos. Disponível em: <https://www.todospelaeducacao.org.br/>. Acesso em: 03 set. 2018.

exatamente em competências e habilidades básicas, como comunicação oral e escrita e raciocínio lógico.

> O que observamos foi um quadro de perplexidade de todos em relação ao aprendizado que esses jovens receberam; eles mesmos reconhecem e relatam uma experiência muito sofrida encontrada nesses novos ambientes (TORRES, 2015).

Além disso:

> [...] os próprios jovens, que se *'achavam preparados para enfrentar a nova etapa'*, reconheceram dificuldades para escrever um texto, compreender uma comunicação oral ou escrita, descrever uma leitura, resolver um problema, mesmo envolvendo apenas cálculos básicos, calcular um desconto, interpretar um gráfico e, até mesmo, redigir um e-mail [...] *'já sabíamos disso, mas nos surpreendemos com o nível de habilidades cognitivas muito baixo'*. [...] o atual Ensino Médio é extremamente conteudista e, na prática, os jovens aprendem muito pouco [...] *'por que tanto conteúdo se não aprendemos nada?'* (TORRES, 2015).

De fato, entendemos que a escola deve garantir o desenvolvimento de três habilidades essenciais: ler, escrever e se comunicar. Segundo Torres (2015), "Filosofia é importante, mas se o estudante não souber ler e interpretar, não aprenderá Filosofia". Concordamos com o autor, compreendendo que a afirmação é válida para a aprendizagem, de modo geral.

A pesquisa também concluiu que os jovens gostam da escola como ambiente social, por conquistar novas amizades e, tanto quanto possível, para se integrarem às suas comunidades. Porém, ainda assim, questionam a utilidade do que estão aprendendo e solicitam uma maior aproximação dos conteúdos com a realidade. Alguém tem que contar por que precisa disso; não é suficiente afirmar que a disciplina é importante; é preciso contextualizar e procurar reduzir a percepção da aula chata, para tornar esse conjunto de conteúdos mais vivo e necessário. E continua:

> [...] tivemos relatos de professores universitários que disseram que os estudantes não conseguem raciocinar razoavelmente e de empregadores dizendo que os seus funcionários não sabem calcular o troco.

Atualmente, o Ministério da Educação (MEC) e a Secretaria de Assuntos Estratégicos (SAE) estão concluindo a implantação da Base Nacional Curricular Comum (BNCC), exigência do Plano Nacional de Educação (PNE), também considerando a realidade educacional do País (BRASIL, 2018):

> [...] que tem mostrado que essa etapa representa um gargalo na garantia do direito à educação. Entre os fatores que explicam esse cenário, destacam-se o desempenho insuficiente dos estudantes nos anos finais do Ensino Fundamental, a organização curricular do Ensino Médio vigente, com excesso de componentes curriculares, e uma abordagem pedagógica distante das culturas juvenis e do

mundo do trabalho. Para além da necessidade de universalizar o atendimento, outros grandes desafios do Ensino Médio na atualidade são garantir a permanência e as aprendizagens dos estudantes, respondendo às suas aspirações presentes e futuras.

Esse mesmo documento deixa clara, também, a preocupação em considerar a dinâmica social contemporânea, marcada pelas rápidas transformações decorrentes do desenvolvimento tecnológico. Nesse cenário, cada vez mais complexo e dinâmico, é preciso enfrentar os novos desafios sociais, econômicos e ambientais, que influenciam a formulação de políticas e propostas educacionais, agora para uma nova juventude, que se apresenta com projetos de vida diversos, que devem ser considerados. No que tange à continuidade dos estudos e ao ingresso na universidade, a reinterpretação das finalidades do ensino médio, estabelecidas pela Lei de Diretrizes e Bases da Educação (LDB, art. 35) destaca "a consolidação e o aprofundamento dos conhecimentos adquiridos no Ensino Fundamental, possibilitando o prosseguimento de estudos".

Para cumprir essas finalidades, a escola que acolhe os jovens tem de garantir o prosseguimento dos estudos a todos aqueles que assim o desejarem, promovendo a educação integral dos estudantes no que concerne aos aspectos físicos, cognitivos e socioemocionais, por meio (BRASIL, 2018):

- da firme convicção na capacidade que todos os estudantes têm de aprender e de alcançar objetivos que, à primeira vista, podem parecer além de suas possibilidades;
- da construção de "aprendizagens sintonizadas com as necessidades, as possibilidades e os interesses dos estudantes e, também, com os desafios da sociedade contemporânea", como definido na introdução da BNCC;
- do favorecimento à atribuição de sentido às aprendizagens, por sua vinculação aos desafios da realidade e pela explicitação dos contextos de produção e circulação dos conhecimentos;
- do estímulo ao desenvolvimento de suas capacidades de abstração, reflexão, interpretação, proposição e ação, essenciais à autonomia pessoal, profissional, intelectual e política e do estímulo ao protagonismo dos estudantes em sua aprendizagem e na construção de seus projetos de vida; e
- da promoção de atitudes cooperativas e propositivas para o enfrentamento dos desafios da comunidade, do mundo do trabalho e da sociedade em geral.

Diante desse cenário, dedicamos as próximas seções do Capítulo 2 a breves considerações sobre o ingresso de jovens na universidade, suas concepções epistemológicas, questões relacionadas com a razão e a emoção nos novos ambientes de aprendizagem que passarão a frequentar, a partir do ingresso na universidade, além de procurar relacionar currículos com projetos de vida, questões essas consideradas de fundamental importância para o professor, algumas das

2.1 A difícil transição do ensino médio para a universidade: concepções

Os estudantes que chegam à universidade são conhecidos por suas concepções epistemológicas tradicionais e, como não poderia deixar de ser, resistentes a toda e qualquer proposta de modificação. Não faltam argumentos e depoimentos, tanto por parte de professores quanto dos próprios estudantes, que confirmam a falta de interesse, de motivação ou de comprometimento com a aprendizagem. Muitos deles declaram estar interessados, em primeiro lugar, na obtenção do diploma. Não têm hábitos de estudo e não veem nisso motivo de preocupação, justificando que o trabalho e muitos outros compromissos os impedem de estudar. Acostumados a receber informações, passivamente, muitas vezes conscientes da ineficácia do "ensino" assim promovido, declaram abertamente que estão ali para "receber os conhecimentos" que o professor tem e "deve saber transmitir". Diante dessa realidade, qualquer tentativa de modificação da sala de aula é recebida com desconfiança e resistência. Afinal, no modelo tradicional basta prestar atenção e preparar-se para as provas que apenas exigem memorização e imitação, possibilitando, portanto, melhores chances de aparente sucesso. Assim, os estudantes, "prudentemente", reagem às mudanças metodológicas que nem sempre são coerentes com os critérios de avaliação (SAUER, 2004). Passam a vida inteira sem compreender o sentido de um texto ou a finalidade de uma fórmula, que utilizam como se fosse mágica, contentando-se com isso, como se o fizessem só para agradar ao professor.

Muitos estudantes não aprenderam e demonstram não valorizar habilidades como argumentar com clareza, defender seus pontos de vista ou justificar procedimentos adotados na resolução de problemas. Com isso, continua sendo possível inferir que alguns estudantes de graduação apresentam ideias contraditórias, possivelmente assimiladas acriticamente, a partir de concepções e crenças assumidas por pais, amigos, professores ou mesmo veiculadas por meios de comunicação. Entendemos que essas ideias preconcebidas, esses preconceitos, esses mitos e essas concepções constituem, ainda hoje, obstáculos ao envolvimento dos estudantes nas atividades de aprendizagem (CURY; PINENT, 2000).

Todas essas dificuldades não podem ser ignoradas. Ao contrário, é preciso conhecê-las para que seja possível planejar o uso de estratégias e métodos que permitam superá-las e conquistar a satisfação que ambos, professor e estudante, almejam.

De fato, segundo Bazzo e Pereira (2015):

> Chegar à universidade representa um fato marcante na vida de todos os que por ela passam. Não é por acaso que isto acontece. A expectativa de adquirir novos conhecimentos e novas amizades renova as esperanças de um futuro melhor. Além do mais, não há dúvida: a universidade, apesar de suas deficiências, é um local onde as pessoas podem passar bons momentos de suas vidas, desde que interessadas nisso.

Nesse contexto, faz-se necessária uma mudança de paradigma, o que implica uma mudança da visão de mundo e de entendimento da realidade. Para que nossos estudantes tenham condições de lidar com a nova realidade, passa a ser necessário "construir e aprender a aprender". Porém, é desejável que esteja claro para ambos, professor e estudante, como se dá o "aprender" (SAUER, 2004).

Diante dessa problematização e de evidências que se apresentam no dia a dia da atuação profissional, entendemos que, para que seja possível interpretar e conduzir, de forma eficaz, um ambiente de aprendizagem, torna-se imprescindível refletir criticamente sobre a relação existente entre a prática pedagógica e a concepção epistemológica (SAUER; LIMA; SOARES, 2008). Para tanto, questões como: que base conceitual é capaz de fundamentar o planejamento de ambientes de aprendizagem onde o estudante tenha espaço para agir, discutir, problematizar e analisar a sua ação? Qual é o melhor modo de explicar o aprender de forma que possam ser considerados os aspectos físico, biológico, mental, psicológico, cultural e social do estudante? Que leve em conta a interdependência entre os processos de pensamento, de construção do conhecimento e do ambiente? Que promova a visão de contexto, sem separar o sujeito de sua circunstância e de seus relacionamentos, auxiliando-o a compreender o mundo como uma teia sistêmica e interligada, de forma a evidenciar os processos cíclicos da natureza, da qual faz parte? Um modo de pensar, que desencadeie um novo sistema ético com valores, percepções e condutas que contribuam para o desenvolvimento sustentável?

Todas essas questões têm justificado estudos (SAUER; LIMA; SOARES, 2008) que apontam para a aprendizagem ativa, como modelo pedagógico com potencial para enfrentar os desafios que tanto estudantes quanto professores precisam enfrentar. De acordo com este modelo, o papel do professor é o de se colocar como mediador do processo de aprendizagem, o estudante como interagente e o conhecimento como resultado das ações e interações. As ações docentes terão sentido desequilibrador, provocando conflitos e situações problemáticas que estimulem o pensamento e levem o estudante a refletir sobre suas ações.

O professor que se posiciona favoravelmente a uma educação sintonizada com a sociedade contemporânea e de acordo com o que Piaget (1978) demonstrou em seus estudos promove e valoriza a participação do estudante e intervém a partir da formulação de problemas que possam ser discutidos por todos aqueles que estiverem motivados e dispostos a construir o próprio percurso de aprendizagem. Na realidade, a possibilidade de modificação da tradicional sala de aula — baseada no baixo nível de participação dos estudantes, na ênfase em atividades solitárias, na distribuição do conhecimento e na aprendizagem mecânica de conteúdos, como principal objetivo do ensino —, depende de vários fatores, mas o mais importante está relacionado com a atitude de ambos, professor e estudante, quererem e concordarem com os benefícios dessas modificações. Tais modificações exigem uma ampla revisão do papel do professor, mas também do estudante. Abordagens construtivistas têm sugerido a presença frequente do professor como orientador e mediador dos processos de ensino e de aprendizagem, questionando, argumentando, aceitando sugestões construtivas, rejeitando atitudes negativas, valorizando todas as respostas, mas, também, atitudes como respeito, generosidade, humildade, coragem, confiança e tantas outras. Enfim, aproximando o currículo, sempre que possível, a partir das questões do estudante, em algo que faça sentido para ele e lhe traga satisfação. Ao estudante caberá, com um papel ativo neste processo, envolver-se e procurar reconhecer os benefícios de sua participação.

Com efeito, "a aprendizagem começa com o envolvimento do estudante" (BARKLEY, 2010). Para a autora, o engajamento está diretamente relacionado com a frequência com que os estudantes participam das atividades promovidas. Entende, assim, que os estudantes envolvidos realmente se importam com o que estão aprendendo; querem aprender e até mesmo excedem as expectativas, indo além do que foi solicitado. Essas frases refletem uma visão do envolvimento enraizado na motivação. As raízes etimológicas da palavra engajamento oferecem pistas para essa perspectiva. "*Engage*" vem do inglês e seus múltiplos significados incluem prometer a vida e a honra de alguém, e encantar ou fascinar alguém para que ele ou ela se torne um aliado. Ambos os significados repercutem na motivação dos professores e na visão do engajamento estudantil: queremos que os estudantes compartilhem nosso entusiasmo com a nossa disciplina acadêmica e que considerem nossas aulas tão convincentes que eles, de bom grado e com entusiasmo, dediquem seus corações e mentes ao processo de aprendizado. Muitos professores universitários descrevem o envolvimento dos estudantes com declarações como "os estudantes engajados estão tentando dar sentido ao que eles estão aprendendo" ou "estudantes engajados estão envolvidos nas tarefas e estão usando habilidades de pensamento de ordem superior, tais como análise de informações ou resolução de problemas" (BARKLEY, 2010). Com tais declarações, esses professores demonstram estar relacionando engajamento com aprendizagem ativa. Reconhecem que a aprendizagem é um processo dinâmico que consiste em dar sentido e significado a novas informações, conectando-as ao que já é conhecido.

Para Bonwell e Eison (1991), aprendizagem ativa significa "fazer o que pensamos e pensar sobre o que fazemos". Os estudantes sabem alguns conceitos da Química lendo e escutando seus professores, mas para realmente entenderem

Figura 2.1 Diagrama de Venn – Motivação e AA.

a Química precisam se envolver em tarefas que os químicos realizam. Algumas abordagens de ensino, tais como aprendizagem baseada em problemas, aprendizagem colaborativa e pesquisa, são "pedagogias de engajamento", porque exigem que os estudantes estejam ativamente aprendendo enquanto realizam as tarefas da disciplina. Com efeito, a aprendizagem ativa tem sido apontada como condição para melhorar a qualidade do envolvimento dos estudantes. Uma sala de aula repleta de estudantes entusiasmados e motivados é ótima, mas pode tornar-se ineficaz se o entusiasmo não resultar em aprendizagem. Por outro lado, os estudantes que estão ativos, mas agindo com relutância e ressentimento, não estão envolvidos e, consequentemente, a aprendizagem pode não ocorrer. Como consequência, a aprendizagem não ocorrerá se algum desses dois elementos, que constituem o "engajamento", estiver ausente. Este não resulta de um ou do outro sozinho, mas é gerado no espaço que reside na sobreposição da motivação e aprendizagem ativa, como ilustrado na Figura 2.1.

Na Figura 2.2, apresentamos uma possível representação do desenvolvimento do processo de aprendizagem, em que são consideradas as principais etapas e respectivos avanços que constituem a resolução de problemas no ensino de Engenharia. Partindo da observação, com base em estratégias e métodos de aprendizagem ativa, podem ser gerados novos problemas com a identificação de outras aplicações, quando novo ciclo recomeça em um nível mais avançado de conhecimento.

As palavras que descrevem o envolvimento do estudante são paixão e emoção (BARKLEY, 2010). Com essas considerações, na próxima seção procuramos avançar, apresentando argumentos fundamentados, para explicar a importância de considerarmos as características dessa nova geração de estudantes, no processo de aprendizagem.

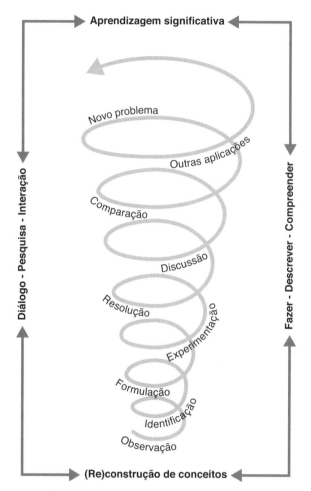

Figura 2.2 Espiral cônica que representa o processo de aprendizagem ativa, culminando com aprendizagem significativa, sempre que houver motivação.
(Fonte: Adaptado de Sauer, Lima e Soares (2008).)

2.2 A tão badalada geração digital e as implicações para o ensino superior

O século XXI exige novas competências, habilidades e atitudes das pessoas e da sociedade. Os professores universitários estão preparando futuros profissionais para empregos e tecnologias que ainda não existem, a fim de solucionar problemas que ainda não conhecemos.

Ao mesmo tempo, nossos estudantes mudaram radicalmente seus comportamentos. Atualmente, são muito diferentes dos estudantes para os quais o nosso sistema educacional foi criado (PRENSKY, 2010). Os estudantes de hoje não mudaram apenas no modo de pensar, em relação aos do passado, nem simplesmente mudaram sua maneira de falar e de vestir, como costuma ocorrer entre gerações. Uma descontinuidade, bastante singular, na maneira como os comportamentos dos estudantes se alteraram ocorreu com a chegada e a rápida difusão da tecnologia digital nas últimas décadas do século XX.

> Os estudantes de hoje – do jardim de infância à universidade – representam as primeiras gerações que cresceram com esta nova tecnologia. Eles passaram a vida inteira cercados e usando computadores, videogames, tocadores de música digitais, câmeras de vídeo, telefones celulares, e todos os outros brinquedos e ferramentas da era digital. Atualmente, o egresso universitário médio passou menos de 5000 horas de sua vida lendo, mas acima de 10.000 horas jogando videogames (sem contar as 20.000 horas assistindo televisão). Os jogos de computador, e-mail, a Internet, os telefones celulares e as mensagens instantâneas são partes integrantes de suas vidas (PRENSKY, 2001).

Esses estudantes, "falantes nativos" da linguagem digital dos computadores, videogames e Internet, foram denominados, por Prensky (2001), "nativos digitais".

Outra forma de olhar para os estudantes da era digital tem sido tecida e denominada "*Homo zappiens*" (VEEN; VRAKKING, 2009). Esta nova geração, que hoje já está se graduando e "enchendo" as salas de aula, cresceu e está crescendo, desde os anos 1990 do século passado, com as tecnologias de informação e comunicação (VEEN; VAN STAALDUINEN, 2010). As principais características desta geração incluem sua preferência por imagens e símbolos como um enriquecimento para textos simples e curtos, seu uso aparentemente sem esforço da tecnologia e sua cooperação e compartilhamento em redes sociais. Esses jovens e crianças usam tecnologias para seus propósitos, muito próprios, em vez de utilizá-las para o que elas foram desenvolvidas e, assim, criando usos inesperados para as mesmas. "*Homo zappiens*" é aquele que "*zapeia*" canais de televisão e lida com várias tarefas ao mesmo tempo, ou seja, são os chamados "multitarefa" (VEEN; VRAKKING, 2009).

> O Homo zappiens é um processador ativo de informação, resolve problemas de maneira muito hábil, usando estratégias de jogo, e sabe se comunicar muito bem. Sua relação com a escola mudou profundamente, já que as crianças e os adolescentes Homo zappiens consideram a escola apenas um dos pontos de interesse em suas vidas. Muito mais importante para elas são suas redes de amigos, seus trabalhos de meio-turno e os encontros de final de semana. O Homo zappiens parece considerar as escolas, instituições que não estão conectadas ao seu mundo, como algo mais ou menos irrelevante no que diz respeito à sua vida cotidiana. Dentro das escolas, o Homo zappiens demonstra um comportamento hiperativo

e atenção limitada a pequenos intervalos de tempo, o que preocupa tanto pais quanto professores. Mas o Homo zappiens quer estar no controle daquilo com que se envolve e não tem paciência para ouvir um professor explicar o mundo de acordo com suas próprias convicções. Na verdade, o Homo zappiens é digital e a escola é analógica (VEEN; VRAKKING, 2009).

Contudo, apesar de todas as características auspiciosas atribuídas aos "nativos digitais", pesquisas têm mostrado que a geração digital tem uma falta de concentração que aumenta a cada dia, o que tem sido atribuído à excessiva exposição à televisão, ao uso de videogames e de mídias sociais durante a infância e adolescência. De acordo com Wankat (2002), o intervalo de atenção dos estudantes durante uma aula era de 15 minutos. O autor menciona que vários estudos encontraram esse intervalo entre 10 e 20 minutos de atenção, afirmando que:

> Cinquenta minutos de palestras diretas não funcionam [...] Depois de aproximadamente 15 minutos de aula, a maioria dos estudantes fará uma pausa de atenção, tendo, ou não, o consentimento do professor [...] A rara exceção ocorre quando o palestrante está muito entusiasmado e consegue um alto nível de envolvimento do público (WANKAT, 2002).

Outro fator relacionado com a atenção dos estudantes é a exposição precoce à televisão, que foi associada a problemas de atenção subsequentes na idade escolar. Limitar a exposição de crianças pequenas à televisão, durante os anos de formação do cérebro, pode reduzir os riscos de desenvolver um transtorno do déficit de atenção, com hiperatividade (CHRISTAKIS *et al.*, 2004). Pesquisas mais recentes também apontam a influência do uso excessivo da TV e do videogame em problemas de atenção de crianças e adolescentes (CHRISTAKIS, 2009; SWING *et al.*, 2010; FERGUSON, 2011). Os efeitos das mídias sociais e do uso de sites de redes sociais na saúde mental e no bem-estar dos adolescentes têm sido considerados benéficos, no que diz respeito ao apoio pelos pares e à capacidade de estabelecer conexões, mas maléficos no que diz respeito a uma possível dependência e a problemas de saúde mental (HAVENER, 2016).

Mais especificamente, os efeitos do uso da mídia social no desempenho acadêmico de estudantes universitários têm sido estudados (LAU, 2017). Segundo este estudo, o uso de mídias sociais para fins acadêmicos não teve um efeito positivo ou significativo no desempenho acadêmico dos estudantes, ao passo que o uso de mídias sociais para fins não acadêmicos (videogames, em particular) e mídia social multitarefa (Messenger, WhatsApp, Twitter, Facebook e Instagram, dentre outros) mostrou efeitos significativamente negativos no desempenho acadêmico dos mesmos.

Além de todas as pesquisas tratando sobre a falta de atenção dos estudantes, em razão da influência das mídias sociais e digitais, trazemos aqui um estudo importante, que pode motivar os professores a repensar o planejamento de suas aulas. Poh, Swenson e Picard (2010) desenvolveram um sensor integrado ao pulso, não intrusivo e não estigmatizante, que foi usado por um estudante por um período de sete dias. O sensor detectou a atividade eletrodérmica, que é uma maneira de avaliar a atividade no sistema nervoso simpático, fornecendo uma medida sensível e conveniente das alterações na excitação simpática, associadas com à emoção, a cognição e à atenção. Na Figura 2.3, são apresentados os resultados da utilização do sensor pelo estudante.

Podemos observar, na Figura 2.3, que os intervalos em que a atividade eletrodérmica se apresentou elevada, frequentemente, estavam relacionados com os períodos em que o estudante estava estudando, fazendo lição de casa ou submetido a uma avaliação. Contudo, nos períodos de aula, a atividade eletrodérmica era quase inexistente, só tendo resultados inferiores nos períodos em que o estudante estava assistindo à televisão. Do ponto de vista dos processos de ensino e de aprendizagem, podemos sugerir que o comportamento dessas curvas dá suporte à ideia de que, em sala de aula, se o estudante não estiver engajado no ato de aprender e o ambiente não apresentar as características de um ambiente de aprendizagem ativa, o estudante estará passivo cognitivamente. Resultados para os períodos de laboratório, onde o estudante precisa ter uma atitude mais ativa e participativa, mostram uma atividade eletrodérmica significativa comparada aos momentos das aulas.

Posto isso, cabe a pergunta: o que os professores devem fazer para auxiliar essa nova geração de estudantes a aprender e para que possam desenvolver as competências e habilidades necessárias para os profissionais do futuro? Como as instituições de ensino superior estão se organizando para acolher esse "novo" estudante?

As instituições de ensino superior terão de evoluir para instituições que funcionarão como *hubs* em redes de conhecimento, servindo estudantes que trabalham em comunidades fluidas de pesquisa ou assuntos de seus interesses (VEEN; VRAKKING, 2009). A ênfase no conteúdo deverá diminuir, pois conteúdo e informação se encontram em qualquer parte. Uma combinação de educação vocacional e educação acadêmica, pautada no desenvolvimento de habilidades e competências, viabilizada por meio de ambientes de aprendizagem ativa, pode ser uma solução. Nesses ambientes, acreditamos, com base nos resultados de pesquisa disponíveis, que altos níveis de atividade eletrodérmica podem estar presentes.

Na próxima seção queremos considerar a influência das emoções e dos sentimentos, nos processos de ensino e de aprendizagem.

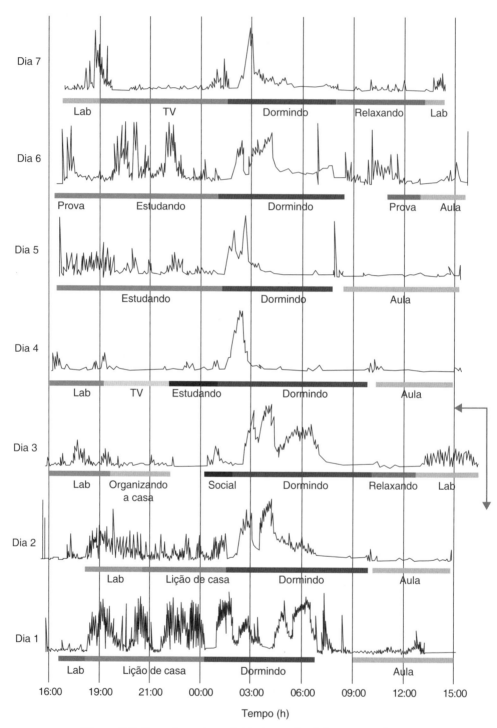

Figura 2.3 Pesquisa sobre atividade cerebral de um estudante.
(Fonte: Poh, Swenson e Picard (2010) – Tradução livre do original.)

2.3 A atividade cerebral do estudante: relações dinâmicas entre razão e emoção

A neurociência mostra que, ao se emocionar, um estudante, ou qualquer outra pessoa, tem uma capacidade maior de gravar as informações (REZENDE, 2016). Por outro lado, se atribuirmos somente às emoções o motivo de nossas ações, negamos o papel fundamental da inteligência no desenvolvimento humano. Considerar a relevância das emoções nos processos de raciocínio não significa que a razão seja menos importante do que as emoções, que deva ser relegada a segundo plano ou deva ser menos cultivada (DAMÁSIO, 2012). Pesquisas realizadas indicam que uma redução seletiva da emoção é, no mínimo, tão prejudicial para a racionalidade quanto a emoção excessiva (DAMÁSIO, 2015). De fato, a razão é influenciada pelas emoções que, quando bem direcionadas e bem situadas, parecem constituir um sistema de apoio para o edifício da razão. Segundo esse autor, uma série de experimentos sobre o aprendizado também fornece dados que comprovam o papel da emoção neste processo e exemplifica: se nos contarem duas histórias que diferem apenas pelo conteúdo emocional, lembraremos de muito mais detalhes da "história emocional". Assim, ao levar em consideração a função importante das emoções, é possível realçar seus efeitos positivos e reduzir o seu potencial negativo.

Uma das dimensões fundamentais da compreensão da aprendizagem como capacidade humana fundamental reside na compreensão das relações dinâmicas entre razão e emoção. Esta é entendida como a energética da estrutura cognitiva e revela-se no interesse, na motivação, no sentimento de necessidade. É o cenário, a condição *sine qua non*, o contexto para a aprendizagem. Se não há um marco de relações pessoais, sem ameaças e de companheirismo, nos sentimos emocionalmente julgados, desprotegidos e não ocorre a aprendizagem (BECKER, 2009). Segundo Damásio (2015),

> É por meio da luz e por meio de uma ideia clara que a mente vê as essências das coisas, os números e as extensões. É por meio de uma ideia vaga ou por meio do sentimento que a mente julga a existência das criaturas e conhece sua própria existência.

Piaget (1978, 1983), quando explica que a afetividade representa a fonte energética da qual depende o funcionamento da inteligência, afirma: para que a inteligência funcione é necessário um motor, que é o afetivo. Ao contrário, o aspecto cognitivo das condutas é caracterizado por sua estrutura. E Piaget explica com um exemplo:

> Tome, por exemplo, duas crianças, em relação às suas lições de aritmética. Uma que gosta de matemática, e progride; a outra, que tem a impressão de não a compreender e que tem sentimentos de inferioridade e todos os complexos bem

24 Capítulo 2

conhecidos nas lições de matemática, dos fracos em matemática. O primeiro irá bem mais rápido; o segundo, bem mais lentamente. Mas para ambos, dois e dois farão quatro. Isto não modifica nada da estrutura adquirida.

Piaget argumenta que a afetividade não engendra e não modifica as estruturas cognitivas. Os mecanismos afetivos e cognitivos permanecem sempre indissociáveis, porém, distintos, uma vez que os primeiros dependem de uma energética e os outros de estruturas.

Assim, ao refletir sobre evidências de conciliação entre razão e emoção, procuramos identificar possibilidades de considerá-las em ambientes de aprendizagem ativa.

Com efeito, considerando que o conhecimento se dá pela interação ou pelas trocas do organismo com o meio, Piaget valoriza a relação social como a forma ideal de relação entre indivíduos autônomos, definida pela reciprocidade: a cooperação. No plano social ela implica o respeito mútuo, a solidariedade, a liberdade ou a autonomia de pessoas em interação. Quanto à autonomia, esta é também um processo de construção de sentimentos, na medida em que resulta da interação em um modo de conviver cooperativo onde o sujeito é capaz de relativizar seu ponto de vista em relação aos demais, coordenando suas ações em cooperação com os outros. Isto, no plano intelectual, permite o acesso à lógica (MONTANGERO; MAURICE-NAVILLE, 1998).

A cooperação é, também, a condição para a construção, pelo sujeito, das normas morais. A formação moral é uma das construções em que fica evidente a inter-relação entre os elementos afetivos e sociais, dos esquemas cognitivos e afetivos, ao mesmo tempo (PIAGET, 1978).

Não há dúvida quanto à importância da responsabilidade e confiança mútua entre estudantes e professores, o que gera ambientes de produção e construção. Nesses ambientes, o conversar não é só racional, mas também afetivo, constituindo, assim, espaços de convívio e de discussões onde a consensualidade pode resultar do próprio processo interativo. Espaços como esses propiciam a (des)construção de ideias, (des)fazer aprendizagens, minimizar dificuldades e conquistar a satisfação do saber e de se tornarem capazes. A relação entre razão e emoção que emerge destas possibilidades evidencia sua interdependência, na medida em que compreendemos que, de fato, não há comportamento ou estado puramente cognitivo, sem afeto, nem puramente afetivo, sem o envolvimento de algum elemento cognitivo. Separados um do outro, não haveria interesse, nem necessidade, nem motivação; os problemas não seriam colocados e não haveria ações inteligentes (PIAGET, 1962). O afeto e a cognição resultam de uma adaptação contínua e interdependente, em que os esquemas afetivos levam à construção da personalidade, enquanto os esquemas cognitivos conduzem à inteligência.

Em ambientes de aprendizagem ativa, o professor pode ser o incentivador e coparticipante de diálogos guiados pelo desejo de escutar e de compreender o interlocutor. Assim, se um problema desafiar a curiosidade e puser em jogo as faculdades inventivas, quem o resolver por seus próprios meios experimentará a tensão e gozará o triunfo da descoberta. Experiências tais, em uma idade suscetível, poderão gerar o gosto pelo trabalho mental e deixar, por toda a vida, a sua marca na mente e no caráter (POLYA, 1986).

Além disso, quando o diálogo é baseado na cooperação, a relação permite a descentração, na medida em que o ponto de vista do outro é levado em consideração. Assim, o conceito de cooperação está estreitamente ligado ao de descentração. Um sujeito cuja perspectiva é determinada por sua ação não tem nenhuma razão para estar consciente de qualquer coisa, exceto de seus resultados; por outro lado, descentrar-se, ou seja, deslocar seu centro e comparar uma ação com outras possíveis, particularmente com as ações de outras pessoas, conduz a uma consciência do "como" e ainda às verdadeiras operações (SAUER; LIMA, 2010).

Diante dessas constatações, entendemos um ambiente de aprendizagem ativa como o lugar comum de professores e estudantes, em que princípios didáticos e psicopedagógicos revelem nossa concepção de aprendizagem como um processo que requer a participação ativa daqueles que querem aprender, entendendo como participação ativa o envolvimento em atividades de interação, cooperação, colaboração e contribuição. Assim, um ambiente de aprendizagem ativa é organizado com o propósito de, além de fornecer informações relacionadas aos conteúdos, acompanhar os estudantes com ações que visem ao desenvolvimento da autonomia, da solidariedade, da capacidade de lidar com problemas e com tecnologia e de tomar decisões com conhecimento e confiança (SAUER; LIMA, 2010).

Novamente, para que tudo isso seja possível, é preciso que tanto o professor quanto o estudante estejam dispostos a enfrentar os desafios, o que demanda, frequentemente, mudança de paradigma de ambas as partes, a partir da identificação e superação de obstáculos epistemológicos; isto é, ao mudar o foco de nosso pensamento daquilo que nós "fazemos" para "como aprendemos", podemos começar a ver os temas acadêmicos e a autonomia moral partindo do ponto de vista de "como aprendemos" (KAMII, 1984).

Em um enfoque piagetiano, quando Piaget afirma que uma pessoa jamais resolverá um problema se este não a interessar, compreendemos bem a motivação como o motor afetivo da ação. A partir daí, havendo interesse, a busca de uma resposta pode levar à reflexão e, consequentemente, ao desenvolvimento.

Reflexões desta natureza nos levam à adoção de formas de melhor intervir nas situações de aprendizagem, o que procuramos colocar em debate na próxima seção.

2.4 Quais seriam as melhores condições de aprendizagem para o estudante do século XXI?

Os dilemas dos educadores do século XXI parecem estar resumidos em três questionamentos: O que ensinar? Como ensinar? Para que ensinar? (SILVA; CUNHA, 2002; FEDRIZZI, 2017).

Considerando que a educação é muito mais que a transferência de conhecimentos, do professor para o estudante, há uma tarefa, essencial para a educação, que a tecnologia não poderá cumprir. Trata-se de acender a "chama da vontade de aprender, no coração dos estudantes, dar o exemplo e criar vínculos entre professores e estudantes" (DERTOUZOS, 2000).

Afirmações e considerações como essas, feitas no final do século XX, ainda continuam válidas, neste mundo repleto de informações, em rápidas mudanças, um mundo no qual a sociedade nem sabe quais serão suas necessidades em cinco anos, muito menos em uma década ou mais.

A comunidade acadêmica – formada por professores responsáveis pelas disciplinas nos diferentes cursos, associações de professores representantes de universidades, comissões encarregadas da análise e elaboração de currículos e integrantes de órgãos administrativos, no Brasil e no mundo –, tem se empenhado na organização de programas que contemplem as necessidades atuais, estas cada vez mais exigentes quanto à qualidade dos conhecimentos em todos os cursos. Nesse sentido, muitas recomendações relacionadas com as competências a serem desenvolvidas nos diferentes cursos de Engenharia, dentre outros, têm sido apontadas como possibilidades de atender as expectativas atuais em termos de conhecimentos.

Como proposta para a modernização da Educação em Engenharia no Brasil, encontramos (INOVA ENGENHARIA, 2006):

> Para um engenheiro, ter formação holística significa agregar às competências técnicas básicas novos conhecimentos e habilidades. Esse profissional deverá conviver em comunidades e culturas diversificadas, que vivem e resolvem questões e problemas do cotidiano a partir de um olhar peculiar e característico. O engenheiro deve ter capacidade de comunicação e saber trabalhar em equipes multidisciplinares. Ter consciência das implicações sociais, ecológicas e éticas envolvidas nos projetos de engenharia, falar mais de um idioma e estar disposto a trabalhar em qualquer parte do mundo.

Das publicações nacionais e internacionais consultadas, selecionamos algumas diretrizes, elaboradas por comissões representantes da Secretaria de Educação Superior do Ministério de Educação e Cultura, da Associação Brasileira de Educação em Engenharia, do Projeto Tuning América Latina e do relatório *The global state of the art in engineering education* do Massachusetts Institute of Technology, além de renomados pesquisadores na área, com o propósito de agregar elementos à essa discussão sobre o que é esperado dos futuros engenheiros, em termos de competências e habilidades (INOVA ENGENHARIA, 2006; BRASIL, 2002; CLOUGH, 2004, 2005, 2006; BENEITONE; GONZÁLEZ; WAGENAAR, 2014; HOLTZAPPLE; REECE, 2014; GOLDBERG; SOMERVILLE, 2014; GRAHAM, 2018; OLIVEIRA *et al.*, 2018):

- aplicação de conhecimentos de Matemática, Ciência e Engenharia;
- concepção e realização de experimentos;
- concepção de projetos de sistemas, componentes e processos para atender a necessidades específicas;
- atuação em equipes multidisciplinares;
- identificação, formulação e solução de problemas de Engenharia;
- senso de responsabilidade ética e profissional;
- compreensão do impacto das soluções de Engenharia em um contexto global e social;
- reconhecimento da necessidade de treinamento continuado;
- conhecimento de temas da atualidade;
- utilização de técnicas e ferramentas modernas da prática de Engenharia.
- argumentação e síntese associada à expressão em língua portuguesa;
- assimilação e aplicação de novos conhecimentos;
- raciocínio espacial lógico e matemático;
- raciocínio crítico, formulação e solução de problemas;
- observação, interpretação e análises de dados e informações;
- utilização do método científico e de conhecimento tecnológico na prática da profissão;
- leitura e interpretação de textos técnicos e científicos;
- desenvolvimento de pesquisas, obtenção de resultados, análises e elaboração de conclusões;
- proposição de soluções para problemas de Engenharia;
- planejamento, supervisão, elaboração e coordenação de projetos e serviços de Engenharia;
- avaliação crítica de operações e manutenção de sistemas;
- comunicação eficiente e eficaz, nas formas escrita, oral e gráfica;
- avaliação do impacto das atividades da Engenharia no contexto social e ambiental;
- avaliação da viabilidade econômica de projetos de Engenharia;

28 Capítulo 2

- disposição para permanente busca de atualização profissional;
- trabalho e liderança de equipes multidisciplinares (liderança e trabalho em equipe);
- desenvolvimento de competências específicas, em acordo com o curso de Engenharia em termos de modalidade escolhida e características regionais demandadas.

A lista não termina aqui e o propósito, ao apresentá-la, é chamar a atenção para o que se espera de egressos de cursos de graduação em Engenharia, o que é importante considerar. Assim como Polya (1986), quando se referiu à variedade de objetivos propostos em programas de Matemática em cursos de graduação, entendemos que todos esses, interpretados de modo concreto e razoável, apresentam muitas superposições. É certo que precisamos tomá-los em conjunto, identificando aqueles que, em cada caso, possam ser contemplados pelas diversas disciplinas, como ações efetivas no domínio do conhecimento relacionado com a Engenharia. Porém, é certo também, que o desenvolvimento de tais competências depende, em grande parte, de propostas metodológicas que despertem no estudante a curiosidade e a motivação, necessárias para a aprendizagem, a partir do envolvimento e do reconhecimento de sua importância na formação universitária. Acreditamos que esta seja uma das principais medidas a serem consideradas a fim de trazer o conhecimento avançado e sofisticado da Engenharia ao nível de sua devida apreciação e utilização por parte dos egressos dos diferentes cursos de graduação (SAUER; LIMA; SOARES, 2008; CLOUGH, 2006; TOVANI, 2011).

Propostas metodológicas, baseadas na transmissão de informações descontextualizadas, certamente não serão suficientes para que o estudante seja capaz de utilizá-las adequadamente em outras situações; de analisar novos problemas, integrando conhecimentos multidisciplinares; ou de elaborar novos projetos, propondo soluções técnica e economicamente competitivas; ou mesmo pesquisar, extrair resultados, analisar e elaborar conclusões, propondo soluções para problemas de seu interesse. Nesses ambientes em que o estudante é passivo no processo de aprendizagem, é muito difícil que venham a ser desenvolvidas habilidades de interpretação, raciocínios espaciais, lógicos e matemáticos, de esboço, leitura e interpretação de desenhos, gráficos e imagens, de síntese de informações ou de argumentação, aliadas à compreensão e expressão em língua portuguesa. Isto porque, em tais ambientes, valoriza-se o conhecimento do professor e a estruturação dos conteúdos, respeitando o cronograma da disciplina. O estudante não é envolvido afetivamente, questiona sua importância no curso e não vê significado algum nos conceitos abordados.

Concordamos com Tovani (2011), quando afirma que, "como professores, podemos cobrir o currículo e alcançar a linha de chegada. Mas muitas vezes quando chegamos e olhamos em volta, vemos que estamos sozinhos".

Ao contrário, em ambientes de aprendizagem ativa, que considerem o envolvimento e a disposição, a partir de ações motivadas pelo interesse de quem quer aprender, tudo isso é possível. Até porque é muito importante que o futuro engenheiro, seja qual for a sua área de interesse, reconheça a importância de raciocinar, analisar e argumentar com clareza, defendendo seus pontos de vista, de demonstrar ideias, lidar com informações e com tecnologia.

Nesse cenário, é que a utilização de estratégias e métodos de aprendizagem ativa está sendo considerada como alternativa metodológica para superação de dificuldades relacionadas com a aprendizagem, bem como para atender as expectativas relativas ao perfil e habilidades dos egressos dos cursos de Engenharia.

Para tanto, tecnologias da informação e comunicação (TICs) também vêm sendo integradas, de forma natural, mas levando em conta recomendações, que sugerem que a qualidade do aprendizado depende, em grande parte, da qualidade das tarefas propostas aos estudantes e não da disponibilidade ou emprego de tecnologias computacionais. Não se trata mais de discutir sobre sua inclusão ou não, pois, considerando a realidade atual, não podemos mais ignorá-las. De fato, esta é uma área de pesquisa que continua sendo bastante profícua, porém, atualmente, em função da velocidade crescente da evolução de recursos tecnológicos, que precisam ser analisados e cujos benefícios carecem de pesquisas e análises de resultados.

A preocupação deve ser com a aprendizagem, o que vai além da escolha de um *software* ou da utilização do computador como um recurso novo. O computador até pode "chamar a atenção" de alguns estudantes, porém, se utilizado somente para transmitir informações e conteúdos, não produzirá as mudanças necessárias. Assim, precisamos valorizar atividades de aprendizagem em que os conceitos possam ser abordados e desenvolvidos a partir de investigações baseadas na intuição e no bom senso, em vez de suas definições puramente abstratas, passando da ideia de um sistema puramente representacional a uma experiência realmente possível de ser vivenciada.

Compreendemos que tal exigência está longe do professor que "dá aulas", que "explica", que "passa conhecimentos", que "julga a partir da repetição de comportamentos". Este professor entende que a aprendizagem ocorre a partir da observação do estudante, passivamente, memorizando informações que deve repetir nas avaliações e é corresponsável pelo fracasso da educação em muitas instituições de ensino, em todos os níveis, comprovado pelos baixos níveis de desempenho no mercado de trabalho, constantemente apontados por pesquisas realizadas.

Felizmente, a partir de estudos e reflexões, muitos professores estão construindo novas práticas. A investigação e a realização de experiências, acompanhadas de suas análises, são determinantes na construção de novos fazeres.

Porém, esta construção é lenta, difícil, passível de discussões. O abandono de práticas pedagógicas consolidadas é muito difícil. Trata-se de algo mais do que uma ruptura cultural; trata-se de uma ruptura epistemológica, o que não é um processo espontâneo. Mudanças qualitativas implicam experiências, em voltar atrás. Porém, é preciso ser persistente quando se compreende que as coisas não estão bem.

Ao analisar e problematizar o modo como os estudantes aprendem, entendemos que as possibilidades e os limites de aprendizagem de futuros engenheiros, na maioria das vezes, estudantes que trabalham, bem como condições e possibilidades de aprendizagem, precisam ser considerados. Mais do que nunca, é preciso uma abertura para a educação continuada, para o trabalho em equipe, valorizando trocas de experiências que promovam reflexões, discussões, críticas e contínua produção de conhecimento sobre este tema.

Com efeito, o desenvolvimento de competências e habilidades deve ser considerado, bem como possibilidades de que as mesmas sejam desenvolvidas. Uma contribuição importante do Projeto Tuning América Latina (TUNING, 2014a) resultou dos debates promovidos, envolvendo profissionais de 18 países da América Latina. Tais debates iniciaram procurando identificar as principais competências genéricas para os estudantes universitários, avançando para as competências específicas de cada área, bem como possibilidades de desenvolvimento das mesmas. As principais dificuldades, na etapa de identificação das competências, consistiram em relacioná-las com o perfil do egresso, além de considerar perspectivas de futuro das diferentes profissões que estavam sendo discutidas. Desta discussão, surgiram os perfis de alguns cursos, com a seguinte definição:

> [...] o perfil de um curso de graduação [...] ilustra com clareza o que se espera que os estudantes saibam e sejam capazes de fazer quando recebem seus diplomas universitários [...] de qualquer nível. Este perfil do curso de graduação propõe resultados específicos de aprendizagem que servem como referência para os cursos universitários [...] sem levar em consideração o campo de especialização (TUNING, 2014a, 2014b).

Na etapa final da pesquisa realizada, foram sugeridas estratégias de ensino, aprendizagem e avaliação das competências que integraram os perfis dos cursos, com destaque para benefícios decorrentes de estratégias e métodos de aprendizagem ativa (BENEITONE; GONZÁLEZ; WAGENAAR, 2014).

Para finalizar este capítulo, compreendendo a importância de envolver os estudantes no que está sendo discutido neste livro, apresentamos algumas orientações especialmente dedicadas a eles.

Tomar a decisão de fazer um curso de graduação em Engenharia requer um posicionamento do estudante coerente com a decisão tomada. Tal posicionamento deve ter como base o conhecimento, ainda que superficial, da profissão, das competências e habilidades a serem desenvolvidas e, especialmente, da necessidade do próprio envolvimento e disposição para estudar.

Ocorre que, na transição do ensino médio para a graduação, como discutido nas Seções 2.1 e 2.2, não raro observamos, em nossas salas de aula, estudantes com expectativas impossíveis de serem alcançadas, como é o caso de almejar o sucesso, sem estudar. Ou, então, de conciliar a falta absoluta de tempo para estudar com os estudos. De fato, não existe uma forma de estudar pouco e aprender muito, cujo método dispense o trabalho que não se quer ter (BAZZO *et al.*, 2015).

Assim, consideramos imprescindível que o estudante, ao escolher o curso de Engenharia para sua formação profissional, certifique-se das condições necessárias para o próprio sucesso no curso. A partir daí, compreendendo que o estudo é imprescindível, certifique-se, também, de que há diversas formas de estudar, com bons resultados, muitas das quais, ainda não praticadas, durante o ensino básico. Para auxiliar na nova organização, que inclui mudanças de comportamento e de rotina, vamos abordar, a seguir, alguns métodos de estudo, a serem considerados por aqueles que estão realmente interessados em valorizar a decisão tomada e o investimento necessário, em termos de esforço e dedicação.

O uso de técnicas eficazes de aprendizagem tem sido recomendado por estudiosos do assunto (BAZZO; PEREIRA, 2015; DUNLOSKY *et al.*, 2013). As mesmas incluem a elaboração de respostas a questionamentos, autoexplicação, elaboração de resumos com as próprias palavras, destaques na leitura de um texto, elaboração de listas de palavras-chave, uso de imagens para a aprendizagem de textos, releitura, testes práticos, realização de estudos frequentes, utilização de técnicas diversificadas de estudo, reflexão crítica, isolamento, estudo em grupos, desenvolvimento do hábito de estudar, evitar rotular alguns conhecimentos como inúteis, estabelecer um tempo de revisão imediata de aulas, fazer o cronograma das atividades semanais e respeitá-lo, dentre outras.

Sabemos que todas as técnicas têm suas limitações, especialmente na dependência de vários fatores, que incluem idade do estudante, nível de conhecimentos prévios, além de outros. Contudo, podem dar subsídios ao professor para auxiliar seus estudantes no ato de aprender a aprender.

Quanto a isto, esperamos ter demonstrado, neste capítulo, que a concepção epistemológica de estudantes, bem como sentimentos e disposição para aprender, influenciam o envolvimento em estratégias e métodos de aprendizagem ativa. Para tanto, é preciso que os professores estejam cientes disso, a fim de criar ambientes com as melhores condições de aprendizagem, adequadas aos perfis dos estudantes, bem como à respectiva formação que queremos promover.

No próximo capítulo, levando em consideração o campo de problematizações que emergem de problemas aqui discutidos e vivenciados por estudantes e professores, preocupados com a aprendizagem, destacamos a necessidade de

32 Capítulo 2

encontrar apoio em teorias de aprendizagem capazes de fundamentar ações requeridas e justificamos nossa opção pelos conceitos propostos por Piaget e autores cujas teorias permitem a aproximação com a epistemologia genética, tais como Paulo Freire, David Ausubel, além de pesquisadores como Fernando Becker, Marco Antônio Moreira e outros.

REFERÊNCIAS BIBLIOGRÁFICAS

BARKLEY, E. E. *Student engagement techniques*: a handbook for college faculty. San Francisco: Wiley&Sons, 2010.

BAZZO, W. A.; PEREIRA, L. T. V. *Introdução à engenharia*. 6. ed. Florianópolis: EdUFSC, p. 17, 2015.

BECKER, F. *Epistemologia do professor*: o cotidiano da escola. 14. ed. Petrópolis: Vozes, 2009.

BENEITONE, P.; GONZÁLEZ, J.; WAGENAAR, R.(Ed.). Projeto Tuning América Latina. *Metaperfis e perfis*: uma nova aproximação para os diplomas na América Latina. Revisão: Laurete Zanol Sauer. Bilbao: Publicações da Universidad de Deusto, 2014.

BONWELL, C. C.; EISON, J. A. *Active learning*: creating excitement in the classroom, 1991.

BRASIL. Ministério da Educação. Secretaria de Educação Básica. *Base nacional comum curricular*. Brasília, 2018. Disponível em: <http://basenacionalcomum.mec.gov.br/bncc-ensino-medio >. Acesso em: 05 maio 2018.

BRASIL. Ministério da Educação. *Diretrizes curriculares nacionais para os cursos de graduação em engenharia*. Resolução CNE/CES 11/2002. Diário Oficial da União, Brasília, 2002. Disponível em: <http://portal.mec.gov.br/cne/arquivos/pdf/CES112002.pdf.> Acesso em: 18 maio 2018.

CLOUGH, G. Wayne (chair). *The engineer of 2020*: visions of engineering in the new century, National Academy of Engineering, Washington, DC: National Press, 2004.

_____. *Educating the engineer of 2020*: adapting engineering education to the new century, National Academy of Engineering, Washington, DC: National Press, 2005.

_____. "Reforming Engineering Education", *The Bridge*, Washington, DC: National Academy of Engineering, 2006.

Christakis, D. A. "The effects of infant media usage: what do we know and what should we learn?" *Acta Paediatrica*, 98.1 (2009): 8-16.

_____; Zimmerman, F. J.; Di Giuseppe, D. L.; McCarty, C. A. "Early Television Exposure and Subsequent Attentional Problems in Children". *Pediatrics*, v. 113, n. 4, April 2004, p. 708-713.

CURY, H. N.; PINENT, C. E. Análise de atitudes de calouros de engenharia em relação às ciências e à matemática. *Revista de Ensino de Engenharia*, Brasília, v. 19, p. 47-54, agosto 2000.

DAMÁSIO, A. *O erro de Descartes*. Tradução de Dora Vicente e Georgina Segurado. São Paulo: Companhia das Letras, 2012.

_____. *O mistério da consciência*. Tradução de Laura Teixeira Motta. São Paulo: Companhia das Letras, 2015.

DERTOUZOS, M. *O que será*: como a informação transformará nossas vidas. São Paulo: Companhia das Letras, 2000.

DUNLOSKY, J. et al. *Improving students' learning with effective learning techniques*: promising directions from cognitive and educational psychology.

FEDRIZZI, A. As escolas e a sociedade do futuro. *Educação 3.0*: Novas Perspectivas para o ensino, Mônica Tim de Carvalho (Org.). São Leopoldo, RS: Editora Unisinos, 2017.

FERGUSON, C. J. The influence of television and video game use on attention and school problems: A multivariate analysis with other risk factors controlled. *Journal of Psychiatric Research* 45.6 (2011): 808-813.

GOLDBERG D. E.; Somerville M. *A whole new engineer*. The coming revolution in Engineering Education. Douglas MI: Threejoy, 2014.

GRAHAM, R. The global state of the art in engineering education, New Engineering Education Transformation, Massachusetts Institute of Technology, 2018. Disponível em: < http://neet.mit.edu/wp-content/uploads/2018/03/MIT_NEET_GlobalStateEngineeringEducation2018.pdf>. Acesso em: 9 jun. 2018.

HAVENER, L. *The effects of social media and social networking site usage on the mental health and well-being of adolescents*. 2016. Dissertação - University of Oregon. <https://scholarsbank.uoregon.edu/xmlui/handle/1794/20296>.

HOLTZAPPLE, M. T.; REECE, W. D. *Introdução à engenharia*. Tradução de J. R. Souza, revisão técnica de Fernando Ribeiro da Silva. [Reimpressão.] Rio de Janeiro: LTC, 2014.

INOVA ENGENHARIA. Propostas para a modernização da educação em engenharia no Brasil. Brasília: IEL.NC/Senai.DN, 103 p.; ISBN 85-87257-21-8, 2006.

KAMII, C. *A criança e o número*. Tradução de Regina de Assis. Campinas, SP: Papirus, 1984.

LAU, Wilfred W. F. Effects of social media usage and social media multitasking on the academic performance of university students.*Computers in Human Behavior* 68 (2017): 286-291.

MONTANGERO, J.; MAURICE-NAVILLE, D. *Piaget ou a inteligência em evolução*. Tradução de Tânia Beatriz Iwazko Marques e Fernando Becker. Porto Alegre: ArtMed, 1998.

OLIVEIRA, V. et al. *Inovação na educação em engenharia*. Disponível em: <http://www.abenge.org.br/file/PropostaDCNABENGEMEI_CNI.pdf>. Acesso em: 19 maio 2018.

PIAGET, J. *Fazer e compreender*. São Paulo: Melhoramentos, 1978.

_____. *A epistemologia genética*: sabedoria e ilusões da filosofia, problemas de psicologia genética. São Paulo: Abril Cultural, 1983.

_____. The relation of affectivity to intelligence in the mental development of the child. *Bulletin of the Menninger Clinic*, v. 26, n. 3, 1962.POH, M. Z.; SWENSON, N. C.; Picard, R. W. A wearable sensor for unobtrusive, long-term assessment of electrodermal activity. *IEEE transactions on Biomedical engineering*, 57(5), 2010. p. 1243-1252.

POLYA, G. *A arte de resolver problemas*. Rio de Janeiro: Interciência, 1986.

PRENSKY, M. R. *Teaching digital natives*: partnering for real learning. Corwin Press, 2010.

_____. Digital Natives, Digital Immigrants Part 1, *On the Horizon*, v. 9 Issue: 5, 2001. pp.1-6. Disponível em: <https:// doi.org/10.1108/10748120110424816>.

REZENDE, A. C. S. Estudante × estudante: como a neurociência pode ajudar a transformar estudantes em estudantes, 2016. Disponível em: <http://www.ibfeduca.com.br/campinas/blog/estudante-x-estudante-como-a-neurociencia-pode-ajudar-a-transformar-estudantes-em-estudantes>. Acesso: 1 jun. 2018.

SAUER, L. Z. *O diálogo matemático e o processo de tomada de consciência da aprendizagem em ambientes telemáticos*. 2004, 202f. Tese (Doutorado em Informática em Educação) – PGIE, UFRGS, Porto Alegre, 2004.

_____; LIMA, I. G. Razão e emoção em ambientes de aprendizagem: em busca da unidade. In: SOARES, E.M.; VALENTINI, C. B. (Org.). *Aprendizagem em ambientes virtuais*: compartilhando ideias e construindo cenários. 2. ed. Caxias do Sul: EDUCS, 2010. cap. 4.

_____; _____; SOARES, E. M. Active Learning Strategies in Mathematics for Engineering Education. In: Active Learning in Engineering Educatiom, ALE, 08., 2008, Bogotá D.C., Colômbia. *Anais...* Bogotá: Universidad de Los Andes, 2008.

SILVA, E. L.; CUNHA, M. V. A formação profissional no século XXI: desafios e dilemas. Ci. Inf., Brasília, v. 31, n. 3, p. 77-82, set./dez. 2002.

SWING, E. L.; GENTILE, D. A.; ANDERSON, C. A.; WALSH, D. A..Television and video game exposure and the development of attention problems. *Pediatrics* 126, n. 2 (2010): 214-221.

TORRES, H. *Currículo e projeto de vida*. 2015. Disponível em: <https://www.youtube.com/watch?v=erPzGyzem78>. Acesso em: 5 maio 2018.

TOVANI, C. *So what do they really know?*Assessment that Informs Teaching and Learning. Kindle Edition, Stenhouse Publishers: Portsmouth, New Hampshire, 2011.

TUNING. *Metaperfis e perfis*: uma nova aproximação para os diplomas na América Latina. Revisão: Laurete Zanol Sauer. Projeto Tuning América Latina. Bilbao, Espanha: Universidade de Deusto, 2014a.

_____. *Ensino Superior na América Latina*: reflexões e perspectivas sobre Matemática. Revisão: Laurete Zanol Sauer. Projeto Tuning América Latina. Bilbao, Espanha: Universidade de Deusto, 2014b.

VEEN, W.; Vrakking, B. *Homo zappiens*: educando na era digital. Artmed Editora, 2009.

_____; VAN STAALDUINEN, J. P. (2010). The homo zappiens and its consequences for learning in universities. In: *Changing Cultures in Higher Education*.Springer, Berlin, Heidelberg, 2010. (p. 323-337).

WANKAT, P. C. *The effective, efficient professor*: teaching, scholarship, and service. Boston: Allyn&Bacon, 2002.

3 Fundamentos de aprendizagem ativa

E por isso, repito, que ensinar não é transferir conteúdo a ninguém, assim como aprender não é memorizar o perfil do conteúdo transferido no discurso vertical do professor. Ensinar e aprender têm que ver com o esforço metodicamente crítico do professor de desvelar a compreensão de algo e com o empenho igualmente crítico do aluno de ir entrando como sujeito em aprendizagem, no processo de desvelamento que o professor ou professora deve deflagrar. Isso não tem nada que ver com a transferência de conteúdo e fala da dificuldade, mas, ao mesmo tempo, da boniteza da docência e da discência.

Paulo Freire,
Pedagogia da Autonomia, 1996

Que base conceitual é capaz de fundamentar o planejamento de ambientes de aprendizagem ativa, onde o estudante tenha espaço para agir, discutir, problematizar e analisar a sua ação? Um modo de explicar o aprender no qual possam ser considerados os aspectos físicos, biológicos, mentais, psicológicos, culturais e sociais? Que leve em conta a interdependência entre os processos de pensamento e de construção do conhecimento? Que promova a visão de contexto, sem separar o sujeito de sua circunstância e de seus relacionamentos, auxiliando-o a compreender o mundo como uma teia sistêmica e interligada, de forma a evidenciar os processos cíclicos da natureza, da qual se faz parte? Um modo de pensar, que desencadeie um novo sistema ético, com valores, percepções e condutas que contribuam para o desenvolvimento sustentável? Tais questionamentos têm sido motivo de estudos (SAUER; SOARES *apud* CURY, 2004; INOVA ENGENHARIA, 2006; TANG, 2015; BATES, 2015), os quais, em muitos casos, não têm sido considerados com a devida atenção.

No desenvolvimento deste capítulo, seguimos procurando respondê-los, pois, a nosso ver, são o ponto de partida para a disruptura para a qual os profissionais da Educação em Engenharia estão sendo chamados.

3.1 Ambientes de aprendizagem ativa

Diante de todas as considerações até aqui destacadas, iniciamos descrevendo como entendemos um ambiente de aprendizagem ativa. Em primeiro lugar, compreendemos que um ambiente de aprendizagem deve ser o lugar comum de professores e estudantes, em que princípios didáticos e psicopedagógicos revelem suas concepções de aprendizagem, concebendo-a como um processo que requer a participação ativa daqueles que querem aprender, entendendo como participação ativa o envolvimento em atividades de reflexão, interação, colaboração e cooperação. Ou seja, um ambiente em que professores e estudantes estão cognitivamente ativos.

Com efeito, ambientes de aprendizagem com as características referidas devem incentivar a naturalidade da expressão como fator de desenvolvimento cognitivo, dando conta, também, do fator social desse desenvolvimento. Entretanto, para Montangero e Maurice-Naville (1998), "a socialização é uma estruturação com a qual o indivíduo contribui na medida em que recebe [...]" e isso justifica seu aspecto insuficiente. Assim, destacamos a importância do papel do professor, no sentido de conduzir as atividades de forma que o estudante se sinta valorizado por suas contribuições, na medida em que as oferece e é acolhido pelo grupo. Para tanto, os diálogos promovidos em um ambiente de aprendizagem ativa devem ser conduzidos de forma a proporcionar a todos os participantes a tomada de consciência das ações, que leve a uma aprendizagem duradoura.

Por exemplo, as práticas de sala de aula de Matemática, baseadas nesse paradigma, diferem fortemente das práticas tradicionais, nas quais a aula é dividida em dois momentos distintos: um, quando o professor apresenta algumas ideias e técnicas e, outro, em que os estudantes trabalham com exercícios selecionados (SKOVSMOSE, 2000). Estamos cientes de que o modelo tradicional ainda é o predominante em disciplinas de cursos de Engenharia. Nesse mesmo paradigma, variações consistem, não raro, em aulas em que o professor ocupa a maior parte do tempo com exposição, ou daquelas em que o estudante fica a maior parte do tempo envolvido com resolução de exercícios ou problemas, ou, mesmo, com a leitura de textos ou pesquisa na Internet. Sequer a justificativa da relevância de tais atividades, faz parte dessa aula (SKOVSMOSE, 2000).

Ao contrário, um ambiente de aprendizagem ativa deve promover situações que levem os estudantes a produzirem significados para os conceitos em construção. Concordamos com Skovsmose (2000), também, quanto à interpretação de significado, não somente como uma característica das ações ou dos conceitos, mas dos motivos das ações, o que inclui o contexto para localizar o objetivo de uma ação realizada pelo estudante. Tal contexto pode ser a própria disciplina, mas também uma situação fictícia, descrita pelo autor do livro didático que está sendo utilizado, ou ainda, por uma situação concreta apresentada pelo professor, ou mesmo pelos estudantes. Em qualquer uma destas abordagens é possível superar o paradigma do exercício e promover aprendizagem duradoura, dependendo da concepção epistemológica com a qual o ambiente é construído. Para Skovsmose (2000),

> Este movimento em direção a um novo paradigma em que os alunos são convidados a se envolverem em processos de exploração e argumentação justificada pode contribuir para o enfraquecimento da autoridade da sala de aula tradicional [...] e engajar os alunos ativamente em seus processos de aprendizagem.

36 Capítulo 3

Para tanto, um ambiente de aprendizagem não pode ser rígido nem completamente estruturado, mas um ambiente que possibilite modificações no processo, dependendo das interações e situações que se apresentem.

O planejamento, a criação e a utilização de ambientes de aprendizagem ativa devem considerar saberes, concepções e expectativas dos estudantes. Assim, a fim de fundamentar novas ações, a partir de ambientes de aprendizagem com características interativas, que privilegiem a ação, a reflexão, a argumentação e a pesquisa, optamos por partir da Epistemologia Genética (PIAGET, 1983), teoria na qual encontramos fundamentos científicos para justificar o que propomos.

De acordo com esta teoria, é importante que tais ambientes de aprendizagem sejam planejados de forma que haja espaço para conhecer o ponto de vista do estudante sobre seu papel, o papel do professor, o que ambos pretendem com a disciplina ou o curso e, consequentemente, levá-los em consideração. Tais informações podem ser levantadas por meio de diálogos que visam, também, promover a reflexão sobre a importância das atividades promovidas, como colaboradoras de aprendizagem.

3.2 Concepções de aprendizagem

Ainda há, por parte de muitos professores, em todos os níveis, o entendimento de que a aprendizagem do estudante é responsabilidade unicamente do professor, ou da escola, ou mesmo, de condições externas ao processo. Por outro lado, também há aqueles que atribuem toda a responsabilidade pela aprendizagem ao estudante, entendendo que ao professor, detentor do conhecimento, compete transmitir o maior número possível de informações. É fato que os processos de ensino e de aprendizagem só se concretizam se ensinar tiver como consequência a aprendizagem. Entretanto, torna-se imprescindível que esteja claro para o professor, comprometido com a boa qualidade de seu trabalho, o que ele entende por aprendizagem, como o ser humano aprende e como ele e seus estudantes podem participar satisfatoriamente desse processo. Em outras palavras, é preciso que o professor tenha claro, para si mesmo, se a aprendizagem se resume à memorização de conteúdos fragmentados e não contextualizados, que dependem de capacidades perceptivas, ou se requer a compreensão da realidade, com base em observação questionadora e possibilidade de argumentação, que permita produzir e estimular a capacidade de criar e de recriar. Somente com tal clareza, o professor poderá atuar de forma satisfatória, especialmente se tem como objetivo principal de suas ações a aprendizagem dos estudantes.

Assim, apresentamos nossa concepção sobre o significado de aprendizagem, vista como consequência das ações daquele que quer aprender, ações estas planejadas, implementadas e mediadas pelo professor. De fato, entendemos que a aprendizagem, assim entendida, pode ser duradoura, significativa e promotora do desenvolvimento de competências e habilidades requeridas na formação de profissionais competentes e afinados com os desafios de seu tempo. Para tanto, apresentamos, de forma breve, três possíveis concepções do processo de aprendizagem, encontradas no meio educacional (BECKER, 2009). Na concepção empirista, encontra-se a psicologia behaviorista (ou comportamentalista), representada por autores como Watson e Skinner, cuja explicação é baseada na ideia do condicionamento, ou seja, a aprendizagem é uma modificação do comportamento, gerada por um estímulo externo daquele que ensina para aquele que aprende (HILGARD, 1973). As práticas pedagógicas, neste caso, estão centradas no professor e baseiam-se na transmissão de conteúdos e no controle, refletindo mudanças sistemáticas e operacionais no ambiente e na proposta de trabalho, a fim de tornar mais prováveis as respostas desejadas. O estudante, por sua vez, passivo, age somente em resposta a estímulos externos, provenientes do professor ou do ambiente, e o conhecimento passa a ser entendido como uma sequência de estímulos e respostas.

Por outro lado, há a concepção apriorista, que supervaloriza a percepção e explica a aprendizagem como algo que ocorre de modo súbito, por *insight*, por uma capacidade inata, *a priori*, que o indivíduo traz consigo (HILGARD, 1973). As práticas pedagógicas, neste caso, aparentemente centradas no estudante, visam permitir que o *insight* ocorra a partir de atividades estruturadas de tal forma que os aspectos significativos sejam percebidos.

Porém, em concepções interacionistas, encontramos a Epistemologia Genética de Jean Piaget, que explica como se dá o desenvolvimento cognitivo, desde o nascimento até a adolescência, quando ocorre a formalização do conhecimento (PIAGET, 1983). Analisando as concepções anteriores, Piaget (1983) destaca aspectos positivos encontrados em ambas, quando afirma, com base em suas pesquisas, que a experiência constitui um dos fatores fundamentais na construção do conhecimento. Também destaca, a favor do apriorismo, a importância dos processos internos, da bagagem genética. E aponta um fator comum às duas, apesar de serem inconciliáveis: a passividade do sujeito. Este é o fator fundamental, o que distingue sua posição das anteriores. Justifica que é pela interação entre ambos, os fatores externos e os internos, que ocorre o desenvolvimento e a formação do conhecimento.

3.3 Teorias de Piaget e Ausubel, o modelo pedagógico de Paulo Freire e a aprendizagem ativa

Aprendizagem só ocorre em ação, isto é, quando o sujeito age sobre os objetos e sofre as influências desta ação sobre si mesmo. Mas é somente a ação motivada que tem sentido, aquela que o estudante sente como necessária, espontânea, que vem de dentro (PIAGET, 1983). É a ação que emerge das perguntas,

38 Capítulo 3

que provoca reflexões e desequilíbrios. A ação que vem só do exterior, do outro, e que é apenas observada, mesmo que seja com atenção, não frutifica. O conhecimento nasce toda vez que o ser humano se apropria de seu pensar.

Com efeito, a preocupação com a aprendizagem tem provocado mudanças no sentido de promover o estudante a uma dimensão diferente, proporcionando-lhe o desenvolvimento da habilidade de resolver problemas reais, redimensionando-os, apresentando soluções, aperfeiçoando-as e utilizando-as em novas situações. O mundo do trabalho pouco tem a oferecer a quem não apresenta capacidade de compreender, criticar, gerar e defender novas ideias. E a velocidade crescente de carências sociais de toda ordem, como trabalho, saúde, segurança, lazer e escola, clama por indivíduos conscientes e comprometidos com a qualidade de seu saber e com valores éticos e morais.

Para Piaget (1975):

> [...] os métodos chamados ativos são os únicos capazes de desenvolver a personalidade intelectual e que pressupõem necessariamente a intervenção de um meio coletivo, ao mesmo tempo formador da personalidade moral e fonte de trocas intelectuais organizadas pelo professor, visando à participação do estudante.

Com isso, entendemos que uma proposta construtivista, baseada no diálogo, permite a aproximação entre Piaget e Freire, com argumentos consistentes para justificá-la. Com efeito, encontramos em Freire (FREIRE; FREIRE, 2001) argumentos que justificam o diálogo como possibilidade de ação conscientizadora, que não dispensa a tomada de consciência piagetiana.

Freire aponta o diálogo como fenômeno humano, cujos elementos constitutivos comportam a ação e a reflexão e, consequentemente, pode promover a tomada de consciência e a aprendizagem (FREIRE; FREIRE, 2001). Entendemos, assim, que a pedagogia dialógica de Freire se opõe à concepção de ensino, baseada no baixo nível de participação dos estudantes, ao mesmo tempo em que sugere a reflexão e a ação dos envolvidos, por meio do diálogo.

Becker (2011), ao promover o encontro entre Piaget e Freire, afirma:

> [...] para que o diálogo realize seu objetivo [...] deve fundar-se sobre o pensar verdadeiro [...] pensar crítico [...] que percebe a realidade como processo em constante mudança; processo que é fruto da ação de sujeitos em diálogo e cujo produto é a transformação da realidade [...].

E ainda: a aprendizagem ativa requer uma construção do próprio sujeito ou a aprendizagem não acontecerá. De fato, o diálogo pode promover aprendizagem, se houver uma postura curiosa, aberta, alegre, crítica, reflexiva, comprometida, fraterna, ética, de todos os envolvidos no processo e dispostos a aceitar o desafio. Para o professor, o desafio de transformar um estudante passivo e ouvinte de informações em um estudante que construa seu conhecimento, que tenha a vontade e a oportunidade de vivenciar uma aprendizagem ativa, que, consequentemente, leve a uma aprendizagem duradoura. Para o estudante, o desafio de envolver-se e compreender a aprendizagem como um processo que deve ser duradouro e que, sob as condições mencionadas, torna-se significativo.

Há, na literatura, diversos estudos de autores que procuram explicar como o processo de aprendizagem significativa ocorre. Entre esses, Ausubel (2003) destaca que a essência do processo de aprendizagem significativa tem, como ponto de partida, aquilo que o estudante já sabe. Ou seja, ele precisa estabelecer ligações entre o novo conhecimento com outros, presentes na sua estrutura cognitiva, os subsunçores. Tais conhecimentos, conhecidos por subsunçores, são âncoras para novos conhecimentos e ideias (MOREIRA, 2011). Dessa forma, o processo de ensinar deixa de ser apenas passar informações, respostas prontas, conjuntos de palavras, de regras ou de algoritmos.

Frequentemente, os professores ouvem seus estudantes indagarem sobre o porquê aprender determinado conteúdo e quais são suas aplicações. Essas são algumas perguntas que fornecem evidências sobre a necessidade de se estabelecer relações entre conteúdos e contextos reais para favorecer a compreensão e o significado do conteúdo. Ausubel (2003) contrapõe-se à aprendizagem mecânica, aquela em que geralmente a ação do professor é informar aos estudantes, itens de conteúdos, ou seja, aquela em que o professor acredita que sua função é transmitir o conhecimento. Nessa concepção de ensinar, o professor desconhece que, em algumas situações, os estudantes não apresentam subsunçores necessários para ancorar o novo conteúdo.

Ao contrário, quando o professor leva em consideração os conhecimentos prévios, existentes na estrutura cognitiva do estudante, pode instaurar-se o diálogo entre os agentes da aprendizagem: professor/estudante, estudante/estudante, estudante/objeto de estudo e professor/objeto de estudo, que precisa ser constante (MOREIRA, 2011; COLL, 1994). Dessa forma, o estudante passa a ser ativo no processo, dialogando, questionando, argumentando, pesquisando, construindo o conhecimento, por meio de várias interações com o meio educativo. Quanto a isto, cabe, também, destacar o papel da linguagem e da mediação humana na aprendizagem significativa. Ausubel (2003) situa a linguagem como essencial para a conceitualização com compreensão.

Além dessas características para desenvolver uma aprendizagem duradoura, há outros dois aspectos que também influenciam na ocorrência da aprendizagem significativa: a pré-disposição do estudante para aprender e a qualidade do material disponibilizado a ele, que precisa ser potencialmente significativo. Assim, o professor, além de mediador, tem a função de motivador, ou seja, precisa orientar e despertar no estudante, a vontade de aprender. Além disso, o material didático fornecido pelo professor deve apresentar potencial para gerar uma aprendizagem duradoura; deve ser um material bem elaborado, que o estudante manuseie facilmente e consiga aprender com ele (AUSUBEL; NOVAK;

HANESIAN, 1980). Este material não deve ser copiado ou decorado e depois repetido em provas, mas ser compreendido, aplicado, como um instrumento de intervenção em problemas reais. A função do professor ou do material não é a de transmitir informações, mas de orientar o processo de aprendizagem e, assim, favorecer a construção de conceitos.

Quando os estudantes não apresentam subsunçores necessários, o professor pode utilizar um material introdutório chamado de organizador prévio, que é apresentado antes do material de aprendizagem em si (MOREIRA, 2011). "Os organizadores prévios são úteis para facilitar a aprendizagem na medida em que funcionam como pontes cognitivas" (PIAGET, 1975), servindo como estrutura básica para se alcançar um novo conhecimento. Com essa concepção, é possível a criação de um material didático potencialmente significativo (AUSUBEL; NOVAK; HANESIAN, 1980).

Com isso, entendemos que a ocorrência de uma aprendizagem significativa requer a ação do estudante, ou seja, para que a aprendizagem seja duradoura, faz-se necessário que seja ativa.

Uma das definições de aprendizagem ativa bastante adequada para exprimir nossa compreensão sobre a mesma é que "A aprendizagem ativa é qualquer processo através do qual o estudante deixa de ser audiência para ser ator principal do próprio processo de aprendizagem" (GUDWIN, 2018). Desta forma, ele não é um receptor de informações, mas engaja-se de maneira ativa na aprendizagem dos conceitos e no desenvolvimento das habilidades e competências, focando seus objetivos, visando à construção do conhecimento.

Entendemos, pois, que estas são as principais características que precisam ser levadas em consideração para que ocorra aprendizagem e que estão presentes nas teorias de Piaget e Ausubel, bem como na pedagogia de Freire. Com efeito, ao levar em conta, especialmente, as ações dos estudantes, é possível falar de aprendizagem ativa, com base nas considerações apresentadas, que justificam a aproximação entre os três autores.

A aprendizagem ativa pode ser considerada uma resposta a um conjunto de ações ou eventos planejados (o ambiente de aprendizagem) de forma que os estudantes se sintam motivados a aplicar e a produzir conhecimento, interagir com os pares e compartilhar suas experiências, como parte do processo educacional. Dito de outra forma, a aprendizagem ativa pode ser resultante de qualquer método instrucional que engaje os estudantes no processo de aprendizagem, o que requer, portanto, que eles executem atividades significativas e raciocinem sobre o que estão fazendo.

Diante desse contexto, é fundamental participar dos processos de ensinar e de aprender, com estratégias e métodos de aprendizagem ativa, levando em conta a contextualização e interdisciplinaridade, em que o diálogo e a reflexão do professor sobre sua prática pedagógica estejam voltados para o desenvolvimento, por parte do estudante, de autonomia e de outras habilidades que sejam estruturadoras do pensamento, que conduzam à aprendizagem e que lhe permita "aprender a aprender" e desenvolver habilidades para atuar com competência no século XXI.

Para finalizar este capítulo, em que apresentamos os fundamentos teóricos que subsidiam nosso entendimento de aprendizagem ativa, chamamos, novamente, a atenção dos leitores para a necessidade de se posicionarem quanto ao que entendem por aprendizagem. Desse entendimento, ou paradigma, todas as demais ações como docentes serão consequência.

REFERÊNCIAS BIBLIOGRÁFICAS

AUSUBEL, D. P. *Aquisição e retenção de conhecimentos*: uma perspectiva cognitiva. Lisboa: Plátano, 2003.

_____; NOVAK, J. D.; HANESIAN, H. *Psicologia educacional*. Tradução de Eva Nick. Rio de Janeiro: Interamericana, 1980.

BATES, A. W. Teaching in a digital age. *Glokalde*, 1, n. 3, 2015.

BECKER, F. *Epistemologia do professor*: o cotidiano da escola. 14. ed. Petrópolis, RJ: Vozes, 2009.

_____. *O caminho da aprendizagem em Jean Piaget e Paulo Freire*: da ação à operação. 2. ed. Petrópolis, RJ: Vozes, 2011.

COLL, C. *Aprendizagem escolar e construção do conhecimento*. Porto Alegre: ArtMed, 1994.

FREIRE, P.; FREIRE, A. M. A. (Org.). *Pedagogia dos sonhos possíveis*. São Paulo: Editora Unesp, 2001.

GUDWIN, R. *Página pessoal do Professor Ricardo Gudwin da Unicamp*. Disponível em: <http://faculty.dca.fee.unicamp.br/gudwin/activelearning>. Acesso em: 15 set. 2018.

HILGARD, E. *Teorias de aprendizagem*. 4. reimp. São Paulo: Pedagógica e Universitária, 1973.

INOVA ENGENHARIA. *Propostas para a modernização da educação em engenharia no Brasil*. Brasília: IEL-NC/Senai-DN, 2006.

MONTANGERO, J.; MAURICE-NAVILLE, D. *Piaget ou a inteligência em evolução*. Tradução de Tânia Beatriz Iwazko Marques e Fernando Becker. Porto Alegre: ArtMed, 1998.

MOREIRA, M. A. *Aprendizagem significativa*: a teoria e textos complementares. São Paulo: Livraria da Física, 2011.

PIAGET, J. *A epistemologia genética*: sabedoria e ilusões da filosofia, problemas de psicologia genética. São Paulo: Abril Cultural, 1983.

_____. *Para onde vai a educação?* Tradução de Ivette Braga. 3. ed. Rio de Janeiro: José Olympio, 1975.

SAUER, L. Z.; SOARES, E. M. Um novo olhar sobre a aprendizagem de matemática para a engenharia. In: CURY, H. N. (Org.). *Disciplinas matemáticas em cursos superiores*: reflexões, relatos, propostas. Porto Alegre. EdiPUCRS, 2004. Cap. 10.

SKOVSMOSE, O. Cenários para investigação. *Boletim de Educação Matemática*, Rio Claro, ano 13, n. 14, p. 66-91, 2000.

TANG, Q. *Educação 2030*: declaração e marco de ação de Incheon: para uma educação de qualidade inclusiva e equitativa e a aprendizagem ao longo da vida para todos. 2015. Disponível em: <http://unesdoc.unesco.org/images/0024/002432/243278POR.pdf> Acesso em: 15 set. 2018.

4 Sala de aula invertida

Adotar práticas instrucionais que engajem os estudantes no processo de aprender é o aspecto determinante da aprendizagem ativa.

Michael J. Prince

Em todos os capítulos deste livro, nos dedicamos à apresentação de argumentos, procurando justificar que a implementação de estratégias e métodos de aprendizagem ativa em sala de aula constitui uma das soluções mais eficazes não só para engajar ativamente os estudantes em seus processos de aprendizagem, bem como contribuir para a formação de profissionais com as competências e habilidades necessárias para enfrentar as demandas que continuamente têm surgido. Com efeito, os estudos abordados nos capítulos anteriores apontam que estratégias e métodos de aprendizagem ativa são mais efetivos para a construção de conhecimento do que as aulas expositivas tradicionais. Entretanto, é importante destacar que não estamos nos referindo a qualquer aula expositiva. De fato, uma aula expositiva dialogada, bem planejada, que leva em conta o conhecimento prévio dos estudantes, é uma boa estratégia, em muitas situações, tais como *"abrir um tema de estudo"*, *"fazer uma síntese do conteúdo estudado"*, *"comunicar experiências, atualizações, ou explicações necessárias"*, dentre outras. Contudo, concordamos com Masetto (2011), quando aponta algumas medidas indispensáveis para preparar e ministrar aulas expositivas. Dentre as principais medidas citadas pelo autor, destacamos: o professor precisa ter clareza do objetivo daquela aula; da sequência lógica, para não fugir do tema com que vai conduzir a aula; do tempo a ser utilizado, que não pode exceder o limite de atenção do estudante ao qual já nos referimos no Capítulo 2, Seção 2.2; da importância de prever espaço para manifestações dos estudantes, além de:

> evitar considerar as distrações dos estudantes como afronta pessoal ou desrespeito; em vez disso, utilizar esses indícios para reorientar sua própria exposição: é o momento de uma pergunta à classe ou de comentar uma notícia de jornal [...] Afinal, a aula expositiva exige do estudante uma posição passiva, nem sempre fácil de se manter (MASETTO, 2011).

De fato, com esses cuidados também podemos manter o estudante cognitivamente ativo em uma aula expositiva, o que tem muito valor nos processos de ensino e de aprendizagem.

Contudo, muitos professores, praticantes unicamente de aulas expositivas, argumentam que não têm como usar estratégias e métodos de aprendizagem ativa, pois temem não conseguir cobrir a ementa (BONWELL; EISON, 1991). Entretanto, e não menos importante, há a necessidade de tornar a sala de aula mais atrativa para os estudantes da geração digital. E é nesse contexto que a abordagem pedagógica da sala de aula invertida (*flipped classroom*) pode desmistificar o uso de estratégias e métodos de aprendizagem ativa nas disciplinas e mostrar que auxiliar o estudante a aprender a aprender é mais importante do que cumprir a ementa.

Porém, como já mencionado, a concepção de ambiente de aprendizagem ativa, no Brasil, ainda encontra muita resistência em várias escolas de Engenharia. Felizmente, algumas, compreendendo que a hora da virada já passou, começaram a desenhar os currículos de seus cursos à luz de estratégias e métodos de aprendizagem ativa. Outras poucas escolas foram ainda mais longe, implementando uma reforma curricular profunda para se adequar aos padrões de iniciativas como a CDIO.[1] Nesse contexto, diante da necessidade premente de tornarmos a sala de aula mais atrativa para os estudantes e de utilizar as estratégias de aprendizagem ativa, um dos 12 padrões da iniciativa CDIO,[2] buscamos aqui reunir diversos conceitos, aliando-os às nossas boas práticas educacionais, entre outros aspectos, vivenciados em projetos e experiências acadêmicas profícuas de nossas atuações, nas diversas modalidades de ensino.

Com essas considerações, na próxima seção vamos explorar a abordagem pedagógica conhecida por "sala de aula invertida". Feito isto, dedicamos a Seção 4.2 à descrição das três etapas da sala de aula invertida, denominadas aqui os três momentos, a saber: Pré-aula, Aula e Pós-aula. Acreditamos que tal descrição pode ser de grande valia para destacar o papel do docente no presente e no futuro dos processos de ensino e de aprendizagem. Finalizamos o capítulo com argumentos que justificam novas tendências na Educação em Engenharia, visto que as práticas docentes universitárias atuais têm sido alvo de muitos questionamentos, considerando o desempenho de estudantes de Ensino Superior.

4.1 A sala de aula invertida

A *flipped classroom*, também conhecida por *inverted classroom*, é uma estratégia de aprendizagem ativa que vem sendo usada há muito tempo na área das Ciências Humanas (WALVOORD; ANDERSON, 1998; LAGE; PLATT; TREGLIA, 2000), mas ficou

---

[1] A iniciativa CDIO™ (*conceiving, designing, implementing* e *operating* – conceber, projetar, implementar e operar) é uma estrutura educacional inovadora para a Educação em Engenharia. Ela foi, originalmente, concebida no Massachusetts Institute of Technology (MIT), mais exatamente no curso de Engenharia Aeronáutica, no final dos anos 1990. No ano 2000, o MIT, em colaboração com três universidades suecas – Chalmers University of Technology, Linköping University e Royal Institute of Technology – fundaram a iniciativa CDIO. Ela se tornou uma colaboração internacional entre universidades de diferentes partes do mundo, que passaram a adotar tal estrutura. Disponível em: <http://www.cdio.org>. Acesso em: 17 set. 2018.

[2] Em janeiro de 2004, a iniciativa CDIO adotou 12 padrões para descrever os cursos de Engenharia vinculados à CDIO. Esses princípios orientadores foram desenvolvidos em resposta aos líderes do programa, ex-alunos e parceiros do setor industrial, que queriam saber como reconheceriam os cursos de Engenharia vinculados à CDIO e seus egressos. O objetivo principal desses 12 Padrões CDIO é servir como uma diretriz para a reforma e avaliação de cursos de Engenharia, desenvolver *benchmarks* e metas para aplicação em nível mundial, e fornecer uma estrutura para melhoria contínua. Os padrões 7 e 8 tratam, respectivamente, de experiências integradas de aprendizagem e aprendizagem ativa.

famosa com o lançamento do livro *Flip your classroom: reach every student in every class every day* (BERGMANN; SAMS, 2012; BERGMANN; SAMS, 2016). Bergmann e Sams (2016), dois professores da área das Exatas em uma escola de Ensino Médio nos Estados Unidos, começaram a inverter a aula para aumentar a participação dos estudantes e diminuir o índice de reprovação em suas disciplinas de Química e Física. De fato, inverter a aula não é nada de novo (WANKAT; OREOVICZ, 2015). Registros do uso desta abordagem podem ser encontrados em documentos do início dos anos 1800, quando o método Thayer foi, inicialmente, utilizado na Academia Militar de West Point. De véspera, os cadetes usavam o livro-texto para aprender o assunto e, na aula resolviam problemas, participavam de discussões ou outra atividade sobre o assunto estudado. Ainda hoje, é assim que funcionam as aulas em West Point (SHELL, 2007; FUKUZAWA ET AL., 2016).

No final dos anos 1800, a Universidade de Harvard ganhou notoriedade quando o pró-reitor da Escola de Direito, Christopher Columbus Langdell, desenvolveu o método de Estudo de Caso (SCHELL; MAZUR, 2015). Nesse contexto, os estudantes de Direito se preparavam para aula, lendo antecipadamente os casos e, em sala de aula, juntamente com o professor, se engajavam em uma discussão que os conduzia ao aprofundamento do assunto e consequente aprendizagem.

Mais recentemente, a sala de aula invertida, como é conhecida em português, teve seu uso ampliado quando Barbara Walvoord, da University of Notre Dame, e Virginia Johnson Anderson, da Towson State University, ambas nos Estados Unidos, publicaram em 1998 um livro intitulado *Effective Grading* (WALVOORD; ANDERSON, 1998). Elas propuseram esse modelo, em que os estudantes têm um primeiro contato com o assunto antes da aula, sendo orientados a focar ou "processar" parte desse aprendizado (sintetizando o assunto, analisando, resolvendo um problema, ou outra atividade prévia). Com vistas a garantir que os estudantes se preparassem devidamente para uma aula produtiva, elas propunham uma tarefa a ser trazida para a aula (um resumo, respostas a algumas perguntas, um pequeno relatório, um problema resolvido, ou outra). Durante a aula, os estudantes recebiam o *feedback* das atividades que realizaram antecipadamente, o que, além de promover uma avaliação formativa, dispensava a análise de trabalhos fora da sala de aula.

Pouco tempo depois, um artigo sobre *the inverted classroom* (a sala de aula invertida) foi publicado (LAGE; PLATT; TREGLIA, 2000). Neste artigo, professores da Miami University, em Ohio, nos Estados Unidos, descrevem os esforços de um grupo de professores de Economia para melhorar a aprendizagem dos estudantes. Para eles, inverter a sala de aula significava que os acontecimentos que, tradicionalmente, aconteciam em sala de aula passariam a acontecer fora da sala de aula, e as tarefas de casa passariam a acontecer em sala de aula. Eles forneciam vídeos, que tratavam dos assuntos a serem estudados, para serem assistidos antes da aula e, em sala de aula, mediavam uma discussão sobre os vídeos, realizada pelos estudantes em grupos, seguida de uma atividade prática.

Em resumo, a sala de aula invertida é definida como a abordagem pedagógica na qual os estudantes fazem o trabalho da sala de aula em casa e o trabalho de casa na sala de aula.

Em disciplinas dos cursos de Engenharia, esta abordagem merece destaque em aulas de laboratório e de planejamento de projetos, quando os objetivos incluem o desenvolvimento de habilidades do tipo interpretação de dados, *design*, formulação e resolução de problemas, comunicação, pensamento crítico, trabalho em equipe, dentre outras (WANKAT; OREOVICZ, 2015), quando o mais apropriado é usar o maior tempo de sala de aula empregando estratégias e métodos de aprendizagem ativa.

Entretanto, muitos professores consideram que suas disciplinas têm uma quantidade exagerada de conteúdos a serem vencidos e argumentam que não têm como usar estratégias e métodos de aprendizagem ativa, pois não conseguirão cobrir a ementa (BONWELL; EISON, 1991). Por isso mesmo, acreditamos que a abordagem pedagógica da sala de aula invertida (*flipped classroom*) pode ser uma solução para o planejamento dessas disciplinas.

Alguns autores associam a sala de aula invertida às estratégias *Peer instruction* e *Just-in-time teaching* (JUNGIĆ ET AL., 2015; SCHELL; MAZUR, 2015; OLIVEIRA ET AL., 2016), uma vez que estas estratégias preveem que os estudantes desenvolvam atividades antes da aula presencial. Contudo, neste livro, queremos deixar claro que consideramos as estratégias *Peer instruction* e *Just-in-time teaching* como potencializadoras da sala de aula invertida. Discutimos esta ideia mais detalhadamente no Capítulo 6.

A sala de aula invertida tem sido tão valorizada por educadores de todo o mundo, que uma comunidade profissional de ensino e de aprendizagem, chamada *Flipped Learning Network* (FLN),[3] se formou em torno do tema, com o objetivo de coordenar, orquestrar e disseminar os principais elementos requeridos na expansão exitosa da sala de aula invertida em nível internacional e em todos os níveis educacionais.

A FLN definiu quatro pilares para o que eles denominam *flipped learning* (FLN, 2014). Segundo a FLN, uma sala de aula, que promove a inversão dos processos de ensino e de aprendizagem, está embasada em quatro pilares, a saber:

Ambiente de aprendizagem flexível

Um ambiente de aprendizagem flexível pode se ajustar a diferentes modelos de ensino (por exemplo, presencial ou híbrido). Os professores que aderem à sala de aula invertida estão abertos a organizar os espaços físicos, utilizados para as aulas, de forma a serem mais adequados para atividades em grupo ou

---

[3] Disponível em: <http://www.flippedclassroomworkshop.com>. Acesso em: 20 jun. 2018.

tarefas individuais. Além disso, os professores que invertem suas aulas devem ser mais flexíveis quanto às suas expectativas em relação ao tempo que os estudantes precisam para desempenhar tarefas, para interagir com seus pares e para refletir sobre as tarefas. O professor também precisa ser mais flexível em relação aos processos avaliativos, o que não significa aprovação total, mas, sim, com competência, a fim de valorizar o processo e não somente o resultado de uma avaliação programada.

Cultura da aprendizagem

Na abordagem tradicional de ensino, centrada no professor como o detentor do conhecimento, este define o que o estudante deve aprender. Por outro lado, na sala de aula invertida, o processo é centrado no estudante, que passa a ser o principal ator dos processos de ensino e de aprendizagem. Assim, o tempo de sala de aula é dedicado a explorar tópicos em maior profundidade e, como resultado, os estudantes podem se envolver ativamente na construção do conhecimento, estanto sujeitos a situações de aprendizagem mais ricas e mais significativas. O estudante passa a apreciar o ato de aprender, envolvendo-se, então, em uma cultura da aprendizagem.

Conteúdo intencional

Professores que adotam a sala de aula invertida se preocupam continuamente sobre como eles podem ajudar seus estudantes a desenvolver conteúdos conceituais e procedimentais, assim como a sua capacidade de acessar rapidamente os conceitos construídos. Os professores escolhem com cuidado o que irão ensinar e quais recursos disponibilizarão para os estudantes explorarem. A ideia é maximizar as oportunidades de aprendizagem, em sala de aula, por meio de estratégias e métodos de aprendizagem ativa, nas quais o estudante é sempre o principal ator nos processos de ensino e de aprendizagem.

Professor profissional

Na sala de aula invertida, o papel do professor ainda é mais importante do que na aula tradicional. Durante o tempo da aula, os professores continuamente observam seus estudantes, dando-lhes *feedback* relevante, quando necessário e, ao mesmo tempo, avaliando o trabalho que está sendo desenvolvido. Um professor profissional reflete sobre a sua prática, interage com seus colegas para melhorar seu desempenho em sala de aula, aceita críticas construtivas e tolera o "caos controlado" em sala de aula, típico de ambientes de aprendizagem ativa. Ainda que o professor possa aparentar ter um papel secundário em ambientes de sala de aula invertida, ele continua a ser fundamental para que aprendizagens possam ocorrer.

Na próxima seção, apresentamos, com mais detalhes, a forma como a sala de aula invertida tem sido aplicada, bem como as principais características desta abordagem de ensino e de aprendizagem.

4.2 Os três momentos da sala de aula invertida

Na abordagem da sala de aula invertida, são consideradas três etapas, que aqui denominamos "os três momentos", a saber: Pré-aula, Aula e Pós-aula.

Na Figura 4.1, apresentamos uma comparação entre a abordagem de sala de aula tradicional e a da sala de aula invertida, e ilustramos os três momentos da sala de aula invertida, que passaremos a comentar.

Para o momento *Pré-aula*, o professor orienta e disponibiliza aos estudantes o material a ser trabalhado em casa. Essa atividade pode ser de forma *on-line* (vídeos, áudios, *podcasts*, *screencasts*, *games*, textos, entre outros) ou física (textos impressos, leitura do livro-texto ou de um artigo científico, ou outros). Muitas videoaulas podem ser encontradas no YouTube,[4] na Khan Academy,[5] na Coursera,[6] nos cursos *on-line* do Massachusetts Institute of Technology,[7] da Univesp,[8] entre outros. Assim, neste momento, os estudantes interagem com o material disponibilizado pelo professor, que deve fornecer as principais orientações para sua utilização. Este material deve auxiliar os estudantes no desenvolvimento de habilidades de pensamento, tais como lembrar, entender e aplicar.

Uma vez que o estudante tem contato com o conteúdo com antecedência, ele poderá ter uma visão geral e levantar algumas dúvidas sobre o assunto a ser trabalhado no momento *Aula*. Isto é de suma importância, no que diz respeito, especialmente, ao desenvolvimento de autonomia intelectual, pois propicia que o estudante passe a reconhecer benefícios, ao interagir com os colegas e com o professor, em condições de, pelo menos, fazer perguntas. Estudantes que jamais levantam suas mãos para esclarecer uma dúvida, pois se sentem inseguros para tal, com a inversão da sala de aula adquirem mais confiança e passam a questionar com mais naturalidade. Ao conhecer o conteúdo com antecedência, o estudante pode, na presença do professor que coordena a discussão, aprofundar os temas estudados. Isso significa que ele estará participando ativamente da construção de seu próprio conhecimento.

Como a inversão implica disponibilização de conteúdo com antecedência, para que o estudante o utilize quando e onde for mais conveniente, uma das mídias muito utilizadas é o vídeo, por ser a que mais se adapta à realidade atual

---

[4] https://www.youtube.com/.
[5] https://pt.khanacademy.org/.
[6] https://www.coursera.org/.
[7] https://ocw.mit.edu/.
[8] http://univesptv.com.br/.

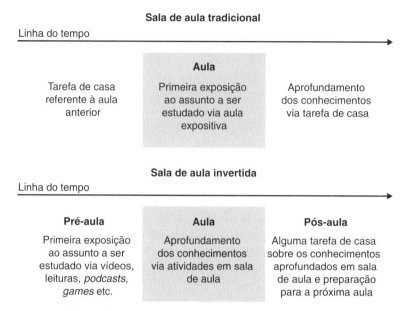

Figura 4.1 Uma comparação entre a abordagem da sala de aula tradicional e sala de aula invertida.

do jovem, que busca a todo instante tais recursos, em particular, no YouTube. Por isso, não raro os vídeos são citados como benefícios, nos processos de ensino e de aprendizagem. Entretanto, não podemos esquecer que, muitas vezes, a busca pelo vídeo de interesse, sem a orientação prévia, pode constituir um desperdício de tempo. Compete, pois, ao professor, nessa abordagem, dar informações claras aos estudantes, que lhes permitam realizar os estudos programados na disciplina, dentro do prazo previsto.

O Google é outro recurso importante para a seleção de bons materiais, a serem utilizados no momento *Pré-aula*. O mesmo pode ser dito das videoaulas, se considerarmos as características dos estudantes, conforme abordamos no Capítulo 2, Seção 2.2. Com efeito, para muitos estudantes da geração digital, assistir um vídeo pode ser mais natural do que ler algumas páginas. Afinal, esses estudantes estão acostumados a assistir televisão, desde antes de terem aprendido a ler.

De qualquer forma, todos esses recursos são bons aliados da abordagem da sala de aula invertida, no momento *Pré-aula*, dado que cada estudante, em sua individualidade, lerá, assistirá ou ouvirá tantas vezes quantas precisar, se tiver interesse.

No momento *Aula*, o professor poderá, então, desenvolver as atividades programadas, frequentemente em equipes, procurando estimular habilidades de pensamento de ordem superior, tais como analisar, sintetizar e criar, bem como de trabalho em equipe, pensamento crítico, resolução de problemas, dentre outras.

O fato de já poder contar com conhecimentos prévios, no mínimo a respeito do conteúdo a ser abordado, possibilita, então, ao professor tornar a aula um momento de verdadeiro aprendizado para todos os interessados. Os conteúdos científicos poderão ser discutidos, com melhores chances de contextualização e, assim, de atribuição de significado por parte dos estudantes, podendo ser considerados como conhecimentos úteis. Dependendo da abordagem, e aqui cabe considerar a importância da estratégia ou método a ser utilizado (ver Capítulo 6), será possível discutir o papel de tais conhecimentos, no contexto das ciências e das tecnologias na sociedade contemporânea, o que tem sido cada vez mais importante no cenário educacional nos últimos anos (FOUREZ; MAINGAIN; DUFOUR, 2002).

Com efeito, a compreensão das questões científicas e tecnológicas pelo público em geral deixa a desejar. Um dos fatores que mais contribui para isso tem sido atribuído ao nosso sistema educacional. As Orientações Curriculares para o Ensino Médio (BRASIL, 2006) apontam que:

> Deve-se tratar a tecnologia como atividade humana em seus aspectos prático e social, com vistas à solução de problemas concretos. Mas isso não significa desconsiderar a base científica envolvida no processo de compreensão e construção dos produtos tecnológicos. A tão falada metáfora da alfabetização científica e tecnológica aponta claramente um dos grandes objetivos do ensino das ciências no nível médio: que os estudantes compreendam a predominância de aspectos técnicos e científicos na tomada de decisões sociais significativas e os conflitos gerados pela negociação política.

No que diz respeito ao Ensino Superior, todos os cursos possuem um conjunto de disciplinas que formam a estrutura base, sobre a qual serão desenvolvidas as outras disciplinas, de características mais específicas e profissionalizantes. Assim, as disciplinas básicas funcionam como o alicerce da formação que pretendemos construir, de modo que, quanto mais sólido for esse alicerce, maior a probabilidade de construção de novos conhecimentos, também sólidos. No caso dos cursos de Engenharia, o alicerce é construído por meio das Ciências e da Matemática.

Além disso, não podemos deixar de destacar que o atual contexto tecnológico exige mudanças no perfil do engenheiro e, consequentemente, nos cursos de Engenharia, que devem ter como ponto central dos conteúdos a serem abordados um forte embasamento em Ciências e Matemática (INOVA ENGENHARIA, 2006). E, para que isso seja possível, é importante que tais conteúdos sejam desenvolvidos de forma contextualizada no universo da Engenharia. Em outras palavras, acreditamos que este desenvolvimento não deve ter foco nem politécnico nem especialista, permitindo uma formação personalizada, de acordo com os interesses do estudante e o contexto socioeconômico regional da instituição de Ensino Superior.

50 Capítulo 4

Tais considerações justificam a importância do momento *Aula*, em que o professor, com a clareza suficiente, possa conduzir os processos de ensino, de aprendizagem e de avaliação, da forma mais natural possível.

Quanto ao processo de avaliação, este é abordado no Capítulo 6 (associado com as respectivas estratégias e métodos) e, de forma geral, no Capítulo 7, em que incluímos diversas sugestões que podem ser utilizadas pelo professor, no momento *Aula*, ou então, dedicando outra oportunidade para tal.

Cumpre destacar que, na abordagem da sala de aula invertida, é possível agregar o desenvolvimento de atitudes e habilidades pessoais e interpessoais, tais como a capacidade de trabalhar em grupos, de falar em público, de fazer apresentações em outro idioma, além de outras. Estas habilidades podem ser paralelamente construídas, no momento *Aula*, durante a execução das atividades conduzidas pelo professor.

No momento *Pós-aula*, o estudante revisa o conteúdo e amplia seus conhecimentos por meio de atividades que o professor pode conceber para esta finalidade, levando em consideração o desenvolvimento da aula. Dependendo de quanto foi possível avançar, o estudante pode ser levado a descobrir um fenômeno, a compreender outros conceitos por si mesmo e a relacionar suas descobertas com seu conhecimento prévio do mundo ao seu redor (BONWELL; EISON, 1991; FINK, 2003; PRINCE, 2004; FELDER; BRENT, 2009). Dessa forma, o conhecimento construído pelo estudante pode ter mais significado do que quando uma informação lhe é transmitida de forma passiva. O professor, no papel de facilitador nos processos de ensino e de aprendizagem, atua como um mediador, sempre atento ao processo de construção do conhecimento de seus estudantes. Assim, a ênfase é colocada no desenvolvimento de habilidades e de competências conceituais, atitudinais e procedimentais dos estudantes, criando possibilidades para um desenvolvimento cognitivo em níveis mais avançados, como análise, síntese e criação (ANDERSON ET AL., 2001).

Para o momento *Pós-aula* podem, então, ser promovidas atividades de avaliação formativa, quando o professor poderá dispor de todas as informações a respeito do que foi tratado em aula.

Além disso, os estudantes já começam a interagir com o material disponibilizado pelo professor, preparando-se para a próxima aula.

Com efeito, a abordagem da sala de aula invertida pode fazer a diferença nos processos de ensino e de aprendizagem, pois destinar mais tempo em sala de aula para a aplicação dos conceitos estudados fora da sala de aula proporciona aos professores melhores oportunidades de colaborar na construção do conhecimento de seus estudantes e de promover melhores condições para o desenvolvimento de habilidades de pensamento de ordem superior. A sala de aula invertida quebra o paradigma do ensino tradicional, enfatizando a parcela de responsabilidade do próprio estudante por sua aprendizagem e, ao mesmo tempo, promovendo a conscientização dos professores quanto à permanente necessidade de formação continuada. Além disso, à medida que a sala de aula invertida se torna mais popular, novos recursos surgirão para dar apoio às atividades fora da sala de aula e mais estratégias e métodos de aprendizagem ativa poderão ser empregados, nos momentos em sala de aula.

No próximo capítulo, apresentamos o modelo híbrido, ou semipresencial de Educação, com suas potencialidades, dentre as quais, a abordagem da sala de aula invertida também pode ser considerada.

REFERÊNCIAS BIBLIOGRÁFICAS

ANDERSON, L. W.; KRATHWOHL, D. R.; AIRASIAN, P. W.; CRUIKSHANK, K. A.; MAYER, R. E.; PINTRICH, P. R.; RATHS, J.; WITTROCK, M. C. *A taxonomy for learning, teaching, and assessing*: a revision of Bloom's taxonomy of educational objectives, abridged edition. White Plains, New York: Longman, 2001.

BERGMANN, J.; SAMS, A. *Flip your classroom*: reach every student in every class every day. Eugen, Oregon: International Society for Technology in Education, 2012.

_____. *Sala de aula invertida*: uma metodologia ativa de aprendizagem. Tradução de Afonso Celso da Cunha Serra. Rio de Janeiro: LTC, 2016.

BONWELL, C.; EISON, J. *Active learning*: creating excitement in the classroom. ASHE -ERIC Higher Education Report N. 1. Washington, DC, USA: The George Washington University School of Education and Human Development, 1991.

BRASIL. 2006. *Ciências da natureza, matemática e suas tecnologias*. Secretaria de Educação Básica – Brasília: Ministério da Educação, Secretaria de Educação Básica, 135 p. (Orientações Curriculares para o Ensino Médio; v. 2.)

FELDER, R. M.; BRENT, R. Active Learning: An Introduction. *ASQ Higher Education Brief*, 2(4), aug. 2009. Disponível em: <http://www4.ncsu.edu/unity/lockers/users/f/felder/public/Papers/ALpaper%28ASQ%29.pdf.> Acesso em: 17 set. 2018.

FLN, Flipped Learning Network. *The Four Pillars of F-L-I-P™*, 2014. Disponível em: <https://flippedlearning.org/definition-of-flipped-learning/>. Acesso em: 17 set. 2018.

FINK, L. D. *Creating significant learning experiences*: an integrated approach to designing college courses. New York: Jossey-Bass, 2003.

FOUREZ, G.; MAINGAIN, A.; DUFOUR, B. *Abordagens didácticas da interdisciplinaridade*. Lisboa: Instituto Piaget, 2002.

FUKUZAWA, M.; KOBAN, D.; SLOCUM, R.; WRIGHT, J. *Examining the effects of daily required homework on student achievement*. Center for Faculty Excellence. United States Military Academy. 2016. Disponível em: https://www.westpoint.edu/cfe/Literature/Fukuzawa-Koban-Slocum-Wright_16.pdf Acesso em: 9 jun. 2018.

INOVA ENGENHARIA. *Propostas para a modernização da educação em engenharia no Brasil*. Brasília: IEL-NC/SENAI-DN, 2006.

JUNGIĆ, V.; KAUR, H.; MULHOLLAND, J.; XIN, C. On flipping the classroom in large first year calculus courses. *International Journal of Mathematical Education in Science and Technology*, 46(4), p. 508-520, 2015.

LAGE, M. J.; PLATT, G. J.; TREGLIA, M. Inverting the classroom: a gateway to creating an inclusive learning environment. *Journal of Economic Education*, v. 31, n. 1, p. 30-43, 2000.

MASETTO, M. T. O *professor na hora da verdade*: a prática docente no ensino superior. 1. ed. São Paulo: Avercamp, 2011.

OLIVEIRA, T. E. de; ARAUJO, I. S.; VEIT, E. A. Sala de aula invertida (*flipped classroom*). *Física na escola*, São Paulo, v. 14, n. 2 (out. 2016), p. 4-13.

PIMENTA, S. G.; ANASTASIOU, L. das G. C. *Docência no Ensino Superior*. São Paulo: Cortez, 2002.

PRINCE, M. Does Active Learning Work? A Review of the Research. *Journal of Engineering Edu-*

cation, 93(3), p. 223-231, 2004. Disponível em: <htpp://www.ncsu.edu/felder-public/Papers/Prince_AL.pdf>. Acesso em: 17 set. 2018.

SHELL, A. E. The Thayer Method of Instruction at The United States Military Academy: a modest history and a modern personal account. *Journal PRIMUS*, v. 12, p. 27-38, 2007.

SCHELL, J.; MAZUR, E. Flipping the chemistry classroom with peer instruction. In: *Chemistry education*: best practices, opportunities and trends. New Jersey: Wiley, p. 319-344, 2015.

WALVOORD, B. E.; ANDERSON, V. J. *Effective grading*: a tool for learning and assessment. San Francisco: Jossey-Bass, 1998.

WANKAT, P. C.; OREOVICZ, F. S. *Teaching engineering*. Indiana, USA: Purdue University Press, 2015.

O modelo híbrido e a 5
aprendizagem ativa

Ensinar na era da Internet significa que devemos ensinar hoje as habilidades de amanhã.

Jennifer Fleming

Neste capítulo, discorremos sobre possibilidades de aprendizagem ativa, no modelo híbrido de Educação, também conhecido como semipresencial, ou *blended learning*, que se caracteriza por uma mescla de encontros presenciais e a distância. Para além de princípios orientadores, formação e acompanhamento de professores em ação, imprescindíveis ao adotarmos este modelo, concentramos nossas reflexões em possibilidades já experimentadas, em consonância com os pressupostos teóricos aqui abordados, em uma perspectiva pedagógica interacionista e focada no protagonismo do estudante, no que se refere à aprendizagem (LIMA; SAUER; CARBONARA, 2009). Assim, nossa concepção pedagógica de ambiente virtual de aprendizagem (AVA) é apresentada, destacando-se a importância de que estejam claros, tanto para estudantes quanto para professores, ao optarem pelo modelo híbrido, seus respectivos papéis na condução do AVA, a fim de assegurar a aprendizagem.

5.1 O modelo híbrido

Inúmeras são as formas de aprender e ensinar nesta sociedade tão heterogênea, que tem, à sua disposição, uma ampla oferta de recursos (BACICH; TANZI NETO; TREVISANI, 2015). Contudo, apesar de todos os recursos disponíveis, esta sociedade se depara com a dificuldade de conseguir que todos os atores dos processos de ensino e de aprendizagem desenvolvam plenamente seu potencial.

Os estudantes, especialmente aqueles que trabalham de dia e estudam à noite, buscam a educação a distância, ou semipresencial, com o objetivo principal de maximizar o tempo disponível para estudo. Nesse contexto, não somente cursos das áreas das Ciências Humanas e Sociais, mas também muitos de Ciências Exatas, em particular os de Engenharia, estão se adequando a essa procura dos estudantes por cursos mais flexíveis e de menor investimento financeiro. Aliás, o desafio de manter a qualidade de um curso semipresencial é muito grande. Contudo, instituições e professores podem construir bons cursos semipresenciais, se souberem adaptar a esta modalidade de ensino os elementos-chave para uma Educação de qualidade.

À medida que mais professores utilizam recursos *on-line* em suas disciplinas, observamos que muito do que, tradicionalmente, tem sido feito nas salas de aula, presencialmente, pode ser feito tão bem, ou melhor, nos AVAs. Contudo, o ensino a distância tem sido gradualmente mesclado ao ensino presencial, mas, em muitos casos, sem mudar o modelo tradicional de ensino em sala de aula. Estudos apontam que um ambiente de aprendizagem não pode ser rígido nem completamente estruturado, mas, sim, um ambiente que possibilite modificações no processo, dependendo das interações e situações que se apresentem. E, ainda, não é suficiente disponibilizar páginas na Web com ferramentas e recursos tecnológicos (LIMA; SAUER; SOARES, 2004). Não é esse o modelo que pretendemos considerar como o modelo híbrido de Educação.

Queremos, aqui, promover uma reflexão sobre esse modelo como algo mais do que uma combinação de encontros presenciais e a distância. O que propomos consiste em uma combinação de ambientes de aprendizagem muito bem planejados que envolvem lançar mão de recursos de tecnologias digitais de informação e comunicação (TDIC) em AVAs que considerem estratégias e métodos de aprendizagem ativa, descritos no Capítulo 6, adequados aos momentos presenciais ou a distância.

Horn, Staker e Christensen (2015) definem ensino híbrido como "qualquer programa educacional formal no qual um estudante aprende, pelo menos em parte, por meio do ensino *on-line*, com algum elemento de controle do estudante sobre o tempo, o lugar, o caminho e/ou o ritmo" de aprendizado.

No modelo híbrido, ações eficientes e personalizadas podem ser integradas ao uso de TDICs, oferecendo ao estudante oportunidades de passar a ser, gradativamente, o ator principal no processo de construção do próprio conhecimento. Promover a autonomia e a responsabilidade do estudante é um dos aspectos mais importantes do modelo híbrido de Educação. Alguns benefícios importantes do modelo híbrido de Educação estão listados a seguir:

- o processo de aprendizagem pode ser mais bem sintonizado com as necessidades do estudante;
- o estudante tem oportunidade de construir novos conhecimentos e desenvolver novas habilidades e atitudes de forma autônoma e responsável; e
- combina os pontos fortes de diferentes métodos e estratégias de aprendizagem ou intervenções pedagógicas, permitindo, assim, acolher melhor as variadas formas de aprender dos estudantes.

Na próxima seção, exploramos as possibilidades de aprendizagem ativa no modelo híbrido e a importância da formação do professor para planejar ambientes de aprendizagem adequados a este modelo.

5.2 Possibilidades de aprendizagem ativa no modelo híbrido

Atualmente, a grande maioria das IES dispõe de ambientes virtuais de aprendizagem, integrados aos respectivos sistemas acadêmicos, com espaços para: envio de recados, coletivos ou privados, orientações de estudos (cronograma e detalhamento de atividades), publicações de materiais ao estudante (acervo), envio de trabalhos e devolução comentada (*webfólio*), além dos recursos de interação, síncrona e assíncrona (*chat* e fórum). Nestas condições, o AVA pode auxiliar na organização do professor, de modo que ações e interações por meio do ambiente possam, de fato, caracterizá-lo como ambiente de aprendizagem ativa. Com o devido apoio técnico, o professor pode fazer uso de TDICs, com o necessário planejamento, organização e disponibilização de materiais necessários para a comunicação entre os envolvidos. Textos colaborativos, *wikis*,[1] mapas conceituais, comunicadores instantâneos, dentre outros, são recursos que podem ser utilizados para promover interações.

Entretanto, ressaltamos a importância de que o professor tenha segurança quanto ao uso das tecnologias que pretende utilizar, bem como quanto às suas próprias concepções de aprendizagem, da mesma forma como foi destacado, na Seção 3.1, do Capítulo 3, como condição para promover aprendizagem ativa em ambientes presenciais. Com tais pressupostos, isso permitirá ao professor adotar um modelo pedagógico que priorize o protagonismo do estudante, no processo de aprendizagem, em uma perspectiva de constante interação, sem a presença física constante.

Nessas condições, pesquisas têm revelado inúmeras possibilidades de promover aprendizagem com qualidade, no modelo híbrido (VALENTE, 2014; HORN; STAKER; CHRISTENSEN, 2015; BACICH; TANZI NETO; TREVISANI, 2015). A análise e a discussão de experiências realizadas, no contexto acadêmico, têm chamado a atenção para a necessidade premente de promover a formação de profissionais com competências novas, com disposição e com capacidade de aprenderem sozinhos e permanentemente. Nesse contexto, o dinamismo das mudanças tecnológicas torna os conhecimentos obsoletos em uma velocidade cada vez maior. E isto tem consequências sobre o perfil de profissionais que o mercado demanda. Assim, a Educação ganha cada vez mais destaque como protagonista de mudanças requeridas.

Os futuros profissionais devem adquirir habilidades técnicas para fazer uso de TDICs e para incrementá-las, tanto ampliando suas possibilidades de aplicação, como contribuindo para socializá-las, aumentando, assim, o acesso a esses recursos. Além disso, entendemos que o uso das tecnologias na Educação pode

---

[1] Um *wiki* é uma coleção de documentos criados de forma coletiva no ambiente da Internet. Basicamente, uma página *wiki* é uma página *web* que qualquer pessoa pode criar, diretamente no navegador *web*, sem necessidade de conhecimento da linguagem HTML.

ser uma possibilidade que, além de favorecer a substituição de aulas em que o estudante é mero expectador, favorece também o desenvolvimento de uma habilidade que lhe será vital ao longo de toda a sua vida profissional: a capacidade de aprender por conta própria e ter autonomia para buscar novos conhecimentos.

Nesse contexto, a realização de atividades desenvolvidas a distância, com interface com os encontros presenciais, permite envolver os estudantes em discussões sobre as questões já mencionadas em sala de aula, nos encontros presenciais. Tal fato ocorre não simplesmente pelo uso do computador, mas pela possibilidade de promover estratégias para a realização de atividades colaborativas, cooperativas e auxiliares no desenvolvimento de projetos, baseadas na exploração dos significados e na aplicação contextualizada das teorias que são objeto de estudo em cada disciplina (LIMA; SAUER; CARBONARA, 2009).

Tais atividades podem consistir em:

- estudos complementares de temas inicialmente discutidos em sala de aula;
- estudos de introdução a novos temas, depois complementados e continuados em aulas presenciais, ou seja, a abordagem da "sala de aula invertida";
- tarefas de estudo com vistas à avaliação (individuais ou em grupos), tais como: resolução de problemas, estudos pré-prova, complemento e aperfeiçoamento de temas abordados nas avaliações, sempre de forma colaborativa;
- discussões via fórum como forma de compartilhar conhecimentos por meio da resolução colaborativa de tarefas, aperfeiçoamento de atividades avaliativas ou esclarecimento de dúvidas; dentre outras.

Entretanto, é importante destacar que o modelo híbrido deve ser integrado, se a intenção for qualificar os processos de ensino e de aprendizagem, o que depende, em grande parte, da ação do professor, como organizador das atividades, orientador e mediador. Além disso, não menos expressivo deve ser o envolvimento do estudante, concordando não só em cursar a disciplina neste modelo, mas, também, com o processo de ensino e de aprendizagem que está sendo proposto.

De fato, o modelo híbrido, mais do que uma nova modalidade de ensinar e de aprender, é uma possibilidade de modernizar os processos de ensino e de aprendizagem, com a inclusão de recursos de informação e comunicação. O mesmo deve se justificar pela melhoria da qualidade que pode agregar à aprendizagem, ao considerá-la como decorrente da ação própria de quem aprende, operando a partir de estudo, pesquisa e interações, convivendo em ambientes de aprendizagem nos quais a troca de ideias, as discussões e as críticas argumentadas constituem um componente de ênfase na aquisição de novos conhecimentos. É dessa forma que podemos entender a aprendizagem como um processo ativo, que depende da ação própria de quem aprende, interagindo com o meio, com recursos e com pessoas. Com esse enfoque, são muitas as possibilidades geradas por conta do modelo híbrido. Destacamos como possibilidades (LIMA; SAUER; CARBONARA, 2009):

- acompanhamento de cada um dos estudantes que estiver disposto a se envolver;
- desenvolvimento da habilidade de leitura e da escrita;
- desenvolvimento da autonomia;
- crescimento em termos de interação social, comprometimento, conhecimento e criatividade;
- boa qualidade das produções;
- estudantes se sentem competentes para esclarecer dúvidas dos colegas, demonstrando valorizar a importância do ensinar como forma de aprender;
- novos modos de aprender e de ensinar; dentre outras.

Entretanto, é importante, ainda, a reflexão a respeito do perfil de estudante, entendido como protagonista no processo de aprendizagem, com melhores condições para participar do modelo híbrido. Com certeza, há diferentes características que indicam facilidades ou barreiras para participar deste modelo. Podemos citar alguns referenciais mais expressivos, que exercem influência no aproveitamento do estudante, ao cursar uma disciplina no modelo híbrido, tais como: o grau de familiaridade com a informática (e daí as implicações para o uso do AVA), a possível necessidade de flexibilidade temporal e espacial para estudo, as experiências prévias de aprendizagem, a percepção do outro (colega e professor) para a concretização das aprendizagens, dentre outros.

De fato, há estudantes que pouco utilizam a informática no seu cotidiano e ainda há uma parcela significativa, dentre estes, que não lhe atribui muita importância no seu dia a dia (inclusive, para fins universitários). De outra parte, não há dúvida de que um estudante habituado ao uso da informática, como recurso de comunicação, de busca de informação e de divulgação de ideias, terá mais facilidade para se adaptar a um contexto pedagógico que faz uso de recursos similares. Mais do que isso: o estudante habituado ao uso desses recursos provavelmente fará questão de encontrá-los em uso no seu curso superior. Ainda assim, essa familiaridade com a informática não é garantia de boa qualidade na aprendizagem. Isso porque a presença da informática como apoio à aprendizagem exige uso distinto da espontaneidade cotidiana. Uma coisa é participar de um bate-papo informal com amigos, outra é manter uma conversa em torno de um tema a ser minuciosamente analisado. Da mesma forma, é diferente participar informalmente de um fórum ou fazer dele um canal de construção de conhecimento acadêmico. Com efeito, a proficiência em informática e sua incorporação à vivência cotidiana constitui um fator importante para a inserção de um estudante em um contexto de aprendizagem ativa, mediada por ambientes virtuais, mas há ainda outras habilidades igualmente importantes.

Dentre essas outras habilidades para o desenvolvimento de aprendizagens no modelo híbrido, destacam-se: disciplina de estudo, hábito de leitura e rigor na escrita. Por vezes, estudantes com menor familiaridade no uso da informática poderão apresentar maior desenvolvimento nestas outras habilidades apontadas, restando-lhes se aprimorarem naquilo que ainda lhes falta.

Quanto ao processo de aprendizagem no modelo híbrido, é importante destacar que deixar a cargo do estudante resolver por si determinadas tarefas e ele assim fazê-lo não implica, necessariamente, desenvolvimento de autonomia. O estudante sem o contato direto e permanente com o professor pode cumprir com eficiência uma sequência de tarefas previamente definidas, sem que necessariamente tenha consciência do próprio processo de aprendizagem (LIMA; SAUER; CARBONARA, 2009).

Diferentemente disso, autonomia de aprendizagem implica tomar para si a responsabilidade dos resultados que quer atingir. De forma alguma podemos confundi-la com isolamento, pois o sujeito autônomo não é um solitário na aprendizagem. O sujeito autônomo é ativo, põe-se em movimento ao encontro do outro e do conhecimento, sem esperar que outro lhe diga. Consideramos que autonomia não é independência, não em sentido pleno: só podemos aprender na relação e, nesse aspecto, a aprendizagem de um é dependente de outro (em uma compreensão ampla do sentido da docência). Também é importante frisar que o professor não se torna passivo nessa relação. Ao contrário, o professor continua tendo uma participação ativa, direta e contínua, responsável pela aprendizagem do estudante.

Um ambiente virtual de aprendizagem deve, pelo menos, provocar professores e estudantes a pensarem, a partir de uma nova organização de tempo e de espaço: um tempo que não precisa ser coincidente (diacronia) e um espaço que se constitui sem uma representatividade física coincidente entre os participantes (diatopia) (LIMA; SAUER; CARBONARA, 2009).

Trata-se, pois, de nos situarmos em um tempo e em um espaço flexíveis, mas nem por isso desconectados de responsabilidades a serem atendidas, o que exige do sujeito, que ali transita, um alto grau de iniciativa e comprometimento.

Se a exigência de uma maior autonomia para alguns estudantes é um elemento dificultador, dadas as suas experiências educacionais até então vividas e seu modo de encarar a própria formação, para outros é considerada uma oportunidade de avançar por novos horizontes. Fato é que as mudanças de postura que o uso de TDICs traz à Educação parecem favorecer muito o desenvolvimento da autonomia como uma competência básica para a aprendizagem. Ainda mais: a necessidade de organização do tempo para estudar e o uso mais intenso da comunicação escrita são fatores que promovem a disciplina individual e a qualificação da leitura e da escrita. Professores e estudantes que já ultrapassaram a etapa de apenas utilizar ferramentas de informática e passaram a vivenciar aprendizagens mediadas por ambientes virtuais demonstram, cada vez mais, o quanto isso é premente no processo pedagógico.

Não é sem motivo que alguns defendem a oferta do modelo híbrido já nos primeiros semestres dos cursos, alegando, dentre outras razões, o ganho proporcionado pelo desenvolvimento de uma aprendizagem mais autônoma por parte dos estudantes.

Nas situações antes relatadas, de percepção de ausência do professor, ou de colegas, fica evidente o quanto o estudante já assimilou um modelo pedagógico de excessiva dependência de alguém que o tutore. Por outro lado, observamos que muitos estudantes já conseguem ressignificar o papel do professor na sua aprendizagem e passam a atribuir maior importância a relações mais horizontais (nas quais o colega passa a ocupar também um espaço relevante). O ambiente virtual acaba por se constituir em um espaço de promoção de encontro em que, além das situações pedagógicas, também laços afetivos se criam.

O modelo híbrido, nas condições destacadas, representa mais uma possibilidade metodológica que favorece a aprendizagem e o desenvolvimento de estudantes mais autônomos. Podemos atribuir tal fato ao maior grau de envolvimento dos estudantes e ao reconhecimento, por parte destes e também do professor, de que a aprendizagem requer compreender e significar o que se aprende, tirando de foco a ideia de decorar, aplicar fórmulas, fazer cálculos e seguir receitas como metodologias de ensino e de aprendizagem.

O modelo híbrido, como descrevemos, está de acordo com a ideia do que consideramos ser aprendizagem ativa, aquela que resulta da ação própria de quem aprende, operando a partir de estudos, pesquisas e interações. Segundo Polya (1986), o "princípio da aprendizagem ativa" não é uma novidade. "Para aprender eficazmente, o aluno deve descobrir por si só uma parte tão grande da matéria ensinada quanto possível, dadas as circunstâncias".

Em ambientes de aprendizagem ativa, nos quais se promove a troca de ideias, discussões e críticas argumentadas, a aprendizagem integra componentes de pensamento e de estruturação cognitiva mais complexos, por ações reflexivas do estudante na aquisição de novos conhecimentos (PIAGET, 1995). E é dessa forma que entendemos a aprendizagem: aprender por meio da ação própria de quem aprende, interagindo com o meio, com recursos e com pessoas.

O professor que tem essa concepção compreende que sua gestão pedagógica pode e deve promover condições para o envolvimento do estudante, para que este também compreenda como sua a parcela mais significativa do processo de aprendizagem. A ação do professor é, portanto, ponto relevante a considerar quando se fala em ambientes virtuais. A ele se deve a ação primeira e continuada de criar e de ir além de rotinas operacionais, onde se desenvolvem metodologias para estudos a distância, integrais ou em parte. Ir além da publicação de materiais de apoio e de estudo, propor tarefas para serem realizadas e enviadas ao professor, computar e publicar notas ou informações gerais sobre a disciplina significa assumir uma gestão pedagógica. O professor, como gestor, entende o modelo híbrido como uma forma de proporcionar diferencial aos processos de ensinar, de aprender e de conviver. Tem o compromisso de propor estratégias e intervenções baseadas em fluxos de interação e de comunicação entre estudantes, entre estes e o professor e entre os estudantes e os recursos propiciados no ambiente virtual, para dar suporte à construção dos conhecimentos pretendidos.

A presença do professor no AVA e sua organização ou planejamento docente no caso do modelo híbrido consistem nos aspectos mais importantes para o sucesso, nesse modelo. O vínculo e a motivação precisam existir entre os participantes para que haja interação, cooperação e construção do conhecimento. Para isso, é imprescindível estabelecer objetivos comuns, manter constante negociação, comprometer-se com o estabelecimento de relações heterárquicas, assumir e preservar condutas de tolerância com diferenças e conflitos, pautar-se pela ética interpessoal e manter-se com disposição para mudanças e em processos de avaliação contínua, que atendam às necessidades do grupo. Desses aspectos pode emergir o que conhecemos por "inteligência coletiva" (LEVY, 1998). A presença do professor é fator motivador e estimulador para que o estudante se envolva nas atividades.

Acreditamos, como Paulo Freire, que, mesmo que nem sempre seja possível que o professor ouça o estudante, sempre será possível escutá-lo, procurando valorizar seu estudo, respondendo aos seus anseios com respeito e expectativa de sucesso (FREIRE; FREIRE, 2001). Este, por sua vez, precisa sentir-se desafiado, de modo que aceite envolver-se. De fato, quando isso ocorre, também pode ocorrer aprendizagem.

Mas é importante lembrar que:

> [...] não é a partir do que é feito apenas na sala de aula que ele ou ela será capaz de apoiar os alunos e as alunas na reconstrução da posição deles no mundo. É importante que saibamos que o tempo limitado da sala de aula representa apenas um momento da experiência social e individual total do aluno (FREIRE; FREIRE, 2001).

Em outra obra, Freire (2003) justifica que o diálogo pode ocorrer também fora da sala de aula, em encontros mediatizados pelo mundo, não apenas na relação professor/estudante. Porém, o autor impõe uma condição de possibilidade desse encontro:

> Se ele é o encontro em que se solidarizam o refletir e o agir de seus sujeitos endereçados ao mundo a ser transformado e humanizado, não pode reduzir-se a um ato de depositar ideias de um sujeito no outro, nem tampouco tornar-se simples troca de ideias a serem consumidas pelos permutantes.

Em qualquer dessas formas, o mais importante é o estudante encontrar retorno para a sua participação. É nesse aspecto que a presença do professor assume destaque, que não precisa ser sempre aquele que responde todas as questões, que está disponível em todos os momentos, mas que é o centralizador de atitudes de encorajamento, de distribuição de tarefas, de pedido de ajuda a outros colegas para um colega solicitante, quando ninguém ainda se apresentou para uma troca de ideias. É o professor que promove as interações, seja em casos de discussões específicas sobre questões de estudos ou sobre a realização das atividades propostas, dentre outros. A conduta do professor, como cuidador, acolhedor e incentivador, pode fazer toda a diferença no modelo híbrido. Nos casos de estudantes mais isolados, entendemos ser necessário um contato ainda mais frequente e incisivo. Ao contrário de aulas presenciais, em que há aqueles que comparecem para marcar presença, entendendo que assim estão com seu compromisso em dia, em atividades realizadas a distância, cada um deve se apresentar e fazer sua parte. É com a sua "fala" que este se faz presente, seja em espaços de discussão, seja em tarefas realizadas a distância. Mas é importante que o estudante encontre o professor, individualmente, quando necessário, em contatos com o grupo, em retornos que requerem uma atenção especial e, principalmente, com a sua apreciação para a turma toda, do que foi apresentado em cada tópico de discussão ou tarefa de estudos proposta.

Para finalizar este capítulo, em que apresentamos as concepções de modelo híbrido de Educação e as possibilidades de desenvolvimento de ambientes de aprendizagem ativa no mesmo, convidamos a uma incursão no próximo capítulo, no qual abordamos um conjunto de estratégias e métodos de aprendizagem ativa, com exemplos de aplicação e de avaliação, que podem potencializar os ambientes tanto presenciais quanto virtuais de cursos no modelo híbrido.

REFERÊNCIAS BIBLIOGRÁFICAS

BACICH, L.; TANZI NETO, A.; TREVISANI, F. M. *Ensino híbrido*: personalização e tecnologia na educação. Porto Alegre: Penso Editora, 2015.

FREIRE, P. *Pedagogia do oprimido*. 35. ed. Rio de Janeiro: Paz e Terra, 2003.

_____; FREIRE, A. M. A. (Org.). *Pedagogia dos sonhos possíveis*. São Paulo: Editora Unesp, 2001.

HORN, M. B.; STAKER, H.; CHRISTENSEN, C. *Blended*: usando a inovação disruptiva para aprimorar a educação. Porto Alegre: Penso Editora, 2015.

LEVY, P. *Collective intelligence*: for an anthropology of cyberspace. São Paulo: Loyola, 1998.

LIMA, I. G.; SAUER, L. Z.; CARBONARA, V. The implementation of blended learning courses at the University of Caxias do Sul (UCS): challenges and prospects. In: World Conference on Computers Education (WCCE), 9, 2009, Bento Gonçalves. *Anais...* Bento Gonçalves, 2009.

_____; SAUER, L. Z.; SOARES, E. M. S. Discussing alternatives to the learning environments in mathematics courses for engineering. In: World Congress on Engineering and Technology Education, 2004, Guarujá. *Anais...* Engineering Education in the Changing Society, Guarujá, Council of Researches in Education and Sciences, p. 1159-1162, 2004.

PIAGET, J. *Abstração reflexionante*. Tradução de Fernando Becker e Tânia Beatriz Iwazko Marques. Porto Alegre: ArtMed, 1995.

POLYA, G. *A arte de resolver problemas*. Rio de Janeiro: Interciência, 1986.

VALENTE, J. A. Blended learning e as mudanças no ensino superior: a proposta da sala de aula invertida. *Educar em Revista*, p. 79-97, 2014.

6 Estratégias e métodos de aprendizagem ativa potencializadores da sala de aula invertida: descrição e exemplos de aplicação

Ensinar e aprender são processos correlatos, tanto quanto vender e comprar. Alguém dizer que ensinou quando ninguém aprendeu, é como dizer que vendeu quando ninguém comprou.

Dewey, 1910

Iniciamos este capítulo apresentando os conceitos de estratégia e método, utilizados neste livro, de acordo com nosso entendimento. Em primeiro lugar, precisamos nos referir à metodologia, que se ocupa de: fundamentos e pressupostos que sustentam um estudo ou área em particular; um conjunto de teorias, conceitos e ideias; e estudos sobre diferentes métodos. Em outras palavras, entendemos que a metodologia é o estudo dos métodos, ou seja, das etapas a serem seguidas em determinado processo. Tem como objetivo captar e analisar as características do método, avaliar suas capacidades, potencialidades, limitações ou distorções, além de criticar os pressupostos ou as implicações de sua utilização.

Quanto ao método, entendemos como um procedimento regular, explícito e passível de ser repetido para alcançar um resultado. No contexto do tema aqui abordado, o método é o modo sistemático e organizado pelo qual o professor desenvolve suas atividades, visando à aprendizagem dos estudantes. Assim, por exemplo, há métodos expositivos, métodos de laboratório, métodos científicos, matemáticos, historiográficos, sociológicos, pedagógicos, entre outros. São os meios para alcançar os objetivos de ensino, isto é, estão orientados para os resultados de aprendizagem, implicam a sucessão planejada de ações (técnicas e estratégias) e requerem a utilização de meios (recursos didáticos).

Quanto à estratégia, entendemos como a arte de aplicar ou explorar os meios e as condições favoráveis e disponíveis visando alcançar os resultados de aprendizagem estabelecidos (ANASTASIOU; ALVES, 2006). Entendemos, também, estratégia do ponto de vista militar, ou seja, é um termo utilizado para denominar a arte de dirigir operações na condução de conflitos, baseado em um conjunto de regras que asseguram uma decisão adequada a cada momento. Utilizamos o termo estratégia para as ações pedagógicas de duração mais pontual, que se desenvolvem mediante espaços de tempo mais curtos do que os empregados para os métodos. Um método, geralmente, é um conjunto de várias estratégias.

Também é importante ressaltar que, neste livro, não iremos utilizar a expressão metodologias ativas, uma vez que, conforme procuramos demonstrar ao longo dos capítulos, ativo é o processo de aprendizagem dos estudantes e não as estratégias ou os métodos pedagógicos.

Além disso, todas as estratégias ou métodos de aprendizagem ativa a serem apresentados na sequência são considerados potencializadores da sala de aula invertida, já comentada no Capítulo 4, na medida em que a aprendizagem ativa é entendida como condição para o desenvolvimento de autonomia intelectual, dentre outras competências. Nesse caso, recebe destaque a autonomia intelectual, tanto como condição quanto como consequência do envolvimento em atividades, que promovam a descentração e a consequente tomada de consciência do próprio ponto de vista. Trata-se, pois, de um processo que exige determinação e reflexão, de modo crítico, sobre os próprios erros ou acertos.

Consequentemente, a construção de um novo conhecimento, quando iniciado por uma ação do estudante, já constitui um passo na direção do sucesso em termos da aprendizagem que queremos. Da mesma forma, quando da consolidação de um processo de aprendizagem já iniciado em sala de aula e complementado por uma ação do estudante.

Com efeito, há muitas formas de inverter a sala de aula (MORAN, J. *apud* CARVALHO, 2017) e acreditamos que as estratégias e métodos de aprendizagem ativa são boas possibilidades para potencializar essa inversão.

Na sequência, selecionamos para apresentação, neste capítulo, um conjunto de dez estratégias e dois métodos de aprendizagem ativa, a saber: *Peer instruction* (Instrução pelos colegas), *Just-in-time teaching* (Ensino sob medida), *Think-pair-share* (Pense-discuta com um colega-compartilhe com o grande grupo), *In-class exercises* (Exercícios em sala de aula), Grupos com tarefas diferentes, *Thinking-aloud pair problem solving* (Resolução em voz alta de problemas em pares), *Co-op co-op*, *Constructive controversy* (Controvérsia construtiva), *Jigsaw* (Painel integrado), Desafios em grupos, Casos de ensino e *Problem-based learning* (Aprendizagem baseada em problemas). Cada estratégia, ou método, é apresentada juntamente com a descrição das etapas para o seu desenvolvimento, além de sugestões de avaliação do desempenho dos estudantes, bem como exemplos de aplicação. Cumpre destacar que todas as estratégias e métodos aqui apresentados já foram testados e analisados por, pelo menos, um dos autores deste livro.

Com especial atenção ao processo de avaliação, ressaltamos que a avaliação das atividades propostas, com base nas estratégias ou métodos aqui apresentados, pode ser considerada como possibilidades de avaliação formativa, conforme será abordado no próximo capítulo.

Com isso, esperamos, também, enfatizar a importância do planejamento docente, abordado no Capítulo 8. As estratégias e métodos selecionados para apresentação neste capítulo já levam em conta os resultados de aprendizagem e papéis de professor e estudantes, durante as respectivas aplicações, o que constitui uma boa parte do planejamento.

6.1 *Peer instruction*

Peer instruction é uma estratégia de aprendizagem ativa concebida por Eric Mazur, da Harvard University (MAZUR, 1997; CROUCH; MAZUR, 2001; MAZUR, 2015). O uso desta estratégia tem como principais objetivos promover a aprendizagem dos conceitos fundamentais dos conteúdos em estudo por meio da interação entre os estudantes e, em particular na Física, para desconstruir concepções alternativas. A *Peer instruction* é também conhecida por "Instrução pelos colegas", pois o termo colegas, no contexto educacional, se refere a estudantes que estão cursando a mesma disciplina e, portanto, compartilhando as mesmas experiências e dúvidas em sala de aula (ARAUJO; MAZUR, 2013).

Apesar de ter surgido nas disciplinas de Física ministradas por Mazur, a *Peer instruction* tem se mostrado uma excelente estratégia para ser usada em disciplinas de várias áreas do conhecimento, principalmente em turmas com muitos estudantes, para ajudar a tornar as aulas mais interativas e, com isso, fazer com que todos os estudantes fiquem cognitivamente ativos em sala de aula (KOVAC, 1999; TEIXEIRA ET AL., 2015).

6.1.1 Etapas de aplicação da *Peer instruction*

Na *Peer instruction* há sete etapas, a saber:

Etapa 1: o professor solicita que os estudantes, antes da aula presencial, se apropriem dos conceitos básicos que serão discutidos na mesma. Esta apropriação pode ser feita por meio de uma leitura do material que será trabalhado em aula, ou assistindo a uma videoaula, ou ouvindo um *podcast*, dentre outras possíveis fontes de consulta.

Etapa 2: na aula presencial, uma breve apresentação dialogada[1] sobre os elementos centrais de um dado conceito, ou teoria, é feita pelo professor por cerca de 10 a 20 minutos.

Etapa 3: uma questão conceitual, usualmente de múltipla escolha, denominada Teste Conceitual (conhecida em inglês como *ConcepTest*, uma abreviação de *Conceptual Test)*, é colocada aos estudantes sobre o conceito (teoria) previamente discutido na exposição dialogada. Esta questão é cuidadosamente construída para envolver as dificuldades dos estudantes com o conceito exposto.

Etapa 4: os estudantes têm entre um e dois minutos para pensar individualmente, e em silêncio, sobre a questão apresentada formulando uma argumentação que justifique suas respostas. E por meio de algum sistema de votação (por exemplo, *clickers*, *flashcards*, Kahoot![2] ou Socrative[3]), os estudantes informam suas respostas ao professor. Nesta etapa, o professor tem de tomar certo cuidado ao coletar os dados da votação, para que os estudantes não tomem conhecimento das respostas de seus colegas. Sugerimos que, na medida do possível, o professor não projete a distribuição das respostas para não influenciar o desenrolar da estratégia.

De acordo com a distribuição de respostas, o professor vai iniciar uma atividade de discussão entre os estudantes (quando a frequência de acertos está entre 30 % e 70 %), ou irá avançar e começar a tratar de um novo conceito (quando a frequência de acertos é superior a 70 %). Caso a frequência de acertos seja menor que 30 %, o professor revisita o conceito, explicando-o novamente e, em seguida, aplica de novo o teste conceitual.

Etapa 5: se a frequência de acertos estiver entre 30 % e 70 %, os estudantes discutem a questão com seus colegas (grupos de dois a quadro estudantes, mas de preferência em duplas) por cerca de dois a três minutos, tentando chegar a um consenso sobre a resposta correta enquanto o professor circula pela sala de aula (ou auditório) interagindo com os grupos, mas sem informar a resposta correta. Terminado o tempo, um novo processo de votação é aberto.

---

[1] Uma aula expositiva dialogada é uma estratégia de exposição oral do conteúdo realizada pelo professor, com a participação ativa dos estudantes. Nela, o conhecimento prévio dos estudantes deve ser considerado e pode ser tomado como ponto de partida. O professor deve levar os estudantes a questionarem, interpretarem e discutirem o objeto de estudo, a partir do reconhecimento e do confronto com a realidade. Além disso, o professor deve favorecer a análise crítica dos estudantes em sala de aula, o que poderá resultar na produção de novos conhecimentos. Esta estratégia propõe a superação da passividade e imobilidade intelectual dos estudantes (ANASTASIOU; ALVES, 2006).

[2] O Kahoot! é uma plataforma de aprendizagem baseada em jogos, que tem sido usada em salas de aula, escritórios e ambientes sociais. Com o Kahoot! o professor pode criar material instrucional para auxiliar na aplicação de estratégias e métodos de aprendizagem ativa. Disponível em: <https://kahoot.it/>. Acesso em: 18 set. 2018.

[3] Socrative é uma plataforma de aprendizagem desenhada para auxiliar o professor a engajar seus estudantes nos ambientes de aprendizagem ativa, fornecendo *feedback* imediato das atividades realizadas por meio dela. Disponível em: <https://www.socrative.com/>. Acesso em: 18 set. 2018.

Etapa 6: após a segunda votação, o professor tem um retorno sobre as respostas dos estudantes, resultantes das discussões, e pode apresentar o resultado da votação para os mesmos. Uma alternativa interessante é chamar alguns grupos para compartilhar a resposta com o grande grupo.

Etapa 7: o professor, então, discute cada alternativa de resposta para a questão, informando a correta. Na sequência, de acordo com sua avaliação sobre os resultados, o professor pode optar por apresentar um novo Teste Conceitual, ainda sobre o mesmo tema, ou passar para o próximo tópico (conceito) da aula. Essa decisão dependerá do julgamento do professor sobre a adequação do entendimento atingido pelos estudantes a respeito do conteúdo abordado nas questões.

Na Figura 6.1, apresentamos um esquema das etapas de aplicação da *Peer instruction* (ARAUJO; MAZUR, 2013).

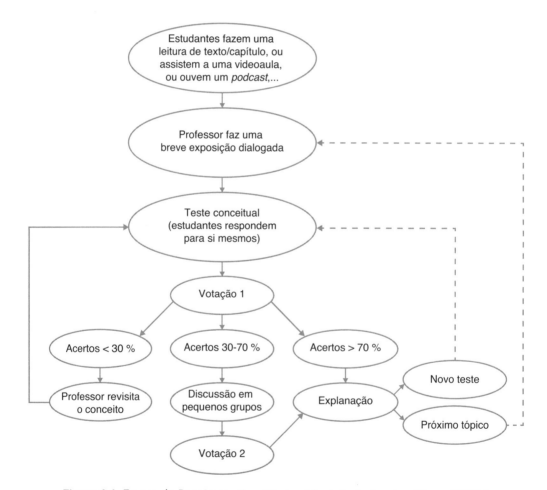

Figura 6.1 Etapas da *Peer instruction*. (Fonte: Adaptada de Araujo e Mazur (2013).)

> Na integração da *Peer instruction* à abordagem da sala de aula invertida, a Etapa 1 é realizada no momento "Pré-aula" e as Etapas 2 a 7 são realizadas no momento "Aula". Para o momento "Pós-aula", o professor pode preparar mais testes conceituais para serem solucionados em casa e utilizar a Etapa 1 para o assunto a ser desenvolvido na próxima aula.

Esta estratégia, além da vantagem de envolver o estudante e tornar a aula mais interessante, tem a enorme importância de dar *feedback* ao professor sobre o estágio de aprendizagem em que os estudantes se encontram.

6.1.2 Como avaliar ao aplicar a *Peer instruction*

Se o professor utilizar como processo de votação o Kahoot!, os resultados das respostas aos testes conceituais ficam registrados no aplicativo Kahoot!, na área específica do professor[4] em *My Results*. São planilhas Excel nas quais fica registrado o desempenho de cada um dos estudantes, permitindo ao professor acompanhar o desempenho e a evolução dos mesmos na disciplina por meio dos testes conceituais.

6.1.3 Alguns exemplos de aplicação da *Peer instruction*

EXEMPLO 1

Física[5]

Quando o assunto a ser estudado for *Expansão térmica de sólidos e líquidos*, na Etapa 1, o professor solicita aos estudantes que leiam o capítulo sobre *Temperatura, calor e a primeira lei da termodinâmica* do livro-texto adotado na disciplina, ou que assistam a uma videoaula sobre o assunto, ou outra fonte de consulta. Em sala de aula, na Etapa 3, testes conceituais, como apresentados a seguir, podem ser aplicados:

Qual das seguintes alternativas não é uma possível propriedade termométrica de um corpo?[6]

a) A mudança no comprimento de um sólido.

b) A mudança de massa a pressão e volume constantes.

c) A mudança na pressão de um gás em volume constante.

d) A mudança na resistência elétrica de um condutor.

---

[4] Disponível em: <https://create.kahoot.it/>. Acesso em: 15 abr. 2018.
[5] Em Mazur (2015), podem ser encontrados muitos exemplos de testes conceituais de Física.
[6] Resposta correta: alternativa "b".

68 Capítulo 6

Dois contêineres idênticos possuem quantidades iguais do mesmo gás ideal nas mesmas condições P_0, V_0 e T_0. Em seguida, a pressão do contêiner A diminui pela metade enquanto seu volume duplica; e a pressão do contêiner B duplica enquanto seu volume diminui pela metade. Qual afirmação descreve corretamente as temperaturas dos gases após as mudanças?[7]

a) $T_A = 0,5T_B = T_0$.

b) $T_B = 0,5T_A = T_0$.

c) $T_B = T_A = T_0$.

d) $T_B = 2T_A = T_0$.

EXEMPLO 2

Ciência dos materiais

Quando o assunto a ser estudado for *Mecanismos de aumento de resistência em metais*, na Etapa 1, o professor solicita aos estudantes que leiam o capítulo sobre *Discordâncias* do livro-texto adotado na disciplina, ou que assista a uma videoaula sobre o assunto. Em sala de aula, na Etapa 3, um teste conceitual pode ser aplicado, como a seguir:

Se uma haste de metal é puxada através de um furo cônico menor do que o diâmetro da haste, a dureza do metal na haste aumenta. Isto porque:[8]

a) a densidade aumentou;

b) existem mais defeitos em nível atômico;

c) há menos defeitos em nível atômico;

d) as ligações entre os átomos foram fortalecidas;

e) as ligações entre os átomos foram comprimidas.

Quando o assunto a ser estudado for *Condutividade elétrica*, na Etapa 1, o professor solicita aos estudantes que leiam o capítulo sobre *Propriedades elétricas* do livro-texto adotado na disciplina, ou que assistam a uma videoaula sobre o assunto. Em sala de aula, na Etapa 3, um teste conceitual, como o apresentado a seguir, pode ser aplicado:

Se uma pequena quantidade de cobre é adicionada ao ferro, a condutividade elétrica do ferro irá:[9]

a) diminuir;

b) permanecer a mesma;

c) aumentar.

---

[7] Resposta correta: alternativa "c".
[8] Resposta correta: alternativa "b".
[9] Resposta correta: alternativa "a".

EXEMPLO 3

Cálculo diferencial e integral

Quando estudamos o conceito de *Derivada de uma função*, uma das aplicações é a análise do crescimento/decrescimento da curva que a representa, com base no sinal da derivada primeira e da concavidade desta mesma curva, com base no sinal da derivada segunda desta função. Feito este estudo, a fim de analisar o grau de compreensão dos estudantes, o professor pode apresentar questões que relacionem todos os conceitos abordados, a fim de certificar-se da boa compreensão de suas aplicações. O problema, a seguir, tem esta finalidade.

Consideremos que determinado processo seja modelado em termos de uma função matemática com crescimento decrescente. Este comportamento nos permite afirmar que:[10]

a) tanto a derivada primeira quanto a derivada segunda são negativas;

b) tanto a derivada primeira quanto a derivada segunda são positivas;

c) a derivada primeira é negativa e a derivada segunda é positiva;

d) a derivada primeira é positiva e a derivada segunda é negativa.

EXEMPLO 4

Equações diferenciais

Dentre as aplicações abordadas na disciplina de *Equações diferenciais*, estão os modelos clássicos para determinar os valores da carga ou da corrente, em circuitos elétricos. Após estudar métodos adequados para a resolução de tais equações, bem como aplicações das mesmas, consideramos a equação diferencial cuja solução, carga em função do tempo, seja representada graficamente como na Figura 6.2.

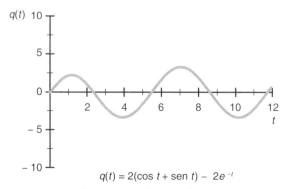

Figura 6.2 Comportamento da carga em função do tempo em um circuito elétrico.

---

[10] Resposta correta: alternativa "d".

70 Capítulo 6

Este comportamento nos permite afirmar que a corrente no circuito é nula, no(s) seguinte(s) instante(s) aproximado(s), nos dez primeiros segundos:[11]

a) somente no instante inicial (0 s);

b) 1; 4; 7 e 10 segundos;

c) 0; 2,2; 4,8 e 8,6 segundos;

d) nos intervalos em que a carga é crescente;

e) nos intervalos em que a carga é decrescente.

EXEMPLO 5

Química geral

Quando o assunto a ser estudado for *Partículas subatômicas: prótons, nêutrons e elétrons nos átomos*, na Etapa 1, o professor solicita aos estudantes que leiam o capítulo sobre *Átomos e elementos* do livro-texto adotado na disciplina, ou que assistam a uma videoaula sobre o assunto, ou outra fonte de consulta. Em sala de aula, na Etapa 3, um teste conceitual, como a seguir, pode ser aplicado.

Com base em seus conhecimentos sobre as partículas subatômicas, qual é a alternativa correta?[12]

a) Entre prótons, nêutrons e elétrons, apenas os dois primeiros possuem cargas positivas.

b) As partículas subatômicas presentes na eletrosfera não se aproximam dos nêutrons em razão das forças de repulsão entre eles.

c) Em face de sua massa muito pequena, os elétrons não são considerados na determinação da massa dos átomos.

d) Em um átomo neutro, conhecer as quantidades de nêutrons e elétrons não é suficiente para conhecer sua massa.

e) Somente partículas subatômicas com carga diferente de zero possuem massa.

EXEMPLO 6

Resistência dos materiais

Quando o assunto a ser estudado for *Representação gráfica conceitual das cargas em barras*, na Etapa 1, o professor solicita aos estudantes que leiam o capítulo sobre *Introdução à resistência dos materiais* do livro-texto adotado na disciplina, ou outra atividade prévia. Em sala de aula, na Etapa 3, um teste conceitual, como a seguir, pode ser aplicado.

---

[11] Resposta correta: alternativa "b"

[12] Resposta correta: alternativa "c".

As cargas atuantes em uma barra podem ser concentradas, uniformemente distribuídas e uniformemente variáveis. Observe as figuras a seguir:

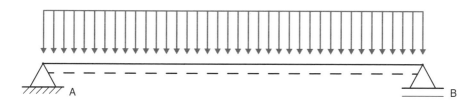

Figura 6.3

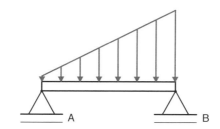

Figura 6.4

Figura 6.5

Assinale a alternativa que apresenta figuras com barras submetidas apenas a cargas uniformemente distribuídas:[13]

a) Figura 6.3.
b) Figura 6.4.
c) Figura 6.5.
d) Figuras 6.3 e 6.4.
e) Figuras 6.4 e 6.5.

---

[13] Resposta correta: alternativa "a".

6.2 Just-in-time teaching

Just-in-time teaching (JiTT) é uma estratégia de aprendizagem ativa concebida por Gregor Novak, da Indiana University (NOVAK ET AL., 1999; NOVAK, 2011), para ser utilizada em disciplinas básicas de Física, utilizando a Internet de forma eficaz para promover o engajamento dos estudantes e maiores níveis de aprendizagem mediante uma ligação intencional entre atividades realizadas fora da sala de aula e atividades realizadas em sala de aula. Como a *Peer instruction*, a JiTT também tem se mostrado uma excelente estratégia para ser usada em disciplinas de outras áreas do conhecimento, tais como Medicina, Biologia e Economia (SCHULLER; DaROSA; CRANDALL, 2015; MARRS; NOVAK, 2004; SIMKINS; MAIER, 2010).

A ideia central da JiTT são os chamados "exercícios de aquecimento" (*warm up exercises*), que devem ser realizados utilizando a Internet antes da aula presencial. Assim, apesar de a JiTT ser uma estratégia que utiliza a Internet, não se trata de ensino a distância, porém, pode ser uma boa estratégia para o modelo híbrido.

Também pode-se dizer que a JiTT é uma excelente estratégia pedagógica que permite ao professor levar em consideração o conhecimento prévio dos estudantes na elaboração das aulas, além de auxiliar no desenvolvimento do hábito de estudar antes das aulas. O nome desta estratégia foi intencionalmente inspirado no processo de fabricação *just-in-time* iniciado pela Toyota na década de 1970 (GAVRIN, 2006). A *Just-in-time teaching* foi chamada de "Ensino sob medida" por Araujo e Mazur (2013), pois o professor usa as respostas dos "exercícios de aquecimento" para preparar a aula "na medida" das dificuldades apresentadas pelos estudantes.

6.2.1 Etapas de aplicação da *Just-in-time teaching*

A JiTT compreende três etapas, a saber:

Etapa 1: tarefas de leitura[14] e "exercícios de aquecimento", a serem realizados antes da aula: nessa etapa, o professor solicita aos estudantes que façam algum tipo de leitura (por exemplo, um capítulo do livro-texto adotado na disciplina, um artigo científico, um texto na Internet, dentre outros). "O texto indicado para a leitura deve, na medida do possível, relacionar os tópicos em estudo com atividades de potencial interesse do estudante e/ou que façam parte do seu dia a dia" (ARAUJO; MAZUR, 2013). Isso se relaciona com o fato de

---

[14] Na ocasião em que a JiTT foi concebida, a Etapa 1 consistia, basicamente, em tarefas de leitura seguidas de "exercícios de aquecimento". Recomendamos que, além de tarefas de leitura, o professor sugira aos estudantes recursos de outra natureza para a apropriação do conhecimento, tais como: videoaulas, *podcasts*, dentre outros.

que os estudantes aprendem mais quando eles sabem quando, onde e por que eles usarão o que estão aprendendo (BRANSFORD; BROWN; COCKING, 2000). Na sequência, os estudantes devem resolver uma série de exercícios denominados "exercícios de aquecimento". Esses exercícios são questões conceituais relacionadas com a tarefa realizada previamente para a apropriação do conteúdo e devem estar disponíveis em um ambiente virtual (por exemplo, Moodle,[15] Google formulários, ou outro) ou podem ter sido disponibilizados via *e-mail*. O professor estabelece um prazo (isto é, um horário de corte) para que os estudantes respondam aos "exercícios de aquecimento" antes da aula que está por vir, e prepara a aula levando em conta as respostas dadas pelos estudantes aos exercícios.

Etapa 2: tarefas em sala de aula considerando as tarefas de leitura e os "exercícios de aquecimento": nesta etapa, usando as respostas dadas pelos estudantes, o professor prepara um ambiente de aprendizagem, com atividades, exercícios ou problemas para a turma, visando preencher as lacunas de aprendizagem e as concepções prévias identificadas nas respostas dos "exercícios de aquecimento". Já em sala de aula, o professor retoma os "exercícios de aquecimento", apresentando as respostas que possam assegurar as melhores condições para deflagrar uma discussão entre os estudantes. É muito importante que o professor não mencione os autores das respostas escolhidas, para evitar constrangimentos, o que pode inibir a participação destes estudantes, muitas vezes, com consequências negativas sobre o processo de aprendizagem dos mesmos. Na JiTT, o professor vai utilizar na preparação do ambiente de aprendizagem o princípio da aprendizagem pelo erro: "Buscar sistematicamente o erro é pensar criticamente, é aprender a aprender, é aprender subversivamente rejeitando certezas, encarando o erro como natural e aprendendo pela superação" (MORFIRA, 2010). Tudo isso pode ser praticado na JiTT nas discussões das concepções alternativas dos conceitos evidenciadas nas respostas dos "exercícios de aquecimento", onde o professor poderá mostrar aos estudantes por que essas concepções não se sustentam. O professor, conhecendo de antemão as principais dificuldades dos estudantes, poderá preparar uma aula utilizando diversos recursos didáticos, tais como experimentos de demonstração, vídeos de curta duração, objetos de aprendizagem, simulações computacionais, exposições dialogadas curtas (não mais do que dez minutos), entre outros.

Etapa 3: tarefas em grupo envolvendo os conceitos trabalhados nas duas etapas anteriores. Nesta etapa, a forma como o restante da aula será conduzida dependerá de uma série de fatores, tais como a natureza da disciplina, o número de estudantes na turma, a infraestrutura da sala de aula e, inclusive, o tipo

---

[15] Moodle é uma plataforma livre, para a criação de ambientes de aprendizagem personalizados. É possível baixar o *software* no próprio servidor *web* ou solicitar ajuda aos parceiros Moodle. Disponível em: <http://moodle.org>. Acesso em: 19 set. 2018.

74 Capítulo 6

de personalidade dos estudantes e do professor (NOVAK, 2011). Na JiTT, professor e estudantes formam um time que se ajuda mutuamente e que vivencia um ambiente de aprendizagem diversificado em que os estudantes estarão cognitivamente ativos em todas as etapas do processo. Normalmente, para finalizar a aplicação da JiTT, o professor disponibiliza na Internet mais um conjunto de questões relacionadas com o conteúdo trabalhado em aula. Por exemplo: apresentando uma questão instigante, que envolva um contexto diferente do que foi discutido, o professor pode avaliar se o estudante é capaz de aplicá-lo em novas situações-problema (ARAUJO; MAZUR, 2013). Também, nesta etapa, os exercícios ou questões podem ser disponibilizados em um ambiente virtual ou via *e-mail*.

Na Figura 6.6, apresentamos um esquema ilustrando as etapas da JiTT e a sua integração à abordagem da sala de aula invertida.

> Na integração da JiTT à abordagem da sala de aula invertida, a Etapa 1 é realizada no momento "Pré-aula", a Etapa 2 é realizada no momento "Aula" e a Etapa 3 pode ter parte de suas tarefas no momento "Aula" e parte no momento "Pós-aula". Importante lembrar que, no momento "Pós-aula", o estudante também deverá se preparar para o próximo assunto a ser estudado.

Sem dúvida, a JiTT é uma estratégia que impacta a aprendizagem do estudante e, tão importante quanto, impacta a efetividade do trabalho do professor. Uma vez que grande parte da aprendizagem dos estudantes ocorre fora da sala de aula, os professores que utilizam a JiTT veem esta estratégia como um sistema fechado de *feedback* entre ensino e aprendizagem e entre experiências em aula e fora da aula. As interações estudante-estudante, estudante-professor e tempo dispensado na realização de tarefas, considerados os três principais fatores críticos que contribuem para o sucesso no ensino superior (ASTIN, 1993), são aprimorados sobremaneira pelo uso da Internet como recurso tecnológico. Tarefas realizadas via Internet, em momentos oportunos, preparam os estudantes e o professor para a subsequente interação em sala de aula, pois os estudantes adquirem autonomia e controle sobre seu aprendizado e as atividades em sala de aula se tornam mais enriquecidas.

6.2.2 Como avaliar ao aplicar a JiTT

Se o professor disponibilizar os exercícios de aquecimento da Etapa 1, ou os exercícios ou questões da Etapa 3 em um ambiente virtual, as respostas dos estudantes ficarão registradas e o professor poderá acompanhar o desempenho e a evolução dos mesmos na disciplina por meio desses registros. Recomendamos aos professores que incentivem os estudantes a responder aos exercícios de

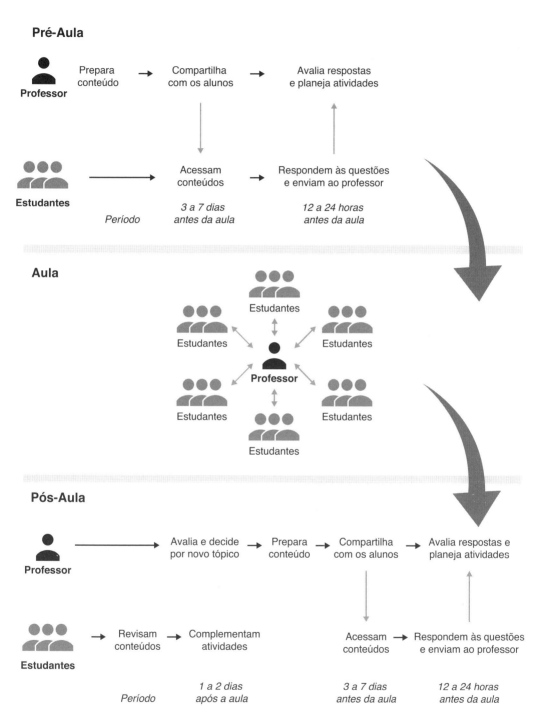

Figura 6.6 As etapas da JiTT e a sua integração à abordagem da sala de aula invertida.

76 Capítulo 6

aquecimento. Contando os exercícios de aquecimento como parte da nota final (de 5 % a 30 % ou mais), os estudantes são estimulados a fazer leituras, ou assistir às videoaulas, ouvir os *podcasts*, ou outra atividade, e pensar nas perguntas antes de respondê-las, preparando-se, assim, para a aula presencial (Etapa 2 da aplicação da JiTT).

6.2.3 Alguns exemplos de aplicação da estratégia

EXEMPLO 1

Equações diferenciais

Após o estudo de métodos para resolução de equações diferenciais lineares de segunda ordem, o professor solicita aos estudantes que leiam o capítulo sobre aplicações dessas equações, em modelos clássicos, apresentadas no livro-texto adotado na disciplina. Além disso, são orientados para que, após a leitura, procurem selecionar e resolver um dos problemas aplicados, apresentados na sequência do texto, com prazo anterior à próxima aula. A possível resolução é apresentada em fórum de discussões, especialmente formado para este fim, no ambiente virtual da disciplina, com a seguinte orientação: todos deverão participar, seja apresentando proposta de resolução do problema, concordando, discordando ou questionando. Além disso, qualquer uma das formas de participação deve considerar o que já foi postado pelos colegas, além de conter argumentos que justifiquem a intervenção. No prazo determinado, antes da aula presencial, o professor analisa as participações, com a intenção de verificar o grau de compreensão das aplicações alcançado pela turma, a fim de programar a aula que, necessariamente, deve conter: análise e comentários sobre as participações, discussão visando aos esclarecimentos necessários, além da seleção de outros problemas para que, então, sejam resolvidos em grupos e compartilhados por todos os interessados.

EXEMPLO 2

Química geral

Na Etapa 1, de cinco a seis dias antes da próxima aula presencial, o professor solicita que os estudantes assistam a um vídeo sobre tabela periódica ou que leiam no livro-texto de Química Geral, adotado na disciplina, os seguintes tópicos: tabela periódica, metais, não metais e metaloides, tabela periódica e propriedades dos elementos. Os estudantes também recebem um conjunto de três a quatro questões, que deverão ser resolvidas e as respostas submetidas 24 horas antes da aula presencial. A seguir, apresentamos cinco questões que podem ser aplicadas como exercícios de aquecimento:

1. Considerando o esboço da tabela periódica apresentado na Figura 6.7, verifique quais das propriedades periódicas descritas de I a IV apresentam a tendência indicada na figura.[16]

   I – Raio atômico
   II – Eletronegatividade
   III – Energia de ionização
   IV – Afinidade eletrônica

   a) Apenas I.
   b) Apenas II.
   c) Apenas II e III.
   d) Apenas II e IV.
   e) Apenas II, III e IV.

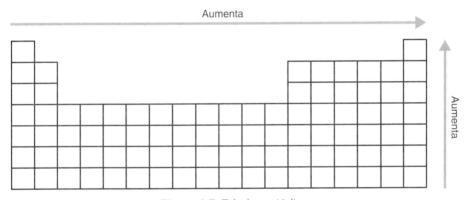

Figura 6.7 Tabela periódica.

2. A partir das distribuições eletrônicas apresentadas a seguir, indique qual dos átomos representados teria maior facilidade para se tornar um ânion.[17]

   a) $1s^2\ 2s^2\ 2p^6\ 3s^2\ 3p^6\ 4s^2\ 3d^{10}\ 4p^3$
   b) $1s^2\ 2s^2\ 2p^6\ 3s^2\ 3p^5$
   c) $1s^2\ 2s^2\ 2p^6\ 3s^2\ 3p^6\ 4s^2\ 3d^{10}\ 4p^6\ 5s^2\ 4d^{10}\ 5p^6\ 6s^1$
   d) $1s^2\ 2s^2\ 2p^6\ 3s^2\ 3p^6\ 4s^2\ 3d^{10}\ 4p^6\ 5s^2\ 4d^5$
   e) $1s^2\ 2s^2\ 2p^6\ 3s^2$

3. Considerando os átomos do fósforo, cádmio, bário, estrôncio e cloro, assinale a resposta que apresenta o átomo de maior energia de ionização e o átomo de maior raio atômico, respectivamente.[18]

---

[16] Resposta correta: alternativa "e".
[17] Resposta correta: alternativa "b".
[18] Resposta correta: alternativa "a".

78 Capítulo 6

a) Cl e Ba

b) Ba e Sr

c) Cd e P

d) Cl e Sr

e) P e Cd

4. Dentre as transformações apresentadas a seguir, assinale aquela cuja energia envolvida mede a afinidade eletrônica. Considere apenas o sentido indicado nas reações.[19]

a) $Na_{(g)} \rightarrow Na^+_{(g)} + 1\ e^-$

b) $C_{(grafite)} + O_{2(g)} \rightarrow CO_{2(g)}$

c) $Cl^-_{(g)} + 1\ e^- \rightarrow Cl^-_{(g)}$

d) $H^+_{(aq)} + OH^-_{(aq)} \rightarrow H_2O_{(l)}$

e) $O_{(g)} + O_{2(g)} \rightarrow O_{3(g)}$

5. Assinale a opção que apresenta a propriedade que cresce com o aumento do raio atômico.[20]

a) No período, o raio atômico.

b) Na coluna, a eletronegatividade.

c) No período, o caráter metálico.

d) Na coluna, o raio atômico.

e) Na coluna, a energia de ionização.

f) Falso, pois a energia de ionização decresce para baixo.

Na Etapa 2, o professor vai desenvolver atividades retomando os "exercícios de aquecimento". Estas atividades podem ser desde outros exercícios que enfoquem os mesmos conceitos até problemas mais complexos para serem resolvidos em grupo. Relembramos que essas atividades visam preencher as lacunas de aprendizagem e as concepções prévias identificadas nas respostas dos "exercícios de aquecimento". A seguir, um problema que pode ser desenvolvido nesta etapa:

Observe o esboço de gráfico apresentado na Figura 6.8, e responda às perguntas a seguir com base em seus conhecimentos sobre a tabela periódica e suas propriedades.[21]

---

[19] Resposta correta: alternativa "c".

[20] Resposta correta: alternativa "d".

[21] Respostas: a) Não. O gráfico mostrando a evolução do raio atômico ao longo do crescimento apresentaria uma redução gradual do raio até o momento em que surge uma nova camada, e então, há um aumento expressivo no raio, e assim sucessivamente. b) Não. O gráfico poderia até iniciar com uma reta aproximada nas primeiras ionizações, dependendo da valência do átomo; no entanto, quando ocorrer uma ionização envolvendo a retirada de um elétron de uma camada mais interna, haverá um aumento substancial na demanda energética e um aumento súbito na inclinação do gráfico.

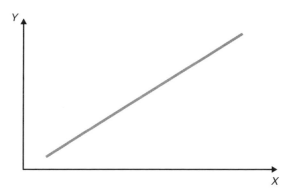

Figura 6.8 Comportamento do raio atômico em função do número atômico.

a) Se o eixo das ordenadas representa o raio atômico e o eixo das abscissas representa o número atômico, variando de Z = 20 a Z = 50, o gráfico pode ter este formato? Por quê?

b) Se o eixo das ordenadas representa a energia de ionização e o eixo das abscissas representa as sucessivas ionizações, desde a primeira até a oitava ionização, o gráfico pode ter este formato? Por quê?

Na Etapa 3, que pode ser desenvolvida parte em sala de aula e parte fora da sala de aula (momento "Pós-aula"), o professor pode trabalhar mais um conjunto de questões relacionadas com os tópicos tabela periódica, metais, não metais e metaloides, tabela periódica e propriedades dos elementos. A seguir, alguns exemplos de questões:

1. Considere as representações a seguir, que se referem ao elétron mais energético de cinco átomos neutros, com as respectivas camadas onde se encontram. A partir da análise destes átomos, assinale a resposta que apresenta corretamente a ordem crescente de eletronegatividade.[22]

    I – ↓, camada N

    II – ↑ ☐ ☐, camada O

    III – ☐ ☐ ↑, camada M

    IV – ↓ ☐ ☐, camada L

    V – ☐ ↑ ☐ ☐ ☐, camada O

    a) I < II < III < IV < V

    b) I < IV < II < III < V

    c) II < IV < III < I < V

    d) V < III < IV < II < I

    e) I < V < II < III < IV

---

[22] Resposta correta: alternativa "e".

2. Considere as energias de ionização de determinado metal M, representadas a seguir:

1ª energia de ionização – 658,8 kJ/mol.
2ª energia de ionização – 1309,8 kJ/mol.
3ª energia de ionização – 2652,5 kJ/mol.
4ª energia de ionização – 4174,6 kJ/mol.
5ª energia de ionização – 9581 kJ/mol.

A partir destas informações, assinale a resposta que apresenta a quantidade de elétrons que um átomo deste metal deve perder para assumir sua configuração mais estável.[23]

a) 2 elétrons.
b) 3 elétrons.
c) 4 elétrons.
d) 5 elétrons.
e) 6 elétrons.

3. Observe o gráfico da Figura 6.9, que apresenta as energias de ionização de determinado metal. O eixo *x* apresenta o número da ionização sofrida, e o eixo *y* indica o valor da energia em kJ/mol. A partir da análise do gráfico, assinale a resposta que apresenta a quantidade de elétrons que um átomo deste metal deve perder para assumir sua configuração mais estável.[24]

a) 1 elétron.
b) 2 elétrons.
c) 3 elétrons.
d) 5 elétrons.
e) 7 elétrons.

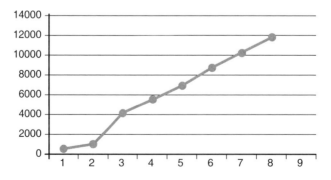

Figura 6.9 Valor da energia (em kJ/mol) em função do número da ionização sofrida.

---

[23] Resposta correta: alternativa "c".
[24] Resposta correta: alternativa "b".

4. Avalie as alternativas que se seguem, assinalando a resposta correta de acordo com as propriedades periódicas.[25]

   a) Em um mesmo período, o caráter metálico tende a aumentar com o aumento do número atômico.
   b) A primeira energia de ionização é sempre maior que a segunda, considerando apenas elementos no mesmo período.
   c) Todos os elementos que possuem dois elétrons em sua camada mais externa são metais alcalinoterrosos.
   d) Em um mesmo período, calcogênios são mais facilmente ionizáveis que os halogênios.
   e) Em um mesmo período, os metais alcalinos são mais densos que os alcalinoterrosos.

5. Analise os gráficos I a V, na Figura 6.10, que apresentam as energias de ionização de cinco diferentes metais, ao longo das sucessivas ionizações.

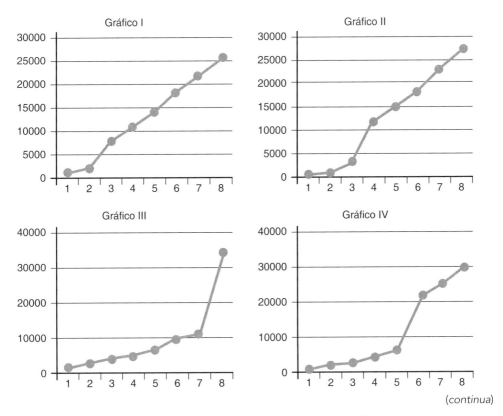

(continua)

Figura 6.10 Energias de ionização de cinco metais diferentes, ao longo das sucessivas ionizações.

---

[25] Resposta correta: alternativa "d".

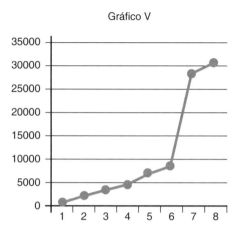

Figura 6.10 Energias de ionização de cinco metais diferentes, ao longo das sucessivas ionizações.

Sabendo que todos os elementos representados se encontram no mesmo período, qual desses gráficos se refere a um calcogênio?[26]

a) I
b) II
c) III
d) IV
e) V

6.3 *Think-pair-share* (Pense-discuta com um colega-compartilhe com o grande grupo)

A *Think-pair-share* é uma estratégia de aprendizagem ativa usualmente referida como TPS. Trata-se de uma estratégia de discussão cooperativa desenvolvida por Frank Lyman e seus colegas da University of Maryland (LYMAN, 1991). Ela recebe este nome a partir das três etapas de ações dos estudantes, com ênfase no que eles devem estar realizando em cada uma das etapas: pensando, discutindo com um colega e compartilhando com o grande grupo. O uso desta estratégia tem como principal objetivo preparar os estudantes para participar de forma mais efetiva nas discussões em sala de aula.

---

[26] Resposta correta: alternativa "e".

6.3.1 Etapas de aplicação da TPS

A estratégia *Think-pair-share* apresenta três etapas, a saber:

Etapa 1 – "Pense": o professor faz com que os estudantes se coloquem a pensar por meio de uma pergunta, um aviso ou uma observação. Os estudantes devem ter alguns momentos (preferencialmente, um tempo menor do que um minuto) apenas para pensar sobre a questão.

Etapa 2 – "Discuta com um par": usando parceiros designados, vizinhos próximos, ou companheiro de mesa, os estudantes formam duplas para discutir sobre a resposta de cada um. Eles comparam as suas notas mentais ou escritas e identificam as respostas que acham melhores, mais convincentes, ou mais originais.

Etapa 3 – "Compartilhe com o grande grupo": depois que os estudantes conversarem em pares por alguns momentos (novamente, um tempo não muito maior do que um minuto), o professor pede que os pares compartilhem suas ideias com o restante da turma. Ele pode fazer isso convidando cada par, por meio de um critério de posicionamento dos mesmos (se estiverem sentados em círculo, pode ser no sentido horário ou anti-horário; ou ainda, par sim, par não), ou tomar as respostas à medida que são chamados aleatoriamente. Com frequência, o professor, ou um ajudante designado, irá escrever essas respostas no quadro ou gravá-las usando um aplicativo do celular.

Na Figura 6.11 está apresentado um esquema com as etapas da *Think-pair-share*.

Figura 6.11 As etapas da *Think-pair-share*.

> Na integração da TPS à abordagem da sala de aula invertida, uma vez que as três etapas são realizadas no momento "Aula", o professor pode anunciar previamente a estratégia a ser utilizada, juntamente com o tema a ser abordado, informando, também, quanto à valorização das participações, durante o momento "Aula", dada a importância do tema. O momento "Pós-aula" pode ser constituído por uma complementação visando ao aprofundamento do assunto, por meio de exercícios selecionados.

Sabemos que os estudantes aprendem, em parte, quando são capazes de comentar, argumentar, justificando procedimentos adotados ou explicando o que pensam a respeito de determinado conceito. Contudo, os professores não querem que a resposta aos questionamentos seja uma disputa, uma "luta livre" entre os estudantes. Uma das grandes vantagens do uso da TPS está no fato de que, por meio dela, é possível estruturar a discussão. Os estudantes seguem um processo prescrito que limita divagar em pensamento e comportamento e a responsabilidade é construída, pois cada um deve relatar ao par o que pensou e, em seguida, os pares devem relatar ao grande grupo.

6.3.2 Duas variações para a TPS

Uma variação para a TPS, proposta por Susan Ledlow, do Center for Learning and Teaching Excellence da Arizona State University, é a *Write-pair-share* (LEDLOW, 2001). A *Write-pair-share* tem o mesmo número de etapas da TPS, exceto pelo fato de que na Etapa 1 o professor pede aos estudantes para escreverem, individualmente, suas respostas sobre a questão colocada.

A segunda variação da TPS é a *Formulate-share-listen-create*, proposta por Johnson, Johnson e Smith (JOHNSON; JOHNSON; SMITH, 1991). Formular, compartilhar, ouvir e criar é uma boa estratégia para usar com problemas ou perguntas que podem ser abordadas de várias maneiras e/ou que não tenham uma única solução. Na Etapa 1, "formular", o professor solicita que os estudantes sintetizem suas ideias e formulem, individualmente, a melhor solução para um problema/pergunta. Na Etapa 2, "compartilhar", os estudantes formam duplas para discutir sobre a solução de cada um. Na Etapa 3, "ouvir", cada membro da dupla avalia oralmente a solução do outro membro. Finalmente, na Etapa 4 "criar", os membros das duplas elaboram uma nova solução, juntando os melhores elementos de cada solução individual.

6.3.3 Como avaliar ao aplicar a TPS

Na Etapa 3, quando os estudantes estão compartilhando as respostas dos pares com o grande grupo, o professor, ou um ajudante designado, irá escrever essas respostas no quadro ou gravá-las usando um aplicativo do celular. Após registrado um número suficiente de respostas, o professor conclui com uma síntese das respostas corretas, ressaltando os pontos importantes trazidos pelos estudantes. O professor também precisa, gentilmente, apontar os erros das respostas incorretas e, como forma de tratar tais erros como oportunidades de aprendizagem, o professor pode valorizá-los justificando a possibilidade de comentá-los e, com isso, revisar conceitos importantes para todos. Finalmente, o professor levanta pontos importantes ainda não considerados pelos estudantes. As respostas dos estudantes podem ser avaliadas e registradas em uma planilha. Para promover uma escuta ativa das respostas por parte dos outros estudantes, o professor pode solicitar, de forma aleatória, que um estudante faça uma síntese do que acabou de ser respondido pelo seu colega. Esta síntese pode ser avaliada e registrada em planilha.

6.3.4 Alguns exemplos de aplicação da TPS

As seguintes questões podem constituir a Etapa 1, na estratégia da TPS:

- Qual é a diferença entre um átomo de sódio e um íon sódio?
- Em fogos de artifício, observam-se colorações quando se adicionam sais de diferentes metais às misturas explosivas. As cores produzidas resultam de transições eletrônicas. Ao mudar de camada em torno do núcleo atômico, os elétrons emitem energia nos comprimentos de onda que caracterizam as diversas cores. Qual modelo atômico explica esse fenômeno?
- Como podemos distinguir, experimentalmente, um campo elétrico de um campo gravitacional?
- Uma pessoa é introduzida em uma grande esfera metálica oca que está isolada da Terra. Se uma carga muito grande for colocada na esfera, a pessoa levará um choque se tocar o lado interno da esfera oca?
- Como uma espira pode ser usada para determinar a presença de um campo magnético em uma dada região do espaço?
- Qual é a condição para que a integral de uma função matemática seja igual à área da região compreendida por seu gráfico e o eixo horizontal?
- Como a integração de funções pode ser aplicada para calcular a área de uma região compreendida entre o gráfico de duas funções matemáticas?
- Cite duas razões pelas quais a difusão intersticial é, normalmente, mais rápida que a difusão de vacâncias.
- Explique a diferença entre calor latente de fusão e calor latente de vaporização.
- O que ocorre com o potencial químico de múltiplas fases que se encontram nas mesmas temperatura e pressão?
- Por que a transmissão de energia elétrica a tensão elevada representa economia?
- Quando dois circuitos, um de Thévenin e outro de Norton, são equivalentes um ao outro?

6.4 *In-class exercises* (Exercícios em sala de aula)

A *In-class exercises* é uma estratégia cooperativa de aprendizagem ativa, que foi formalmente apresentada por Richard Felder (1997). Anteriormente, Felder e Brent (1994) já haviam publicado um relatório sobre aprendizagem cooperativa em cursos da área das Tecnologias e, neste, discorreram sobre a estratégia *In-class exercises*. Esta estratégia é muito adequada para turmas com grande número de estudantes, mas funciona para todos os tamanhos de turmas e em todos os níveis de aprendizagem. A sua utilização tem como principais objetivos promover a aprendizagem mais profunda do material estudado e um comportamento em sala de aula mais focado, mais ativo e cooperativo. Apresenta como benefícios, além dos resultados de aprendizagem dos estudantes, um número menor de trabalhos a serem analisados pelo professor, em razão do acompanhamento durante a aula. Isso, em um contexto de sala de aula com muitos estudantes, com as tarefas sendo feitas de forma cooperativa, reduz consideravelmente o trabalho do professor, sem diminuir a qualidade da aprendizagem.

6.4.1 Etapas de aplicação da *In-class exercises*

A estratégia *In-class exercises* apresenta quatro etapas, a saber:

Etapa 1: o professor separa os estudantes em grupos, ou solicita que formem grupos, de dois a quatro membros e indica de forma aleatória um membro do grupo para fazer os registros das resoluções dos exercícios daquela aula; o professor apresenta uma lista de exercícios para a aula, que devem ser resolvidos pelos grupos.

Etapa 2: várias vezes, durante a aula, o professor intercala períodos de exposição dialogada (de duração não superior a 15 minutos) com exercícios selecionados, dentre os que foram propostos inicialmente, a serem resolvidos pelos grupos e registrados pelo membro encarregado de anotar as soluções. Dependendo da complexidade da tarefa, o professor dará de um a cinco minutos para a execução da mesma. Caso o exercício seja muito complexo, é possível dar mais tempo para a conclusão desta etapa. Em tarefas que demandam tempo superior a um minuto, o professor circulará entre os grupos, verificando se todos os estudantes estão participando e envolvidos na resolução do exercício, e se o membro encarregado de anotar as soluções está desempenhando sua função. Alguns exemplos de tarefas são apresentados a seguir:

- relembrar o assunto estudado na aula (ou aulas) anterior(es);
- responder ou gerar uma pergunta;
- iniciar a resolução de um problema;

Estratégias e métodos de aprendizagem ativa **87**

- desenvolver o próximo passo em uma dedução;
- pensar em um exemplo ou aplicação;
- compreender por que determinado resultado pode estar errado;
- gerar uma tempestade de ideias a partir de uma questão (aqui, o objetivo é a quantidade, e não a qualidade); e
- resumir o que foi tratado em uma aula.

Uma variação possível nesta etapa, em termos do registro da resolução do problema, consiste em solicitar a todos os estudantes que registrem por escrito a resolução da tarefa. Dessa forma, todos estarão formalizando as soluções dos exercícios.

Etapa 3: ao final do tempo estipulado, o professor solicitará, aleatoriamente, a alguns estudantes para apresentar a resolução de seus grupos. Dessa forma, todos os estudantes devem se responsabilizar na solução da tarefa, pois a avaliação do desempenho do estudante escolhido na apresentação da solução será estendida a todos os membros do grupo.

Etapa 4: ao final da aula, o professor recolhe alguns ou todos os registros gerados pelos grupos. Esse procedimento é muito importante para que o estudante conclua o processo de aprendizagem, já iniciado. Isso porque a análise dos erros, bem como dos acertos imediatos, são condições para a aprendizagem pretendida, sempre que houver interesse e comprometimento por parte do estudante.

> Na integração da *In-class exercises* à abordagem da sala de aula invertida, a Etapa 1 pode ser realizada no momento "Pré-aula" e as Etapas 2, 3 e 4, no momento "Aula". Nada impede de atribuirmos alguma tarefa relacionada com os exercícios trabalhados no momento "Aula" para o momento "Pós-aula". Ao contrário, se esta for a opção do professor, haverá uma razão para que o tempo de discussão seja ampliado.

6.4.2 Como avaliar ao aplicar a *In-class exercises*

A avaliação do trabalho dos estudantes, durante as etapas de desenvolvimento desta estratégia, deve levar em consideração: a participação com contribuições de cada um dos estudantes na resolução dos exercícios propostos; e a disposição para compartilhar com o grupo os resultados obtidos, bem como a autoavaliação e a avaliação pelos pares. Os critérios devem ser bem definidos e, com ou sem "uma nota" atribuída, os resultados devem ser divulgados pelo professor. Quando não há uma nota, uma tabela com a lista de critérios de avaliação pode ser elaborada e divulgada, dando ciência ao estudante da observação do professor.

88 Capítulo 6

6.4.3 Alguns exemplos de aplicação da *In-class exercises*

Os exemplos apresentados a seguir foram inspirados nos exemplos sugeridos por Felder e Brent (1994).

EXEMPLO 1

Relembrando assuntos tratados anteriormente

Esta variação da *In-class exercises* é muito útil para estabelecer o ponto de partida da aula que está por começar. Pode ser muito útil para os estudantes organizarem os conhecimentos que já deveriam ter construído até aquele momento em determinada disciplina. Exemplos:

- Na última aula, vocês estudaram "o processo de produção de álcool". Listem o maior número possível das principais características deste processo que vocês consigam lembrar. Vocês têm dois minutos para completar esta tarefa.

- Listem os três pontos mais importantes da leitura sobre "ondas eletromagnéticas" que vocês fizeram para a aula de hoje. Vocês têm três minutos para completar esta tarefa.

- Destaquem as duas ideias centrais do vídeo que vocês assistiram sobre "Transformada de Laplace" para a aula de hoje. Vocês têm dois minutos para completar esta tarefa.

EXEMPLO 2

Estabelecendo o cenário

Apresentar aos estudantes pontos e questões, que serão abordados na aula que está começando, pode motivá-los a se concentrar na aula para acompanhar o desenvolvimento da mesma e para comparar as suas respostas com os desenvolvimentos que o professor fará. Exemplos:

- Aqui estão listadas algumas questões que serão abordadas na aula de hoje: (1) descrever a diferença entre estrutura atômica/molecular e entre materiais cristalinos e não cristalinos; (2) desenhar as células unitárias para as estruturas cristalinas cúbica simples, cúbica de corpo centrado, cúbica de face centrada, hexagonal simples e hexagonal compacta; (3) determinar o número de átomos na célula unitária, seu volume e seu fator de empacotamento; e (4) calcular densidades de metais. Trabalhem em pares e elenquem o que vocês já sabem sobre as possíveis respostas a estas questões. Vocês têm dez minutos para completar esta tarefa

- Esta é a primeira aula sobre "caracterização e tratamento de efluentes industriais". Vocês devem levantar os conhecimentos que já possuem sobre os seguintes tópicos: (1) O que é efluente industrial? (2) Onde são lançados os efluentes industriais? e (3) Cite alguns padrões de lançamento. Vocês têm cinco minutos para completar esta tarefa

Estratégias e métodos de aprendizagem ativa **89**

- Após termos estudado equações diferenciais lineares de primeira e segunda ordens, com coeficientes constantes, bem como diferentes métodos que nos permitem resolvê-las, nesta aula iremos abordar algumas destas equações que se caracterizam como modelos clássicos para solucionar questões como: qual o tempo necessário para determinado objeto atingir certa temperatura, sob condições dadas? Conhecendo a população inicial, como prever qual será a população em determinado período de tempo? Conhecendo a meia-vida de um elemento radioativo, como podemos determinar o tempo necessário para que a quantidade inicial se desintegre? Como modelar o comportamento da carga em um capacitor ou da corrente em um circuito RLC? Como podemos saber qual é o valor da carga ou da corrente em determinado instante? Para procurar responder a estas questões, consultem seus materiais sobre o que estudamos, neste contexto, e procurem apontar, dentre as equações resolvidas, aquela que poderia ser um modelo para cada uma das situações mencionadas. Conversem com os colegas próximos e procurem completar a relação, nos próximos cinco minutos.

- Hoje, iniciamos o estudo da corrente alternada. Vocês devem levantar os conhecimentos que já possuem sobre os seguintes tópicos: (1) gerador elementar de eletricidade; (2) formas de onda; (3) parâmetros de uma onda alternada senoidal; (4) valor instantâneo e valor eficaz; e (5) relações de fase. Trabalhem em pares e elenquem o que vocês já sabem dos tópicos listados. Vocês têm dez minutos para completar esta tarefa.

EXEMPLO 3

Respondendo a questões

Essa abordagem de questionamento em sala de aula oferece várias vantagens sobre outros métodos convencionais. Geralmente, fazer perguntas à turma produz um silêncio embaraçoso (especialmente em turmas grandes) ou respostas vindas de um ou dois estudantes — os mesmos que sempre respondem. Chamar os estudantes individualmente pode ocasionar uma atmosfera de tensão na sala de aula, com muitos estudantes preocupados mais com a possibilidade de serem expostos do que com o que o professor está ensinando. Por outro lado, quando são solicitados a gerar respostas em pequenos grupos, é possível que passem a discutir sobre a solução, sem se sentirem ameaçados e, assim, podem vir a encontrar todas as respostas desejadas.

Alguns exemplos de questões são apresentados a seguir:

- Que procedimento (fórmula, técnica) eu poderia usar aqui?
- O que acabei de escrever está correto? Por que sim ou por que não?
- Que ação devo tomar na situação que acabei de descrever?
- Para você, qual é o próximo passo (o resultado, a conclusão)?
- A dedução que acabei de realizar está correta? Por que sim ou por que não?

90 Capítulo 6

EXEMPLO 4

Resolução de problemas

Nesta variação da *In-class exercises*, os grupos devem ter tempo suficiente para pensar sobre o problema e começar a formular uma resposta, mas não necessariamente o professor precisa dar tempo suficiente para que os grupos cheguem a uma resolução completa.

Alguns exemplos de problemas são apresentados a seguir:

- Consultem o livro-texto da disciplina. Leiam o problema sobre o conceito que acabamos de abordar e trabalhem com os colegas de grupo para desenvolver uma estratégia de resolução para este problema.
- Sem fazer uma análise detalhada ou usar cálculos, tentem imaginar qual é a solução para este problema. Justifiquem seus argumentos.
- Iniciem a resolução deste problema e vejam que estágio vocês conseguem atingir em um tempo de cinco minutos.
- Esta é parte da dedução do problema. Considerando que ela está correta, continuem a partir daqui.
- Considerando que esta é a solução correta para este problema, encontrem pelo menos duas maneiras de checar se a mesma está correta.
- Esta é a solução incorreta de um problema. Encontrem a etapa onde se encontra o erro e corrijam a resolução partir da mesma.

EXEMPLO 5

Pensamento analítico, avaliativo e criativo

Nesta variação da *In-class exercises*, o professor pode apresentar problemas incompletos e solicitar estimativas ou suposições a serem resolvidas. Felder (1993) pediu a uma turma de Engenharia Química para estimar a taxa de entrada de calor para uma chaleira em um queimador de fogão voltado para sua configuração máxima. Para obter a solução, os estudantes tiveram de aplicar cálculos-padrão de engenharia, mas também estimar o volume de uma chaleira típica e o tempo necessário para aquecê-la até a ebulição, estimativas que não estão incluídas na declaração do problema. Trabalhar com esses problemas capacita os estudantes a exercitarem habilidades de pensamento de nível superior e os prepara para pensar de forma semelhante em tarefas de casa e testes.

Alguns exemplos de problemas são apresentados a seguir:

- Listem todos os problemas (hipóteses, erros, dilemas éticos, ou outros) que vocês possam encontrar neste caso de ensino (situação problema, cenário ou outro).

Estratégias e métodos de aprendizagem ativa **91**

- Prevejam o que aconteceria se vocês realizassem o seguinte experimento. Expliquem seus raciocínios.

- Expliquem de tal forma que um estudante brilhante do Ensino Médio possa entender o conceito de: potencial elétrico, umidade relativa do ar, limite de uma função, taxa de variação de uma grandeza em relação a outra, solução de uma equação algébrica, função, dentre outros.

- Qual é a falha no seguinte argumento: "quando a energia potencial é associada a apenas uma partícula, de um sistema de partículas, costuma-se dizer que um trabalho foi realizado pelo campo elétrico sobre a partícula".

- Expliquem, com base nos conceitos que vocês aprenderam nesta disciplina até o momento, por que vocês se sentem confortáveis em 18 °C de temperatura do ar, mas se sentem congelando em água a 18 °C?

- Listem quatro aplicações práticas para o que vocês acabaram de aprender neste capítulo.

- Pensem em todas as razões possíveis pelas quais este projeto (teoria, modelo, estratégia ou outro) pode falhar (ser incorreto, inseguro, ecologicamente incorreto ou outro).

- Construam um mapa conceitual (mapa mental, fluxograma, organizador gráfico ou outro) contendo os principais tópicos explorados no capítulo do livro-texto adotado na disciplina.

- Qual das seguintes alternativas (sentenças, explicações, dispositivos, hipóteses ou outros) é a melhor? Justifiquem suas respostas.

6.5 Grupos com tarefas diferentes

A estratégia Grupos com tarefas diferentes (GTD) é uma estratégia cooperativa de aprendizagem ativa, adequada para todos os tamanhos de turmas e em todos os níveis de aprendizagem. O uso desta estratégia tem como principais objetivos aprofundar um conteúdo, bem como promover um comportamento ativo e cooperativo, em sala de aula. Em geral, é aplicada para revisão ou aplicação de conteúdos já estudados, ao final de uma unidade ou etapa de estudos. Neste caso, pode ser aplicada, também, como estudos complementares, podendo compor o conjunto de instrumentos avaliativos. O tempo necessário para a utilização desta estratégia pode variar, de acordo com os objetivos com os quais a mesma é proposta. O ideal é que seja concluída no período da aula, o que varia conforme a organização acadêmica da instituição, no que concerne à duração de uma aula. Porém, pode ser desenvolvida em dois períodos.

A estratégia GTD compreende quatro (ou cinco) etapas, conforme justificamos, na descrição das mesmas.

6.5.1 Etapas de aplicação da estratégia Grupos com tarefas diferentes

A estratégia GTD apresenta quatro etapas, a saber:

Etapa 1: o professor apresenta os objetivos da atividade, com destaque para a importância da participação ativa e colaborativa de todos, seja em benefício próprio ou dos colegas. Todos devem dar a sua colaboração, o que será registrado pelo professor. Em seguida, solicita que a turma se organize em grupos: o número de estudantes de cada grupo depende do total e do número de tarefas/problemas.

Etapa 2: cada grupo recebe um problema diferente, que deve ser solucionado com base em pesquisa e discussões. O professor passa uma lista enumerada, com o número de integrantes do grupo, em cada um deles, para que cada estudante assine seu nome. Ou seja, o grupo "Problema 1" terá os estudantes 1, 2, 3, 4, 5, ...; o grupo "Problema 2", também terá os estudantes 1, 2, 3, 4, 5, ..., assim como os demais grupos. Durante esta etapa, a lista fica com o grupo, e um dos componentes, com a ciência de todos, fará anotações, ao lado dos nomes, registrando a participação de cada um. Para tanto, o professor explica que a participação consiste em: questionar/problematizar, responder, procurar resolver, explicar ou demonstrar alguma forma de colaboração. Também durante esta etapa, o professor passa de grupo em grupo, orientando, dando dicas, não respostas, conforme entender que os estudantes estejam encaminhando a solução para o problema. Na Figura 6.12, apresentamos um esquema da organização nesta etapa.

Etapa 3: tendo cada um dos grupos resolvido o problema que lhe coube, o professor recolhe as listas com os nomes dos participantes de cada grupo e forma novos grupos, desta vez: Grupo 1, com os estudantes de número 1; Grupo 2, com os estudantes de número 2; e assim por diante. Na Figura 6.13 apresentamos um esquema da organização nesta etapa.

Nesses novos grupos, todos devem resolver todos os problemas, e cada um dos estudantes tem a responsabilidade de auxiliar/explicar aos colegas o problema que resolveu anteriormente.

Etapa 4: socialização e discussão coletiva, com esclarecimentos, contando, necessariamente, com a participação de todos, para o fechamento do estudo proposto.

Opcional: caso o professor tenha proposto a atividade como parte da avaliação, nesta etapa, os estudantes podem ser solicitados a entregar a resolução de todos os problemas e, na Etapa 1, isto já deve ter sido parte do "contrato pedagógico" com as orientações para tanto.

Observação: na descrição apresentada (ver Figuras 6.12 e 6.13), estamos supondo um número aproximado de 36 estudantes resolvendo seis problemas. No caso de turmas maiores, será necessária mais uma etapa, posterior à *Etapa 3*, para que o professor possa promover um revezamento, de forma que todos tenham acesso à discussão sobre todos os problemas. Para tanto, entendemos que se trata de uma adequação a ser pensada pelo professor, a fim de viabilizar o sucesso da estratégia, que depende da participação ativa e do compromisso de todos. Por exemplo, em uma turma de 50 estudantes, resolvendo uma lista de dez problemas, na *Etapa 2* podem ser formados dez grupos, um para a resolução de cada problema. As listas enumeradas, a serem assinadas na *Etapa 3*, serão, então, de dois tipos: os participantes de cinco grupos assinam nos números 1 a 5 e os participantes dos outros cinco grupos assinam nos números 6

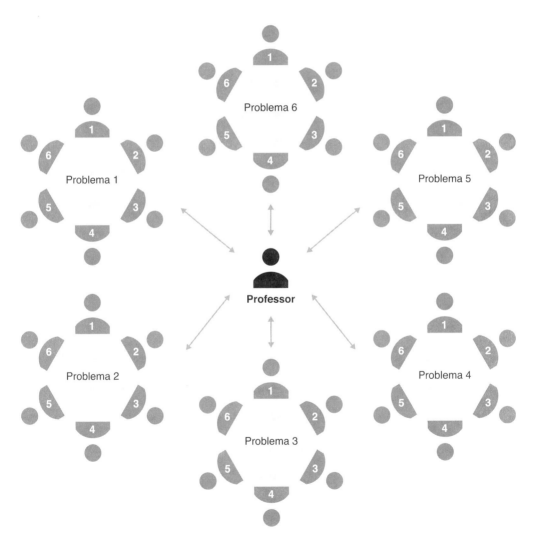

Figura 6.12 Esquema da organização na Etapa 2.

a 10. Na *Etapa 3* teremos, então, cinco grupos compartilhando os problemas 1 a 5 e cinco grupos compartilhando os problemas 6 a 10. Assim, para que todos possam contar com colaborações para todos os problemas, *acrescentamos uma etapa* para o revezamento, que consiste na integração de um dos componentes dos grupos 1 a 5, em cada um dos grupos 6 a 10, e vice-versa. Só então, após todos terem tomado ciência de todas as resoluções, ocorre a etapa final, de socialização. A compreensão propriamente dita, como sabemos, depende do tempo de cada um e é tarefa do professor tornar os estudantes cientes disso, responsabilizando-os por esse "tempo de cada um".

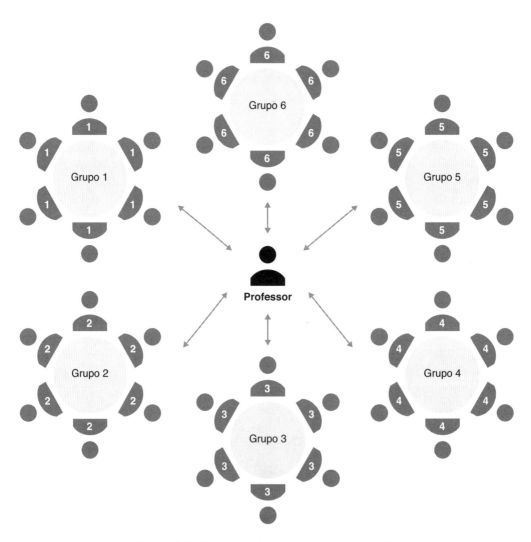

Figura 6.13 Esquema da organização na Etapa 3.

Na integração da estratégia GTD à abordagem da sala de aula invertida, o professor anuncia, previamente, o tema a ser abordado durante a atividade a ser realizada em grupos. Assim, no momento "Pré-aula" todos têm a tarefa de revisar/estudar o assunto. O momento "Aula" consiste na realização de todas as atividades, pelos estudantes, incluindo o revezamento, seguido da socialização. E o momento "Pós-aula" pode ser a realização de outra tarefa relacionada aos exercícios trabalhados no momento "Aula", a serem definidos pelo professor.

Observação:

Se a disciplina conta com um ambiente virtual de aprendizagem, a socialização pode ocorrer no momento Pós-aula, com a apresentação de todos os problemas resolvidos no fórum de discussões, a fim de que possam ser questionados e aperfeiçoados, com a mediação do professor.

6.5.2 Como avaliar ao aplicar a estratégia Grupos com tarefas diferentes

Como já comentamos, na descrição das etapas de desenvolvimento desta estratégia, a mesma pode ser aplicada como um estudo complementar ou para revisão de estudos, pré-avaliação. De outro modo, pode ser aplicada quando do fechamento de uma unidade de estudos, ou mesmo como atividade de estudos por meio da resolução de problemas. Contudo, em qualquer um dos casos, o professor deve promover uma discussão coletiva, levando em consideração a compreensão de cada um dos problemas. Para tanto, o professor deve conduzir as discussões, na etapa de socialização, de modo a evidenciar o grau de compreensão de cada um dos problemas.

Em qualquer uma das formas, a avaliação pode prever:

- a participação efetiva do estudante em cada uma das etapas; para tanto, o professor pode fazer este acompanhamento, utilizando uma ficha com a lista dos participantes da turma, em que possa fazer anotações sobre perguntas feitas pelos estudantes; respostas dadas aos colegas;
- a autoavaliação; e
- a avaliação pelos pares.

6.5.3 Alguns exemplos de aplicação da estratégia Grupos com tarefas diferentes

EXEMPLO 1

Equações diferenciais

Quando da conclusão do estudo das equações diferenciais lineares de primeira ordem, o professor propõe a resolução de dez problemas aplicados. A turma, de 50 estudantes,

96 Capítulo 6

é dividida em dez grupos com cinco estudantes. Cada grupo resolve um dos problemas e, depois, formam-se os grupos contendo todos os problemas. A fim de que os novos grupos não fiquem muito grandes (dez componentes), são elaboradas duas listas enumeradas, assinadas na Etapa 2, pelos componentes de cada grupo. Ou seja, cinco grupos assinam listas com números de 1 a 5 e cinco grupos assinam listas com números de 6 a 10. Assim, na Etapa 3, haverá cinco grupos resolvendo os problemas 1 a 5 e cinco grupos resolvendo os problemas 6 a 10. Após a Etapa 3, há uma nova reorganização dos grupos, com a inclusão de um componente dos grupos 1 a 5, em cada um dos grupos 6 a 10, e vice-versa. Finalmente, é possível que todos os estudantes tenham informações suficientes sobre os dez problemas propostos. E, no momento de socialização, dúvidas existentes ainda podem ser esclarecidas, contando com a colaboração de todos.

EXEMPLO 2

Eletromagnetismo

Quando da conclusão de parte do estudo sobre antenas, o professor propõe a resolução de seis problemas: dois sobre antenas eletricamente curtas, dois sobre antenas dipolo e dois sobre antenas monopolo. A turma, de 36 estudantes, é dividida em seis grupos com seis estudantes. Cada grupo resolve um dos problemas e, após, formam-se os grupos contendo todos os problemas (Etapa 2), ou seja, seis grupos assinam listas com números de 1 a 6. Assim, na Etapa 3, haverá seis grupos resolvendo os problemas 1 a 6. Finalmente, é possível que todos os estudantes tenham informações suficientes sobre os seis problemas propostos. E, no momento de socialização, dúvidas existentes ainda podem ser esclarecidas, contando com a colaboração de todos, com a mediação do professor.

6.6 Thinking-aloud pair problem solving (resolução em voz alta de problemas em pares)

A *Thinking-aloud pair problem solving* (TAPPS) é uma estratégia de aprendizagem ativa apresentada por Jack Lochhead e Arthur Whimbey (LOCHHEAD; WHIMBEY, 1987). Trata-se de uma estratégia na qual os estudantes resolvem problemas, em duplas. O diferencial é que, em cada dupla, um deve explicar o problema ao colega, procurando esclarecer todas as etapas de resolução. As duplas trabalham em sistema de revezamento, até que todos os problemas propostos pelo professor sejam solucionados. Os principais objetivos desta estratégia são a prática de expressar o pensamento em voz alta, com ênfase na resolução de problemas, e a oportunidade para que os estudantes identifiquem possíveis erros de lógica e de raciocínio no processo de resolução. Nesta estratégia, a resolução do problema é mais do que o resultado do mesmo. Ao envolver os estudantes em atividades colaborativas e cooperativas, o professor lhes proporciona a possibilidade de compreensão em ação e não somente em pensamento. Desta forma, na medida em que conseguem formular seus pensamentos, verbalmente, a fim de comunicá-los ao colega, é possível promover o desenvolvimento do próprio ato de pensar e essa atividade reflexiva proporciona melhorias na compreensão dos conceitos e nos níveis da motivação, imprescindíveis para o aprender.

Porém, não pode faltar a presença do professor, atento, intervindo oportunamente, coordenando as discussões, valorizando toda e qualquer contribuição e incentivando novas intervenções, sempre que necessário. Os resultados, então, não se traduzem exclusivamente por aquisição de "conteúdos", mas pelo desenvolvimento de novas habilidades, tais como ler e reler até compreender, interpretar informações, reconhecer e valorizar gestos e atitudes de interesse e solidariedade e tantos outros, gerados pela disposição de participar colaborando em benefício próprio e coletivo (PIAGET, 1978).

Os problemas preparados pelo professor devem, na medida do possível, compor um conjunto de problemas relacionados com o mesmo tópico em estudo, e que possam ser resolvidos em tempos curtos.

Para serem mais eficazes no processo de aprendizagem dos estudantes, os problemas devem desafiá-los, fazendo com que se concentrem e focalizem sua atenção, independentemente de explicar ou escutar. Os problemas utilizados na TAPPS são, tipicamente, problemas de uma única resposta, mas nada impede de utilizarmos problemas de solução aberta. Nesse caso, a atividade tomará mais tempo e, assim, o número de problemas deve ser menor.

6.6.1 Etapas de aplicação da TAPPS

A TAPPS apresenta quatro etapas, a saber:

Etapa 1: o professor solicita aos estudantes que formem duplas e explica a eles como funciona a estratégia e os papéis do explicador (ou solucionador do problema) e do ouvinte (ou questionador). É muito importante que o professor explique claramente as regras do uso da TAPPS e o papel de cada estudante na dupla.

Etapa 2: o professor solicita aos estudantes que decidam quem será o explicador (ou solucionador do problema) e quem será o ouvinte (ou questionador), e propõe um conjunto de problemas. O número de problemas deve ser sempre par e o grau de dificuldade deve aumentar gradualmente.

Etapa 3: o explicador lê o problema em voz alta e fala tudo o que pensa enquanto resolve o problema, ou seja, apresenta a solução passo a passo em

98 Capítulo 6

voz alta. O ouvinte acompanha todas as etapas da resolução do problema se certificando de que o explicador não pare de falar, questionando, sugerindo e anotando erros que ele venha a detectar. Contudo, as perguntas do ouvinte não devem guiar o explicador para uma solução nem devem, explicitamente, destacar um erro específico. No entanto, se o ouvinte detectar um erro que possa impedir a resolução correta do problema, ele pode comentar que um erro foi cometido. Nesta etapa, o professor circula pela sala e acompanha a resolução do problema pelas duplas. O professor faz perguntas às duplas para saber em que estágio de resolução está o problema.

Etapa 4: uma vez encontrada a solução de um problema, os estudantes trocam de papel e resolvem mais um problema. Os estudantes vão se alternando nos papéis de explicador e ouvinte até que todos os problemas propostos sejam resolvidos.

Na integração da TAPPS à abordagem da sala de aula invertida, as quatro etapas podem ser realizadas no momento "Aula". Para o momento "Pré-aula", os estudantes podem se preparar fazendo leituras ou assistindo a videoaulas, ou outra atividade relacionada com o conteúdo dos problemas a serem propostos. Para o momento "Pós-aula", o professor pode propor problemas para serem solucionados em casa, além da preparação usual para o assunto a ser desenvolvido na próxima aula.

6.6.2 Como avaliar ao aplicar a TAPPS

Para avaliar o trabalho realizado pelos estudantes, uma possibilidade é, após a resolução de cada problema, solicitar que façam um registro do processo de resolução. Nesse registro, o explicador e o ouvinte devem se identificar e apresentar a contribuição de cada um para a solução do problema. Em um conjunto de problemas que contenha quatro ou mais problemas a serem resolvidos, o professor pode optar por solicitar o registro de apenas uma parte do conjunto.

6.6.3 Alguns exemplos de aplicação da TAPPS

EXEMPLO 1

Cálculo diferencial e integral

Durante o estudo das aplicações da integral no cálculo de áreas, o professor apresenta um número par de problemas que consistem em determinar a área de regiões delimitadas por curvas. O cálculo das integrais envolvidas pode, ou não, fazer parte da atividade, uma vez que o foco principal, nesta estratégia, é o desenvolvimento da capacidade de traduzir os problemas e apresentar o plano de resolução. Quanto aos níveis de complexidade dos mesmos, podem ser pensados os seguintes:

Nível 1: problemas que já apresentam os gráficos das funções envolvidas, bem como suas equações e interseções, cuja determinação se constitua em uma equação polinomial, com raízes racionais e cuja solução se traduza no cálculo de somente uma integral.

Nível 2: problemas que apresentam apenas as funções envolvidas e, consequentemente, requeiram a construção dos respectivos gráficos para identificação da região, bem como a determinação dos pontos de interseção, que pode ser por meio de equações irracionais, com raízes racionais ou, também, equações trigonométricas, logarítmicas ou exponenciais. A solução do problema se traduzirá pelo cálculo de somente uma integral.

Nível 3: problemas com as características dos problemas de nível 2, porém, cuja solução se traduza no cálculo de mais de uma integral.

Os critérios para avaliação devem ser definidos previamente pelo professor.

EXEMPLO 2

Eletromagnetismo

Para o estudo de campos magnéticos, no momento "Pré-aula" o professor solicita aos estudantes que façam a leitura do capítulo do livro-texto, adotado na disciplina, que trata do assunto (ou que assista a uma videoaula) e resolvam dois problemas sobre a determinação do campo magnético de condutores percorridos por corrente. No momento "Aula", o professor apresenta um número par de problemas (uns quatro problemas para uma aula de uma hora) sobre cálculo de campo magnético de diferentes condutores percorridos por corrente, que serão resolvidos de acordo com as etapas da TAPPS. Sugerimos que cada par de problemas tenha o mesmo nível de complexidade. Para o momento "Pós-aula", o professor pode sugerir mais um conjunto de problemas sobre o mesmo assunto para a consolidação do conhecimento construído no momento "Aula".

6.7 *Constructive controversy* (Controvérsia construtiva)

A *Constructive controversy* é uma estratégia cooperativa de aprendizagem ativa que foi concebida por Johnson, Johnson e Smith (JOHNSON; JOHNSON; SMITH, 1991), como uma maneira de engajar os estudantes na construção de conhecimento, deflagrando situações de conflito, visto que esse tipo de situação ganha atenção e interesse. Segundo estes autores, todo drama, por exemplo, depende do conflito. Quando os dramaturgos querem atrair a atenção de um público, ou seja, quando querem estimular seu interesse e promover envolvimento

100 Capítulo 6

emocional, eles criam um conflito. Uma regra geral para programas de televisão, por exemplo, é que, se um conflito não surgir nos primeiros 30 segundos, os espectadores mudarão de canal. Nesse contexto, a Controvérsia construtiva é uma estratégia de aprendizagem ativa adequada para envolver estudantes, especialmente em turmas numerosas.

6.7.1 Etapas de aplicação da estratégia Controvérsia construtiva

Nesta estratégia, os estudantes trabalham em equipes de quatro componentes e, em cada equipe, formam-se dois pares. A cada par é atribuído um lado de uma questão controversa para ser discutida em seis etapas, a saber:

Etapa 1: cada par prepara a melhor argumentação possível para a posição que lhe foi atribuída: (a) pesquisando a posição e aprendendo todas as informações relevantes; (b) organizando a informação com argumentos persuasivos que contenham uma afirmação ou uma tese, a justificativa que sustenta a tese, e uma conclusão lógica; e (c) planejando como defender, efetivamente, a posição designada para garantir que ela receba a atenção devida do outro par.

Etapa 2: os estudantes apresentam sua melhor tese para a posição atribuída aos outros dois membros do grupo. Cada par precisa constituir um defensor forte, persuasivo e convincente. Idealmente, cada par deve fazer uso de mais de um meio para apresentar sua posição (apresentação oral com *slides*, vídeos, dentre outros). Os estudantes devem ouvir atentamente e aprender a posição contrária, tomando notas e esclarecendo tudo o que não entendem. O objetivo desta discussão não é ter um par vencendo o debate sobre o assunto, mas, sim, fazer com que os estudantes fiquem mais informados a respeito de um tema e se engajem na construção colaborativa do conhecimento em questão.

Etapa 3: os estudantes se engajam em uma discussão aberta da questão, argumentando, de forma convincente e persuasiva, sobre sua posição (apresentando tantos fatos quanto puderem para apoiar seu ponto de vista). Eles analisam criticamente a posição oposta (sua evidência e raciocínio), pedem dados para apoiar as afirmações e refutam a posição oposta ao apontar inadequações na informação e no raciocínio. Ao fazê-lo, os estudantes compreendem completamente a posição contrária e dão um "julgamento de graça". Por fim, refutam os ataques à sua posição.

Etapa 4: os estudantes invertem as perspectivas e apresentam o melhor caso possível para a posição oposta. Ao apresentar a posição oposta com sinceridade e convicção, os estudantes podem usar suas anotações e acrescentar novos fatos. Todos se esforçam para entender, simultaneamente, as duas perspectivas da questão.

Etapa 5: os estudantes analisam os principais pontos da discussão, se esforçam para encontrar uma síntese na qual possam demonstrar concordância, resumindo as melhores evidências e raciocínios de ambos os lados e integrando-os em uma posição conjunta que seja nova e única. Os quatro estudantes escrevem um relatório de grupo sobre sua síntese, incluindo as evidências e a justificativa de apoio.

Etapa 6: o professor aplica um teste individual aos estudantes. Nesse teste, são avaliados conhecimentos demonstrados nas duas posições controversas.

> Na integração da Controvérsia construtiva à abordagem da sala de aula invertida, as seis etapas podem ser realizadas no momento "Aula". Para o momento "Pré-aula", o professor propõe atividades envolvendo o assunto polêmico que será abordado no momento "Aula". Para o momento "Pós-aula", o professor pode solicitar aos estudantes que escrevam um texto expressando seu real posicionamento sobre a questão abordada, além da preparação usual para o assunto a ser desenvolvido na próxima aula.

6.7.2 Como avaliar ao aplicar a estratégia Controvérsia construtiva

Como mencionado na Etapa 6 da descrição desta estratégia, uma avaliação individual é aplicada aos estudantes. Nessa avaliação, são avaliados conhecimentos, bem como justificativas e respectivos argumentos sobre as duas posições controversas. O professor também pode incluir algumas questões de autoavaliação e avaliação pelos pares. Quanto aos critérios desta avaliação, o professor deve divulgar previamente.

6.7.3 Alguns exemplos de aplicação da estratégia Controvérsia construtiva

A seguir, apresentamos alguns exemplos que podem ser entendidos como questões controversas.

EXEMPLO 1

Imaginem que a Petrobras anunciou a desativação da infraestrutura existente no Recôncavo Baiano visto que os campos já são considerados maduros. Como vocês se posicionam em relação a esta ação?

EXEMPLO 2

A utilização de Tecnologias de Informação e Comunicação tem nos proporcionado diferentes formas de comunicação, a ampliação da quantidade de informações disponíveis, a divulgação de novos conhecimentos, dentre tantos benefícios em termos da

102 Capítulo 6

ampliação da forma como nos comunicamos, aprendemos e vivemos. Entretanto, as mesmas envolvem várias questões éticas que podem interferir no seu amplo uso na Educação. Procurem identificar algumas dessas questões éticas, explicitando-as e justificando seus posicionamentos.

EXEMPLO 3

O governo brasileiro construiu a Usina Hidrelétrica de Belo Monte. Críticos de Belo Monte definiram a hidrelétrica de várias formas, sendo "mostruário de crimes ambientais" uma das mais assertivas. O projeto trata da terceira maior hidrelétrica do planeta, depois da de Três Gargantas, na China, e da de Itaipu, na fronteira entre Paraguai e Brasil. Incluída no Plano de Aceleração Econômica, este megaprojeto inundou 500 quilômetros quadrados de selva amazônica e desalojou milhares de pessoas, que perderam seu modo tradicional de vida, sua casa, sua alimentação, sua segurança e sua felicidade. Como vocês se posicionam em relação à construção de Belo Monte?

EXEMPLO 4

Pequenas baterias de lítio-íon estão presentes em telefones celulares, *tablets*, escovas de dente eletrônicas, entre outros dispositivos eletrônicos portáteis. Em particular, no caso dos telefones celulares, essas baterias, frequentemente, acabam em depósitos de lixo. Considerando que baterias de lítio-íon de grande porte estão sendo usadas em carros elétricos, e estes carros passarão a ter mais e mais presença regular no mercado, as empresas precisam se preparar para tratar de uma grande questão ambiental: definir o destino dessas baterias de lítio-íon quando elas se esgotarem. Como vocês se posicionam em relação ao descarte dessas baterias?

EXEMPLO 5

Segundo Piaget (1986), o ser humano é ativo na construção de seu conhecimento e não uma massa "disforme" a ser moldada pelo professor. Como vocês interpretam essa afirmação, se pensarmos nos papéis do estudante e do professor, nos processos de ensino e aprendizagem? Um dos posicionamentos a ser defendido é o do estudante ativo, construtor de sua aprendizagem. O outro posicionamento a ser defendido é o do professor que detém todo o conhecimento que deve ser transmitido.[27]

---

[27] Essa discussão pode ser promovida em qualquer disciplina, com o objetivo de analisar concepções prévias dos estudantes e respectivos paradigmas que, muitas vezes, merecem ser revistos. Como "avaliação", o professor pode promover uma atividade de discussão coletiva sobre a aprendizagem ativa.

6.8 *Jigsaw*

A *Jigsaw* é uma estratégia cooperativa de aprendizagem ativa concebida por Elliot Aronson (ARONSON ET AL., 1978). Desde então, muitos professores têm usado a *Jigsaw* com bons resultados para a aprendizagem de milhares de estudantes, entendendo que, ao aplicá-la, os estudantes podem compreender melhor os conceitos estudados, além de melhorar suas habilidades de comunicação e de trabalho em grupo.

Alguns professores podem argumentar que já utilizam estratégias cooperativas de aprendizagem porque, ocasionalmente, dividem seus estudantes em pequenos grupos, instruindo-os a cooperar. No entanto, a aprendizagem cooperativa requer mais do que sentar os estudantes ao redor de uma mesa e dizer-lhes para compartilhar, trabalhar em conjunto e cooperar uns com os outros. Tais situações pouco estruturadas não contêm os elementos essenciais e os princípios pedagógicos que fazem a *Jigsaw*, e outras estratégias cooperativas de aprendizagem ativa bem estruturadas, funcionarem tão bem.

6.8.1 Etapas de aplicação da *Jigsaw*

A *Jigsaw* é aplicada em dez etapas que podem ser totalmente desenvolvidas em sala de aula ou, também, uma das etapas pode ser desenvolvida como tarefa para casa. As etapas estão descritas a seguir.

Etapa 1: os estudantes são divididos em grupos *Jigsaw* de três a seis componentes, conforme esquema apresentado na Figura 6.14. Na medida do possível, os integrantes dos grupos *Jigsaw* devem ser bem diversificados.

Etapa 2: um estudante de cada grupo *Jigsaw* é escolhido para ser o líder. Recomendamos que este estudante seja o mais "maduro" e compromissado do grupo, mas enquanto o professor não conhece os estudantes, esta escolha é aleatória.

Etapa 3: o material a ser estudado é dividido em, por exemplo, três a seis partes. Essa divisão depende, obviamente, do número de componentes dos grupos *Jigsaw* e do tema a ser estudado.

Etapa 4: cada componente de um grupo *Jigsaw* recebe, como tarefa de leitura, uma das partes em que foi dividido o assunto. O professor deve ter certeza de que os estudantes somente terão acesso à parte que ele quer que cada estudante aprenda.

Etapa 5: esta etapa pode ser realizada tanto em sala de aula quanto em casa. Se for realizada em sala de aula, o professor deve dar aos estudantes tempo suficiente para que leiam o material a eles designado, pelo menos duas vezes, motivo pelo qual são sugeridos textos curtos. O professor também pode

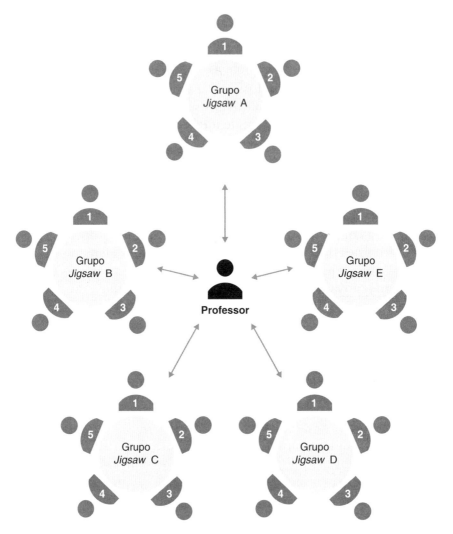

Figura 6.14 Cada grupo *Jigsaw* (ou Grupo de base) terá integrantes que irão estudar um subtópico do tópico a ser tratado em aula.

pedir aos estudantes que tomem nota das principais ideias destacadas no texto. A memorização não é um objetivo desta estratégia, mas sim a leitura crítica do material em estudo.

Etapa 6: o professor forma os "grupos de especialistas" temporários com os estudiosos de cada parte do texto, provenientes dos grupos *Jigsaw* originais, conforme esquema apresentado na Figura 6.15. O professor deve dar tempo aos estudantes dos "grupos de especialistas" temporários para discutir os principais pontos, as principais ideias de suas partes e para que pratiquem o que eles vão falar quando voltarem aos grupos *Jigsaw* de origem.

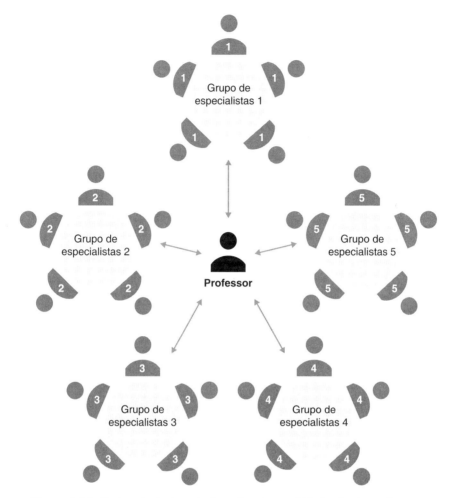

Figura 6.15 Cada estudante estuda e discute o subtópico juntamente com os integrantes de outros grupos *Jigsaw*, formando, assim, um grupo de especialistas.

Etapa 7: o professor traz os estudantes de volta aos seus grupos *Jigsaw* de origem, conforme esquema mostrado na Figura 6.16

Etapa 8: o professor solicita que cada estudante apresente sua parte ao grupo *Jigsaw*. O professor deve incentivar os outros componentes a fazerem perguntas para que o assunto fique completamente compreendido.

Etapa 9: nesta etapa, o professor se desloca de um grupo para outro, observando o processo. Se algum grupo está tendo problemas (por exemplo, um membro está dominando, ou perturbando, ou se omitindo), o professor deve fazer uma intervenção adequada. Em princípio, pode ser uma tarefa para o líder do grupo gerenciar. Neste caso, os líderes são instruídos a intervir, e em como intervir, por meio de orientação, em particular, do professor ao líder.

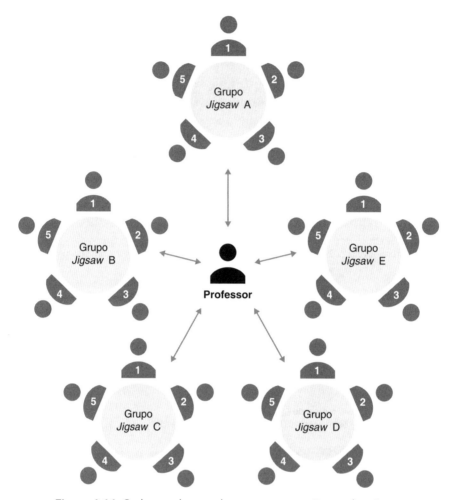

Figura 6.16 Cada estudante volta ao seu grupo *Jigsaw* de origem e apresenta o que aprendeu sobre o subtópico.

Etapa 10: ao final da aula, o professor aplica um teste rápido sobre o assunto, que contemple todas as partes estudadas. É preciso que os estudantes compreendam que estas aulas não são somente para bate-papos e diversão, mas realmente para que aprendam cooperativa e colaborativamente.

Na integração da *Jigsaw* à abordagem da sala de aula invertida, as cinco primeiras etapas podem fazer parte do momento "Pré-aula". As Etapas 6 a 10 são realizadas no momento "Aula". Para o momento "Pós-aula", o professor pode solicitar aos estudantes que realizem alguma atividade de consolidação do conhecimento, além da preparação usual para o assunto a ser desenvolvido na próxima aula.

6.8.2 Como avaliar ao aplicar a *Jigsaw*

A avaliação, sugerida na Etapa 10, da aplicação desta estratégia deve levar em conta aspectos como: qualidade da participação individual, tanto em relação à responsabilidade pela própria aprendizagem, quanto à cooperação e colaboração com os colegas. É importante destacar que perguntar, responder ou explicar algo aos colegas são ações que podem beneficiar tanto quem pergunta quanto quem responde ou explica.

Assim, no teste a ser aplicado, é importante que o professor tenha conhecimento dos papéis desempenhados, com base nas anotações do líder.

Na aplicação do teste, o professor também pode usar, por exemplo, o Kahoot! e assim estará utilizando mais um recurso para manter os estudantes cognitivamente ativos e motivados em sala de aula.

6.8.3 Alguns exemplos de aplicação da *Jigsaw*

EXEMPLO 1

Teoria das organizações e do trabalho, curso de Engenharia de Produção

Se o assunto a ser desenvolvido é "Do fordismo/taylorismo ao toyotismo" e você tem cinco grupos *Jigsaw* com cinco componentes em cada grupo, você deve dividir o assunto em cinco partes, a saber: (1) fordismo/taylorismo: a produção em massa/o parcelamento de tarefas; (2) fordismo/taylorismo: a linha de montagem/o operário; (3) crise do fordismo/taylorismo; (4) toyotismo: o operário/estratégias de produção; e (5) toyotismo: qualidade total. Cada componente do grupo recebe uma parte do assunto que deve ser estudada no momento "Pré-aula" (Etapas 1 a 5). No momento "Aula", os componentes dos vários grupos *Jigsaw* irão se separar para se reunir nos grupos de especialistas (Etapa 6). Em seguida, os estudantes voltam aos seus grupos *Jigsaw* (Etapa 7) e as etapas seguintes são conduzidas como explicado anteriormente.

EXEMPLO 2

Gerenciamento ambiental, presente nos currículos de praticamente todos os cursos de Engenharia

Se o assunto a ser desenvolvido é "Fundamentos sobre meio ambiente", os tópicos a serem desenvolvidos são: (1) ecologia; (2) poluição ambiental; (3) desenvolvimento sustentável; (4) degradação ambiental; (5) passivo ambiental; (6) áreas contaminadas; (7) recuperação ambiental; e (8) licenciamento ambiental. A turma com, por exemplo, 64 estudantes deve ser dividida em oito grupos *Jigsaw* com oito componentes. Cada componente recebe um tópico que deve ser estudado no momento "Pré-aula" (Etapas 1 a 5). No momento "Aula", os componentes dos vários grupos *Jigsaw* irão se separar para se reunir nos grupos de especialistas (Etapa 6). Em seguida, os estudantes voltam aos seus grupos *Jigsaw* (Etapa 7) e as etapas seguintes são conduzidas como explicado anteriormente.

108 Capítulo 6

EXEMPLO 3

Higiene e segurança no trabalho, presente nos currículos de todos os cursos de Engenharia

Se o assunto a ser desenvolvido é "Riscos ambientais e ocupacionais", os tópicos a serem desenvolvidos são: (1) ruído e poluição sonora; (2) trabalhos com eletricidade; (3) proteção em máquinas e equipamentos; (4) calor; (5) riscos químicos; (6) vibrações ocupacionais; (7) riscos ergonômicos; (8) radiações; e (9) riscos biológicos. Trata-se de um assunto com muitos tópicos. Nesse contexto, se o professor resolver utilizar a *Jigsaw* para desenvolver este assunto, recomendamos que o mesmo seja desenvolvido em, por exemplo, duas aulas. Para a primeira aula, sugerimos que sejam abordados os tópicos de (1) a (5), e neste caso os grupos *Jigsaw* terão cinco componentes. Para a segunda aula, os tópicos a serem abordados serão os de (6) a (9) e os grupos *Jigsaw* terão quatro componentes. O desenvolvimento da estratégia nos momentos "Pré-aula", "Aula" e "Pós-aula" segue as mesmas dez etapas, mas aplicadas duas vezes, obviamente.

6.9 Co-op co-op

A *Co-op co-op* é uma estratégia cooperativa de aprendizagem ativa, apresentada por Alison King (1993). Nesta estratégia, os estudantes trabalham juntos, em pequenas equipes, para investigar um tópico ou resolver um problema, e produzir um produto de grupo que eles compartilham com toda a classe. Daí o nome *Co-op co-op*: os estudantes cooperam dentro de suas equipes para produzir algo que irá beneficiar o grande grupo. Em resumo, os estudantes cooperam com a finalidade de uma cooperação maior. O autor destaca a importância do papel de mediação do professor em todas as etapas de desenvolvimento da estratégia, bem como os benefícios da colaboração e cooperação entre os estudantes.

6.9.1 Etapas de aplicação da Co-op co-op

A estratégia *Co-op co-op* apresenta oito etapas, a saber:

Etapa 1: promoção de discussão em aula, centrada no estudante, no início de uma unidade de ensino. O professor incentiva os estudantes a discutirem seus interesses no assunto que será estudado na unidade. Essa discussão deve levar a um entendimento entre o professor e todos os estudantes sobre o que eles querem aprender e experienciar durante a unidade. A importância desta discussão inicial não pode ser subestimada, porque a aplicação da *Co-op co-op* não será bem-sucedida para os estudantes que não estiverem interessados e ativamente envolvidos em todos os tópicos relacionados à unidade.

Etapa 2: para a definição dos grupos de aprendizagem, os estudantes se autosselecionam em grupos de quatro a cinco membros. A autosseleção pode propiciar um maior engajamento entre os estudantes que já tenham algum tipo de afinidade.

Etapa 3: seleção do tópico que cada grupo irá estudar. Para isso, os estudantes discutem seus interesses e selecionam um tópico para seu grupo. É muito importante para o sucesso da aplicação da *Co-op co-op* que cada grupo selecione um tópico com o qual seus membros realmente se identifiquem.

Etapa 4: para a divisão do tópico em subtópicos, assim como a turma divide a unidade em tópicos para dividir o trabalho entre os grupos da turma, cada grupo divide seu tópico em subtópicos para dividir o trabalho dentro do grupo. Cada membro do grupo seleciona um subtópico que seja de seu interesse.

Etapa 5: preparação do subtópico. Depois de selecionar seus subtópicos, os estudantes trabalham de forma independente para preparar seus subtópicos. Dependendo da natureza do tópico principal abordado, a preparação de subtópicos pode envolver pesquisa para coleta de dados ou experimentação, elaboração de um projeto individual ou alguma atividade expressiva, como escrever um roteiro ou criar um vídeo, dentre outras.

Etapa 6: apresentação dos subtópicos em cada grupo. Quando os estudantes completam a preparação de seus subtópicos, eles os apresentam aos seus companheiros de grupo. Essas apresentações devem ser formais. Apresentações e discussão de acompanhamento devem permitir que cada um dos membros do grupo obtenha o conhecimento e a experiência adquiridos. Após as apresentações, os membros do grupo discutem o tema do grupo, como um painel de especialistas, criticando as apresentações e observando pontos de convergência e divergência. O professor deve dar tempo para *feedback* e tempo adicional para que todos possam reformular aspectos de seus relatórios à luz desse *feedback*.

Etapa 7: preparação das apresentações de cada um dos grupos. O professor deve estabelecer com antecedência quanto tempo cada grupo terá para sua apresentação e os critérios de avaliação a serem empregados. A forma da apresentação deve ser de acordo com o conteúdo do material. São sugeridos formatos não expositivos, tais como debates, pôsteres, discussões no grande grupo lideradas pelos grupos, vídeos produzidos pelo grupo, simulações, teatralização, dentre outras. As apresentações em que cada membro relata seu subtópico não são incentivadas, pois podem não ser representativas da síntese do grupo.

Etapa 8: apresentação de cada grupo. Durante sua apresentação, cada grupo assume a sala de aula e é responsável por gerenciar o tempo que lhe foi atribuído, o espaço e os recursos da sala de aula que são usados.

> Na integração da *Co-op co-op* à abordagem da sala de aula invertida, o professor anuncia, no final da aula anterior, a atividade a ser desenvolvida, o respectivo tema e uma síntese da estratégia. Isso pode ser feito por meio de uma orientação por escrito, que todos receberão. Assim, no momento "Pré-aula", os estudantes têm a tarefa de ler sobre o assunto, bem como de planejar, em contatos extraclasse, a formação dos grupos, conforme orientações das Etapas 1 e 2. No momento "Aula", são promovidas as Etapas 3, 4 e 5, culminando com o início dos estudos, que serão realizados conforme a programação de cada grupo, no período designado pelo professor. Este período pode abranger mais uma aula, para que sejam organizadas as apresentações definidas nas Etapas 6 e 7. No momento "Pós-aula", as apresentações devem ser organizadas, a fim de que, na data marcada, as mesmas possam ocorrer, conforme as orientações da Etapa 8. Finalizadas as apresentações, uma aula deve ser destinada à avaliação, cujo *feedback* pode requerer outro momento "Pós-aula".

6.9.2 Como avaliar ao aplicar a *Co-op co-op*

Uma vez que a *Co-op co-op* é uma estratégia de aprendizagem cooperativa centrada no estudante, alguns professores decidem a forma da avaliação em conjunto com a turma, bem como os critérios a serem usados nessa avaliação. Sugerimos uma autoavaliação; uma avaliação por pares; e a avaliação do professor. A avaliação pode ocorrer em três níveis: (1) apresentações dos grupos (geralmente avaliadas pela turma, pelo próprio grupo e pelo professor); (2) contribuições individuais para o sucesso do grupo (geralmente avaliadas pelo grupo ou pelos participantes); ou (3) uma síntese descrevendo o subtópico (frequentemente avaliada pelo grupo e pelo profesor).

6.9.3 Alguns exemplos de aplicação da *Co-op co-op*

EXEMPLO 1

Gerenciamento ambiental

Quando o assunto a ser estudado for impacto e aspecto ambiental, o professor pode sugerir que os estudantes explorem os aspectos e impactos ambientes comumente encontrados nas rotinas de processos industriais e comerciais. Cada grupo optará por um processo industrial ou comercial, por exemplo: emissões atmosféricas, geração de efluentes líquidos, geração de resíduos sólidos etc. O grupo que escolher emissões atmosféricas terá seus integrantes optando por um dos seguintes subtópicos: emissão de gases CO_2, emissão de CFCs, emissão de vapor d'água e emissão de material particulado. O mesmo ocorrerá para o grupo que escolher, por exemplo, geração de efluentes líquidos, e assim por diante, com os outros processos industriais ou comerciais. Os grupos desenvolverão os tópicos segundo as etapas da *Co-op co-op* e serão avaliados de acordo com as sugestões antes apresentadas, ou por algum outro instrumento de avaliação que o professor considerar mais conveniente.

EXEMPLO 2

Ciência dos materiais

Quando o assunto a ser estudado for formas e fases nos sólidos, o professor pode sugerir que os estudantes explorem os seguintes tópicos: monocristais, policristais monofásicos, sólidos monofásicos não cristalinos e vítreos, sólidos polifásicos, ligas metálicas polifásicas, madeira, processamento dos materiais: fusão e solidificação, sinterização de pós, deformação, e recristalização e crescimento de grão. Cada grupo escolhe o tópico que mais lhe interessar e os componentes de cada grupo escolhem os subtópicos. Os grupos desenvolverão os tópicos de acordo com as etapas da *Co-op co-op* e serão avaliados de acordo com as sugestões antes apresentadas, ou por algum outro instrumento de avaliação que o professor considerar mais conveniente.

6.10 Desafio em grupos

A estratégia Desafio em grupos é caracterizada como uma estratégia de aprendizagem ativa, que integra os estudantes em atividade de intensa interação, cooperação e pensamento coletivo. Tem caráter lúdico, com o poder de melhorar a autoestima dos estudantes e promover um ambiente descontraído e envolvente, servindo como estímulo para a interação, pois gera interesse e prazer em relacionar-se com os colegas. Libertos de uma situação mais formal de aprendizagem, e contando com o apoio dos colegas, todos se sentem mais à vontade para discutir, dizer que não sabem e o que não sabem, para pedir e dar palpites, sugestões e ideias.

Com isso, pode promover o desenvolvimento de habilidades de comunicação e de condutas para atuar em grupos, como respeito, participação ativa e aprimoramento de conhecimentos, na medida em que estudantes aprendem com os colegas e compartilham com esses o que sabem.

A interação entre os estudantes propicia a cooperação, com o sentido de atuar, operar com o outro, compartilhando ideias, significados e conhecimentos, seus e do outro, modificando ambos. Um processo de interação e cooperação traz consigo o diálogo, que valoriza todos os tipos de saberes e também o saber do outro, questionando e problematizando a fim de superar dificuldades (LIMA; SAUER, 2015).

São esses os principais fundamentos que dão suporte à estratégia do Desafio em grupos. Como estratégia de aprendizagem ativa, pode ser aplicada em diferentes situações e número de estudantes, conforme pode ser observado na descrição das etapas, apresentadas a seguir.

6.10.1 Etapas de aplicação da estratégia Desafio em grupos

Etapa 1: na aula anterior à da aplicação da estratégia, os estudantes são comunicados sobre a atividade de aprendizagem e de avaliação, como um convite a

112 Capítulo 6

participarem do desafio, com a informação do tema a ser abordado no desenvolvimento do mesmo.

Etapa 2: o professor informa os detalhes da atividade, quais sejam: cada grupo deverá ser representado, no quadro, por dois de seus componentes, que resolverão um exercício/problema a ser sorteado em cada rodada. Todos os componentes deverão ir ao quadro, pelo menos, uma vez. Cada acerto será avaliado em um ponto. No final da aula, a equipe que tiver o maior número de acertos receberá a nota máxima, a critério do professor, nota esta que integrará a nota da avaliação parcial do período (semestre ou trimestrais). Os demais números de acertos são valorizados, proporcionalmente, convertendo-se, assim, os "pontos obtidos" na nota de cada um dos demais grupos. Cada grupo, em sua mesa, pode consultar apontamentos e livros, utilizar calculadora ou computador, para as resoluções. Com tais orientações, a turma é dividida em grupos e o quadro é dividido em partes, em número igual ao número de grupos.

Etapa 3: cada grupo, representado por dois componentes, retira o exercício ou problema de um envelope e apresenta a sua resolução no quadro. Enquanto as resoluções são apresentadas pelos pares representantes dos grupos, os demais têm a tarefa de acompanhar as resoluções, resolvendo-as em seus cadernos. Cada resolução deverá estar escrita com linguagem e simbologias adequadas, bem como os procedimentos algébricos e cálculos corretos. Os participantes dos grupos, que estão resolvendo no quadro, não podem ter, em mãos, nenhum tipo de material. Porém, podem interagir com os seus colegas, na mesa do grupo, e retornar ao quadro, uma só vez, para o aperfeiçoamento ou correção do que está apresentado, novamente sem levar nenhuma forma de consulta.

Etapa 4: feito isto, em sistema de revezamento, outras equipes, designadas pelo professor, deverão avaliar cada resolução apresentada, tanto quanto ao resultado final como quanto ao desenvolvimento, com argumentos consistentes e cálculos corretos. Se não houver nada a acrescentar, o grupo fica com o "ponto". Caso o outro grupo identifique e corrija algum erro, este é que ficará com o "ponto".

Etapa 5: o professor acompanha todo o processo e discute com todos a apresentação final de cada uma das resoluções, esclarecendo possíveis dúvidas e fazendo o registro do ponto ao grupo que acertou.

A partir daqui, novas rodadas são promovidas, até o final da aula.

Algumas variações podem ser consideradas, de acordo com o número de estudantes da classe, podendo-se utilizar papel pardo fixado nas paredes e canetas, no caso de o quadro não comportar espaço para todos os grupos.

Ainda, como fator de desafio, é possível pontuar diferentemente as resoluções, de acordo com o grau de complexidade das mesmas. Neste caso, são utilizados três envelopes e, em cada rodada, todos os componentes resolvem uma questão de mesmo nível de complexidade.

Na integração da estratégia Desafio em grupos à abordagem da sala de aula invertida, a Etapa 1 é o início do momento "Pré-aula", que prossegue com os estudos a serem realizados para a preparação para o desafio. No momento "Aula", são realizadas todas as demais etapas e, no momento "Pós-aula", pode ser realizado um *feedback*, com a ampliação das discussões que se fizerem necessárias sobre as questões propostas.

6.10.2 Como avaliar ao aplicar a estratégia Desafio em grupos

A avaliação das atividades realizadas já faz parte do próprio desenvolvimento da estratégia, em caráter de avaliação formativa.[28] Porém, o professor pode optar por realizar uma avaliação sistemática, já programada no cronograma da disciplina, dependendo do conteúdo abordado nas questões do desafio.

6.10.3 Alguns exemplos de aplicação da estratégia Desafio em grupos

EXEMPLO 1

Após o estudo dos métodos de integração, na disciplina de Cálculo Diferencial e Integral, esta estratégia pode ser aplicada, propondo o cálculo de integrais por meio dos diferentes métodos estudados. O professor deve ter o cuidado de preencher o envelope com integrais de mesmo nível de complexidade, caso a intenção seja a de atribuir o mesmo número de pontos a cada acerto. Ou, então, apresentar diferentes níveis de complexidade para o cálculo das integrais e, assim, pontuando os acertos correspondentemente.

EXEMPLO 2

Após o estudo de determinado assunto das disciplinas de Física (campo elétrico; capacitância e capacitores; indução e indutância; ondas eletromagnéticas etc.), esta estratégia pode ser aplicada, propondo a resolução de problemas relativos ao assunto. Nesse caso, o professor também deve ter o cuidado de preencher o envelope com problemas de mesmo nível de complexidade, caso a intenção seja a de atribuir o mesmo número de pontos a cada acerto.

---

[28] A avaliação formativa é abordada no Capítulo 7.

114 Capítulo 6

6.11 Casos de ensino

Casos de ensino[29] é um método de aprendizagem ativa que surgiu como método instrucional (DelACEY; LEONARD, 2002; KAPLAN, 2017). Este método envolve uma análise profunda de uma situação real, problemática e complexa, de tomada de decisão, ou de um conjunto de circunstâncias. Ele está entre os métodos instrucionais mais utilizados para envolver estudantes na resolução de problemas e para que trabalhem em grupos. Embora o método de Casos de ensino tenha suas origens nas áreas de Administração, Direito e Medicina, ele também tem sido utilizado na Engenharia e em outras áreas (ROSATELLI, 1999; JENSEN, 2003; CAMPBELL; LAMBERT, 2007; DA CUNHA ET AL., 2008; HERREID; SCHILLER, 2013; ROOS ET AL., 2016). Há quem diga que ensinar adotando Casos de ensino é formar sem ensinar. Essa afirmação se justifica, pois o professor acompanha o estudante em investigações rigorosas e planejadas, com o objetivo de que o estudante seja o construtor de sua aprendizagem. Assim, o professor exerce o papel de estimular o debate por meio de questionamentos e da apresentação de dados que enriqueçam as análises a serem realizadas pelos estudantes.

Este método exige uma grande dedicação do estudante na "preparação da resolução do caso", levantando hipóteses e explicações, bem como reunindo evidências que as comprovem. O método também demanda dos estudantes a capacidade de trabalhar em grupos. Estes dois fatores são fundamentais para o sucesso do método e para o bom aproveitamento de cada estudante. Por isso, o Casos de ensino é um método que encontra dificuldade em se estabelecer em um contexto em que os estudantes não tenham o hábito da leitura, da pesquisa e do trabalho em grupo.

Em relação ao professor, este tem a complexa tarefa de elaborar ou apresentar um bom caso já existente. Para tanto, pode tomar como ideias resultados de pesquisa em sua área ou fatos relacionados com eventos atuais. Embora casos que abordem fatos históricos ou que ocorreram em um passado recente possam interessar ao professor, os estudantes ficam mais motivados e intrigados por situações que envolvam problemas e questões atuais. Assim, independentemente de o professor criar um caso, ou usar um caso disponível na literatura ou na Internet, o caso deve estar escrito e este texto deve ser compartilhado com cada estudante, acompanhado de um conjunto de questões que auxiliarão a análise dos estudantes . As seguintes questões são sugeridas para que acompanhem os casos (MCKEACHIE; SVINICKI, 2013): qual é o problema? O que deve ter causado o problema? Que evidências podem ser reunidas para dar apoio ou descartar as hipóteses levantadas? Que conclusões podem ser tiradas? Que recomendações podem ser dadas?

---

[29] Neste livro, optamos pelo uso de Casos de Ensino em lugar de Estudo de Caso, pois não queremos que este método de aprendizagem seja confundido com a modalidade de pesquisa exploratória conhecida por Estudo de Caso.

Finalmente, antes de aplicar o método, o professor deve decidir que tipo de produto os estudantes deverão produzir. As possibilidades mais utilizadas são relatório escrito ou apresentação oral.

6.11.1 Etapas de aplicação do método de Casos de ensino

O método de Casos de ensino apresenta três etapas, a saber:

Etapa 1: o professor forma grupos de quatro a seis estudantes e distribui uma cópia do caso para cada um dos grupos.

Etapa 2: o professor destina um tempo para que os estudantes, após terem feito a leitura do caso, façam perguntas com o objetivo de esclarecer a tarefa.

Etapa 3: os estudantes analisam o caso, levantam os dados disponíveis, identificam problemas e questões e refletem sobre os conhecimentos que eles possuem e que podem auxiliar na resolução do caso. Por sua vez, o professor pode promover uma discussão sobre o caso, colocando questões e guiando a discussão em direção a pontos importantes do problema, mas jamais dando as respostas a essas questões. A duração desta etapa depende da complexidade do caso, podendo se estender por uma aula ou mais.

Na integração do método Casos de ensino à abordagem da sala de aula invertida, as Etapas 1 e 2 podem ser realizadas no final da aula anterior da qual será aplicado o Caso de ensino. Assim, as Etapas 1 e 2 se constituem no momento "Pré-aula". No momento "Aula", que consiste na Etapa 3, o professor reapresenta o caso e os estudantes trabalham na resolução do mesmo. Para o momento "Pós-aula", o professor pode solicitar aos estudantes que realizem alguma atividade de consolidação do conhecimento construído com a resolução do caso, tal como um relatório individual produzido pelos estudantes.

6.11.2 Como avaliar ao aplicar o método de Casos de ensino

A avaliação do desempenho dos estudantes, informalmente, pode ocorrer durante a própria discussão, em que os argumentos apresentados são debatidos, levando em consideração diferentes pontos de vista apresentados pelos estudantes sobre o tema. Dependendo de como é conduzida, esta é uma forma de *feedback*, considerada como avaliação formativa.[30] De todo modo, com critérios definidos previamente, o professor pode avaliar formalmente a qualidade das produções e das participações.

---

[30] Ver no Capítulo 7 possíveis abordagens de avaliação em ambientes de aprendizagem ativa.

116 Capítulo 6

6.11.3 Alguns exemplos de aplicação do método de Casos de ensino

EXEMPLO 1

Fenômenos de transporte e transferência de calor

Este Caso de ensino, baseado em fatos, foi utilizado nas disciplinas de Fenômenos de Transporte e Transferência de Calor do Instituto Militar de Engenharia (IME), com o objetivo de alcançar os seguintes resultados de aprendizagem:

- aprender os seguintes conteúdos conceituais: lei de Fourier; transferência de calor por condução e convecção; transferência de calor em paredes compostas; resistência térmica condutiva e convectiva;
- resolver equações diferenciais;
- resolver equações transcendentais;
- explorar novos materiais térmicos;
- interpretar e otimizar resultados;
- resolver problemas;
- elaborar perguntas;
- estabelecer relações interpessoais;
- trabalhar em equipe;
- comunicar-se; e
- ter responsabilidade coletiva.

O Caso de ensino foi apresentado para ser resolvido em grupos de quatro estudantes. O produto da resolução da situação-problema foi uma apresentação dos resultados ao final da solução do caso, seguida de discussão entre grupos conduzida pelo professor. As regras de aplicação do método e avaliação dos resultados dos estudantes foram apresentadas pelo professor antes da situação-problema, pois é muito importante que se estabeleça uma relação de confiança entre todos os atores do processo de ensino e de aprendizagem. Para a resolução do Caso de ensino, foram concedidos 60 minutos. A seguir, reproduzimos o enunciado do Caso de ensino:

Um critério de segurança usado para tubulações, que podem ser tocadas por operadores, indica que a sua temperatura superficial T_0 não deve ultrapassar 50 °C, de modo a evitar queimaduras. Uma tubulação com diâmetro de 0,05 m e espessura de parede desprezível transporta vapor saturado a uma temperatura de 130 °C em um ambiente cuja temperatura é de 30 °C. Esta tubulação encontra-se isolada termicamente por uma camada de 0,04 m de espessura de um isolante de condutividade térmica igual a 1,5 Wm^{-1}K^{-1}. Verifique se o critério de segurança apresentado é satisfeito, determinando a temperatura da superfície externa da camada de isolante. Caso o critério de segurança não seja satisfeito, o que você faria para que o mesmo fosse respeitado?

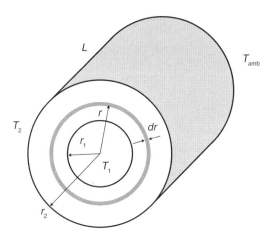

Figura 6.17 Tubulação de raio r_1 com isolamento térmico e temperatura superficial T_0.

Tal Caso de ensino foi adaptado e ampliado a partir de uma questão do antigo provão da Engenharia Química do INEP/MEC, do qual aproveitamos todo o enunciado, adicionando apenas a seguinte frase: "Caso o critério de segurança não seja satisfeito, o que você faria para que o mesmo fosse respeitado?"

Com tal adição, tornamos a situação-problema extremamente suscetível à discussão, uma vez que diversos caminhos para a resolução poderiam ser tomados pelos estudantes.

Ao final dos 60 minutos, quando todos os grupos haviam terminado a resolução do Caso de ensino, dois grupos foram sorteados e nomeados como a seguir:

- Grupo Relator: responsável por relatar a resolução do problema.
- Grupo Debatedor: responsável pelos questionamentos a serem feitos ao Grupo Relator.

Na etapa de avaliação da resolução do Caso de ensino, somente um dos estudantes do Grupo Relator foi escolhido. A escolha deste estudante para relatar a resolução da situação-problema também se deu por sorteio. O objetivo de sortear apenas um estudante era propiciar um ambiente de aprendizagem no qual os estudantes ensinassem uns aos outros, gerando um ambiente de colaboração e trabalho em equipe salutar, além da possibilidade de ampliação e construção do conteúdo. Enfatizamos que todas as regras de avaliação do Caso de ensino foram expostas em sua apresentação.

Outro aspecto importante nesta etapa foi o fato de que, sendo o Grupo Debatedor o responsável pelos questionamentos iniciais aos colegas do Grupo Relator, os estudantes foram sempre avaliados pela qualidade dos referidos questionamentos, fazendo com que os demais integrantes da equipe tivessem que apresentar questionamentos cada vez mais elaborados. Na sequência das perguntas iniciais, os estudantes que não

118 Capítulo 6

fizeram parte do Grupo Debatedor e, também, o professor puderam fazer novos questionamentos.

Durante a apresentação do estudante sorteado do Grupo Relator, notamos que tal atividade proporcionou aos estudantes uma oportunidade de desenvolver/aperfeiçoar as habilidades de comunicação e de se apresentar em público.

Como as competências citadas, geralmente, são habilidades em desenvolvimento, sugerimos que, ao serem avaliadas, não tenham, em termos percentuais, um peso elevado no cômputo da nota da referida atividade.

Comentando mais amiúde os aspectos da resolução do Caso de ensino, notamos que a primeira parte da resolução foi desenvolvida pela quase totalidade dos estudantes, uma vez que o problema tem como objetivo determinar a temperatura superficial externa da parede cilíndrica.

Não é difícil descobrir, ao se igualar os fluxos de calor pelos mecanismos de condução e convecção, que a equação gerada nos fornece o valor da temperatura superficial em torno de 100,7 °C, o que denota que, sendo a mesma superior ao valor limite de 50 °C, o critério de segurança não foi satisfeito. Esta primeira parte, conforme citado, foi determinada com certa facilidade pelos estudantes.

No entanto, a segunda parte, que indaga o que fazer para que o critério de segurança fosse satisfeito, levou uma boa parte dos grupos a simplesmente utilizarem o mesmo material isolante proposto no enunciado, fazendo com que a incógnita do problema passasse a ser exatamente a espessura deste isolante, que deveria ser utilizada para que a temperatura superficial, no caso limite, fosse de 50 °C. Assim, um raciocínio análogo no cálculo de temperaturas, a partir de paredes cilíndricas compostas, foi equacionado e resolvido com um pouco mais de dificuldade, pois abrangia, neste caso, a resolução de uma equação transcendental (não linear), envolvendo a temperatura superficial e seu logaritmo neperiano em uma mesma equação. Felizmente, os estudantes possuíam recursos suficientes para resolver tal equação e encontraram um novo valor para a espessura de isolante térmico, capaz de fazer com que a temperatura superficial fosse igual a 50 °C. Portanto, o problema estava resolvido matematicamente, mas, quando interpretamos o valor da espessura de isolante térmico nessa nova situação, chegamos à conclusão de que o valor é excessivo, maior que o próprio diâmetro da tubulação. Ou seja, neste ponto é que separamos os grupos que conseguiram interpretar o problema do ponto de vista prático e da engenharia, dos que somente, por terem encontrado um valor matemático que satisfizesse à equação, o definiram como resposta para o problema. Obviamente, um isolamento térmico extremamente grande e desproporcional com as medidas da própria tubulação não foi encarado como uma boa solução. Enquanto isso, outros grupos, ao perceberem tal discrepância, testaram outros materiais como isolantes térmicos, chegando, em alguns casos, a espessuras bem menores e, em princípio, mais proporcionais e viáveis ao processo em questão. Outros grupos foram ainda mais longe, pois, além de buscarem diferentes materiais para compor o isolamento térmico, também se preocuparam com o custo dos mesmos, determinando, assim, uma solução adequada sob o ponto de vista prático e otimizada quanto aos custos.

Tudo isso foi amplamente discutido sob a condução do professor, fazendo com que o nível de profundidade da discussão fosse bastante complexo quando comparado a ambientes de aprendizagem tradicionais de temas correlatos desenvolvidos em ocasiões anteriores.

Assim, o resumo da aplicação deste Caso de ensino, e sua consequente avaliação, perpassa pelos três pontos apresentados a seguir:

- os estudantes devem verificar se o critério de segurança apresentado é satisfeito, determinando a temperatura da superfície externa da camada de isolante;
- caso o critério de segurança não seja satisfeito, os estudantes devem determinar qual a espessura, do mesmo isolante, que deve ser acrescentada para que um operário possa tocar na tubulação sem riscos de queimaduras; e
- por fim, os estudantes devem ter senso crítico para avaliar a resposta encontrada, dizendo se a mesma pode ser considerada uma boa solução para o problema do ponto de vista da engenharia. Além disso, seria interessante que os estudantes verificassem aspectos de dimensão geométrica dos isolantes, qualidade dos materiais dos isolantes e suas condutividades térmicas, custo e adequação às condições de utilização.

No caso da aplicação desta atividade no IME, o trabalho realizado pelos estudantes foi bastante profícuo. Além de terem apresentado um alto grau de maturidade ao final da resolução do Caso de ensino, alcançaram resultados de aprendizagem importantes e essenciais para o futuro profissional de Engenharia.

EXEMPLO 2

Higiene e segurança no trabalho

O professor pode propor o seguinte caso: "levando em conta as características das atividades que ocorrem em nossa universidade, façam um levantamento dos riscos ambientais e ocupacionais aos quais os estudantes estão expostos. Apontem soluções para diminuir estes riscos."

EXEMPLO 3[31]

Introdução à Engenharia Ambiental ou à Engenharia Química

Atrazina, um herbicida amplamente utilizado em plantações de milho, cana-de-açúcar e sorgo para o controle de ervas daninhas, contido na água que escoa dessas plantações, contaminou um reservatório usado como fonte de água potável. A concentração

---

[31] Exemplo de Caso de ensino extraído do artigo: *Competitive Problem-Based Learning in an Environmental Engineering Laboratory Course*. Disponível em: <https://www.asee.org/public/conferences/32/papers/9323/view>. Acesso em: 18 set. 2018.

de atrazina no reservatório foi medida em 0,012 mg/L (12 ppb). Para tratar a água do reservatório de modo que a atrazina seja removida abaixo do padrão de água potável de 0,003 mg/L (3 ppb), carvão ativado em pó é adicionado a uma bacia de contato (um tanque de mistura) para adsorver a atrazina. O carvão ativado em pó é, então, removido em um tanque de decantação. Suponha que a cidade trata 10^6 galões de água potável por dia, e que os parâmetros da isoterma de Freundlich para atrazina e para este tipo particular de carvão ativado em pó são K = 287 mg/g $(L/mg)^{1/n}$ e $1/n = 0,335$. Qual é a concentração encontrada no carvão ativado em pó (em mg de atrazina/g de carvão ativado em pó), dado que a concentração aquosa é reduzida para o padrão de água potável? Que massa de carvão ativado em pó deve ser colocada diariamente na bacia de contato para garantir que a atrazina seja removida para concentrações que satisfaçam o padrão de água potável?

6.12 *Problem-based learning* (Aprendizagem baseada em problemas)

A Aprendizagem baseada em problemas (*Problem-based learning* − PBL) é um método instrucional de aprendizagem ativa, que visa levar os estudantes a aprender sobre determinado assunto em um contexto de problemas reais, complexos e multifacetados (SAVIN-BADEN; HOWELL, 2004; GRAAFF; KOLMOS, 2007; VILLAS-BOAS ET AL., 2016). Trabalhando em equipes, os estudantes identificam o que já sabem, o que precisam saber e como e onde acessar as novas informações que podem levar à resolução de um problema. O papel do professor é o de facilitador da aprendizagem, propiciando uma estrutura adequada ao processo, fazendo perguntas de sondagem, fornecendo ou sugerindo os recursos apropriados, e conduzindo as discussões em classe, bem como planejando as avaliações dos estudantes. A PBL difere das estratégias educacionais convencionais especialmente por ter como objetivo principal a ação do estudante. Seu propósito é potencializar o desenvolvimento de competências essenciais para o sucesso do estudante, tanto na esfera pública como na esfera privada.

A PBL foi proposta na década de 1970 pela Escola de Medicina da McMaster University, no Canadá, com o objetivo de promover o engajamento do estudante com sua aprendizagem. Naquele contexto, a partir dos casos clínicos apresentados pelos professores, os estudantes construíam seus conhecimentos buscando respostas para aqueles casos. Enquanto os precursores da PBL eram médicos professores, e não psicólogos ou educadores, eles foram influenciados por percepções comuns de como as pessoas aprendem, ou seja, foi o contexto e a cultura da época que levaram à concepção desta abordagem (SAVIN-BADEN; HOWELL, 2004). Entretanto, o método foi sendo aperfeiçoado, de modo que a PBL pode ser entendida como um caminho viável para ampliar a concepção de ensinar e de aprender, compreendendo que ensinar envolve ações para produção de conhecimentos significativos. Assim, os processos de ensino e de aprendizagem, coerentes com esta abordagem, necessitam estar focados cada vez mais nas ações dos estudantes, contando com a mediação do professor (VILLAS-BOAS ET AL., 2016).

A matriz conceitual do método PBL deriva do pensamento filosófico de John Dewey (1916), que acreditava que a Educação deve considerar, no processo de formação, a formulação explícita dos problemas de disposições mentais e morais em relação às dificuldades da vida social contemporânea. Por isso, para a conquista de propósitos educacionais, o método não descarta a necessidade de aulas "convencionais". Entretanto, a sua principal dinâmica ocorre a partir da discussão dos problemas, que é responsável pelo desenvolvimento dos estudos sobre um tema específico do currículo.

Ainda, a PBL pode ser desenvolvida em um conjunto de disciplinas ou em uma única disciplina, sendo que o tempo para resolver o problema pode ser de poucas semanas (duas a quatro) ou de um semestre inteiro (três a quatro meses) (RAUCENT ET AL., 2010).

A discussão dos problemas ocorre, principalmente, nas chamadas sessões tutoriais (ST), a partir da formação dos grupos tutoriais (GT), que são, normalmente, constituídos por um professor "tutor" e por seis a dez estudantes. Dentre esses estudantes, há a escolha de um para ocupar a função de líder e de outros dois para ocuparem a função de secretário de quadro e secretário de mesa. Após o líder e os secretários serem definidos, o problema a ser trabalhado é apresentado, pelo tutor, para todos os membros do grupo tutorial e, assim, inicia-se o processo de produção, apreensão, organização, gestão, representação e difusão do conhecimento (BOUD; FELETTI, 1998; DUCH; GROH; ALLEN, 2001; PINTO; BURNHAM; PEREIRA, 2009; PINTO; BURNHAM, 2010).

6.12.1 Etapas de aplicação do método PBL

Há diferentes maneiras de se implementar a PBL (RIBEIRO; MIZUKAMI, 2004), porém, em todas elas há um conjunto de atividades que partem da apresentação de um problema aos estudantes, que organizam suas ideias, em equipes, procurando compreendê-lo e solucioná-lo com o conhecimento que já possuem. Uma maneira muito utilizada em diversas universidades propõe uma dinâmica que consta de sete passos (VILLAS-BOAS ET AL., 2016; ABDALLA; GAFFAR, 2011). Optamos aqui por uma sequência de aplicação semelhante à de Ribeiro (2008). Em nossa proposta, o método PBL apresenta dez etapas, a saber:

Etapa 1: o professor introduz o método PBL e expõe um problema aos estudantes. Em alguns casos, o professor apresenta uma situação problemática e delega aos estudantes a definição do problema, ou dos problemas, com o

122 Capítulo 6

objetivo de capacitá-los a definir problemas. Sabe-se que muitos profissionais não conseguem solucionar problemas porque não têm capacidade para defini-los.

Etapa 2: uma vez que o problema foi apresentado ou definido, o mesmo é analisado pelos estudantes, em cada uma das equipes, em uma sessão tutorial sob a mediação do tutor. Eles discutem o problema, gerando hipóteses, com base em qualquer experiência ou conhecimento que já possuam sobre o assunto, identificando fatos relevantes, palavras, expressões, termos técnicos, enfim, qualquer coisa que não entendam no problema.

Etapa 3: os estudantes avaliam a propriedade das hipóteses arroladas, confrontando-as com os dados encontrados nos problemas, e tentam solucioná-las com seus conhecimentos prévios em uma sessão tutorial sob a mediação do tutor. Este passo também é uma oportunidade para que os estudantes compreendam a natureza do problema e tragam à luz seus conceitos deficientes e equivocados sobre o assunto em questão, que podem ser subsequentemente retificados pelos tutores. No controle do tempo, o líder garante que a sessão não esteja concluída até que cada estudante tenha a oportunidade de expressar verbalmente suas hipóteses sobre a possível solução do problema.

Etapa 4: uma vez que os estudantes não tenham obtido sucesso na solução do problema com os conhecimentos de que dispõem, as equipes definem o que e como irão realizar as consultas bibliográficas envolvendo as diferentes áreas de conhecimento. Os estudantes são continuamente motivados pelo tutor a definir o que sabem e o que não sabem a respeito do problema. Eles levantam os pontos ou questões de aprendizagem (conceitos, teorias ou outros) necessárias para solucionar o problema e planejam o trabalho da equipe. Algumas questões que, possivelmente, são levantadas: quais pontos serão priorizados? Quem irá pesquisá-los? Quais fontes serão utilizadas? Quando, como e onde as novas informações serão compartilhadas? O tutor também estimula os estudantes a identificar e definir os objetivos de aprendizagem, relacionados com o problema em questão. Nesse caso, os objetivos de aprendizagem são tópicos, ou questões de qualquer tipo, considerados de relevância potencial para o problema e para a aprendizagem, os quais os estudantes sentem que não entendem tão bem quanto deveriam. Estas questões são anotadas pelos secretários. No controle do tempo, o líder garante que a sessão não esteja concluída até que cada estudante assuma a responsabilidade por, pelo menos, levantar informações sobre alguma questão e um dos objetivos de aprendizagem identificados.

Etapa 5: os estudantes, em suas equipes, relacionam o problema com outros contextos e, de acordo com o plano de trabalho coletivo, buscam os conceitos e informações de forma autônoma, aprofundando o conhecimento necessário para resolver o problema em questão.

Etapa 6: os estudantes, em suas equipes, discutem sobre o andamento do trabalho e compartilham as informações levantadas individualmente, em encontros não tutorados com o líder, garantindo que a equipe esteja focada na resolução do problema. Os secretários, por meio de suas anotações, garantem que a equipe não se perca na discussão e que não volte a pontos já discutidos anteriormente.

Etapa 7: a equipe deve focar no estudo de conteúdos conceituais, ou seja, devem se preocupar em alcançar os objetivos de aprendizagem que estão relacionados com a(s) disciplina(s).

Etapa 8: os estudantes, em suas equipes, aplicam os conhecimentos construídos na resolução do problema, tantas vezes quantas forem necessárias, até atingirem uma solução que a equipe considere satisfatória. A equipe tem de iniciar a elaboração de registros sintetizando os progressos alcançados e, também, revisar as etapas já desenvolvidas para assumir um posicionamento na resolução do problema.

Etapa 9: os estudantes, em suas equipes, retomam ou aprofundam algumas questões e produzem algo concreto (relatório, projeto, planta, maquete, vídeo, pôster ou outro), que, na sequência, deve ser apresentado para o tutor, examinadores e às outras equipes.

Etapa 10: os estudantes, em suas equipes, apresentam a resolução final do problema para o tutor, examinadores e às outras equipes, em um encontro final. Os estudantes também avaliam o processo vivenciado, seu produto, o trabalho em equipe, seu próprio desempenho (autoavaliação) e o dos demais integrantes da equipe (avaliação por pares). A autoavaliação e avaliação pelos pares são essenciais para o desenvolvimento da capacidade metacognitiva e para a promoção da aprendizagem contínua e autônoma (POZO; MONEREO; CASTELLÓ *apud* COLL; MARCHESI; PALACIOS, 2004).

Na Figura 6.18, apresentamos um diagrama resumindo as dez etapas da PBL.

6.12.2 As funções do tutor, do líder, dos secretários e dos demais membros da equipe

A PBL prevê ações com características bem definidas nas atuações de estudantes e professores, na condução do processo. Algumas características dessas atuações podem ser atribuídas a cada um dos atores, ou seja, professor e estudantes. Considerando que a aprendizagem ocorre em um ambiente de apoio e colaboração, as atribuições dos professores e dos estudantes são bem diferenciadas, em relação aos ambientes tradicionais de aprendizagem, nos quais o professor assume o papel de transmissor do conhecimento, em um trabalho praticamente isolado, do qual o estudante não toma parte, a não ser escutando

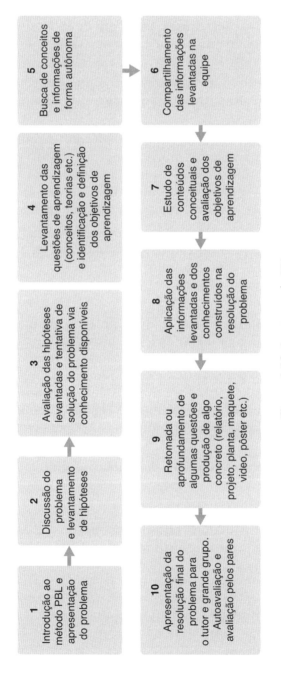

Figura 6.18 As etapas da PBL.

(SAVIN-BADEN; HOWELL, 2004). Aos estudantes é delegada a responsabilidade de assumir a própria aprendizagem, tornando-se aprendiz por toda a vida (BARROWS, 2000), uma habilidade relevante nos contextos de atuação das áreas das engenharias, dentre outras. Com efeito, assumir responsabilidade pela própria aprendizagem, em um ambiente educacional de PBL, significa vivência por parte dos estudantes (WOODS, 1996).

Nesse contexto, as funções de cada ator são listadas a seguir:

Do(a) tutor(a):

- planejar um ambiente de aprendizagem estimulante;
- gerenciar o processo de aprendizagem, incluindo avaliação;
- estimular os estudantes a definir seus próprios objetivos de aprendizagem e a guiar seus próprios processos de aprendizagem;
- ter um bom entendimento do tema em discussão, mesmo que não seja necessário ser um especialista no assunto;
- inserir o problema no contexto e ajudar a priorizar questões;
- conhecer, de antemão, os objetivos de aprendizagem pretendidos para cada problema;
- incentivar todos os membros da equipe a participar;
- fazer perguntas abertas para estimular a discussão;
- dar assistência ao líder, propondo dinâmicas de equipe e auxiliando no gerenciamento do tempo;
- verificar se o(a) secretário(a) mantém um registro preciso do processo;
- estimular a utilização de diferentes recursos materiais e audiovisuais;
- garantir que a equipe não se desvie da resolução do problema proposto;
- certificar-se de que os estudantes alcancem os objetivos de aprendizagem estabelecidos;
- verificar se os membros da equipe estão compreendendo a resolução do problema;
- avaliar o desempenho e a aprendizagem dos estudantes; e
- dar *feedback* constante aos estudantes.

Do(a) líder:

- guiar a equipe pelo processo;
- incentivar todos os membros a participar nas discussões;
- manter a dinâmica da equipe;
- gerenciar o tempo;
- garantir que a equipe esteja focada na resolução do problema; e

126 Capítulo 6

- garantir que o(a) secretário(a) possa dar conta de sua tarefa, ou seja, fazer um registro preciso do processo.

Do(a) secretário(a):

O(a) secretário(a) de quadro é quem faz anotações em um quadro ou em um *flipchart*. O(a) secretário(a) de mesa é quem faz as anotações usando um computador pessoal. Ambos têm a mesma função, mas usando meios diferentes. As anotações no quadro (ou *flipchart*) ajudam a organizar a discussão durante as reuniões. As anotações no computador são recursos importantíssimos no desenvolvimento e na resolução do problema. Assim, são previstas as seguintes funções aos secretários:

- anotar os pontos acordados pelos membros da equipe;
- ajudar os membros da equipe a organizar suas ideias e hipóteses em relação ao problema;
- participar das discussões;
- por meio das anotações, garantir que a equipe não se perca na discussão e que não volte a pontos já discutidos anteriormente; e
- anotar informações sobre recursos a serem usados pela equipe.

Dos demais membros da equipe:

- expressar suas ideias e hipóteses em relação ao problema;
- levantar informações para auxiliar na resolução do problema;
- participar das sessões tutoriais e das discussões que nelas ocorrerem;
- levantar questões de aprendizagem e definir objetivos de aprendizagem;
- compartilhar informações com todos os membros da equipe;
- participar da preparação das apresentações; e
- participar de todo o processo, com responsabilidade, ética e integridade.

6.12.3 Problema na PBL

Um problema é a base estruturadora na PBL e cumpre nela muitas funções (DUCH, 1996). A função do problema na PBL é "aquilo que o torna coeso e o mantém no trilho", considerando os elos desse processo (BARROWS, 1996). Os problemas são utilizados, também, para motivar, iniciar e focar a aprendizagem de conceitos de uma dada área de conhecimento.

Problemas na PBL definem conteúdos que serão estudados no processo. Um problema na PBL é aberto, ou seja, não comporta apenas uma solução adequada ou correta (RIBEIRO, 2005). Ele deve ser aberto para que o estudante possa contribuir para sua resolução (POWELL, 2000). Requer atividades ou tarefas concretas que simulem ou representem situações passíveis de serem encontradas pelos estudantes.

O problema na PBL deve ser real, ou potencialmente real, de forma que a adequação do gerenciamento afete os resultados (ALBANESE; MITCHELL, 1993). Deve também ter um grau de complexidade condizente com os conhecimentos prévios dos estudantes, favorecer a interdisciplinaridade e cobrir uma área extensa de conteúdo, satisfazendo os objetivos de conhecimentos, habilidades e atitudes planejadas no currículo.

Vários autores elencam critérios para a escolha de problemas. Alguns entendem que um problema deveria atender os seguintes critérios: prevalência, valor integrativo, valor prototípico, alto potencial de impacto e fraca estruturação (BRIDGES; HALLINGER, 1998). O problema deve estar conectado com a prática profissional, abrangendo conceitos de várias disciplinas, oferecendo um bom modelo para estudo, envolvendo uma grande quantidade de pessoas e contemplando um emaranhado de questões e subquestões.

Os problemas na PBL devem representar situações profissionais reais, ou seja, devem ser indefinidos, ter informações insuficientes e perguntas não respondidas. Quanto menos estruturado o problema, maior a probabilidade de desenvolvimento de habilidades de resolução e/ou estudo autônomo para o estudante (BARROWS, 1996). Problemas com fraca estruturação são aqueles que requerem mais informações que as fornecidas, tanto para entendê-los quanto para decidir quais decisões deverão ser tomadas para sua solução (GALLAGHER; STEPIEN, 1996).

Os problemas na PBL podem ser classificados em três categorias, quais sejam (GORDON, 1998):

- Desafios acadêmicos: problemas que advêm da estruturação de conteúdos de uma área de estudo e, ainda que sejam utilizados, principalmente, para favorecer o entendimento de um assunto selecionado, servem também para desenvolver a capacidade de construir conhecimento e a habilidade de trabalhar em equipe.
- Cenários: problemas em que os estudantes assumem papéis condizentes com suas futuras atuações profissionais em contextos da vida real ou em cenários fictícios nos quais começam a se ver em papéis reais, na medida em que desenvolvem os conhecimentos e habilidades necessárias para serem bem-sucedidos na vida acadêmica e além desta.
- Problemas da vida real: problemas que requerem soluções reais por pessoas ou organizações reais e envolvem diretamente os estudantes na exploração de uma área de estudo, cujas soluções são potencialmente aplicáveis em seus contextos de origem.

A PBL não é um método instrucional estático e tem se modificado para se adaptar às necessidades de contextos educacionais variados. Além disso, a

128 Capítulo 6

forma de apresentação dos problemas pode diferir, dependendo da área de conhecimento, do contexto de implantação e dos objetivos de aprendizagens, podendo ser apresentados em diferentes formas, tais como desafio, texto, vídeo, entrevista, ou com pessoas interessadas na solução de determinado problema.

6.12.4 Como avaliar ao aplicar o método PBL

Em um currículo ou disciplina baseado em PBL, a avaliação é um processo dinâmico que precisa estar a serviço dos processos de ensino e de aprendizagem. Algumas dificuldades com a avaliação em PBL decorrem da falta de compreensão deste processo, tanto por parte de professores quanto de estudantes. A avaliação deve ser contínua, apoiando a aprendizagem e assegurando a qualidade dos resultados obtidos a cada nova intervenção. Outra questão importante, quando se trata de avaliação em PBL, diz respeito a quem fará a avaliação. Diferentemente de um curso tradicional, em que o professor é o único avaliador potencial, em um ambiente PBL no qual a autoridade e o controle são exercidos de forma compartilhada, o número de avaliadores em potencial é grande. Todos os participantes podem assumir esta responsabilidade, além de avaliadores externos, como é frequente em cursos que utilizam este método. Como possibilidade de integrar concepções de avaliação formativa em ambientes de aprendizagem usando a PBL, citamos, a seguir, alguns métodos de avaliação que têm sido utilizados com sucesso, desde que tenham critérios previamente estabelecidos (MCKEACHIE; SVINICKI, 2013):

- Avaliação individual ao longo do desenvolvimento do processo: neste tipo de instrumento, o tutor avalia cada um dos membros da equipe sob sua tutoria, a cada sessão tutorial. Um exemplo de ficha de avaliação está apresentado na Figura 6.19.

- Autoavaliação: atividades de autoavaliação podem fornecer ao professor indicativos de estratégias e intervenções pedagógicas capazes de auxiliar no desenvolvimento da autonomia. De fato, esse tipo de avaliação é bem adequado à PBL, mas os estudantes devem estar preparados para realizá-la. A autoavaliação permite que os estudantes pensem com mais atenção sobre o que sabem e o que não sabem, e, além disso, o que precisam saber para realizar determinadas tarefas. Um exemplo de ficha de autoavaliação está apresentado na Figura 6.20.

- Avaliação pelos pares: estudantes fazem julgamentos sobre os trabalhos de colegas, usando seus próprios critérios de avaliação ou os fornecidos pelos professores. Este tipo de avaliação é adequado à natureza cooperativa do ambiente PBL. Um exemplo de ficha de avaliação está apresentado na Figura 6.21.

- Apresentações em equipes.
- Apresentações individuais.
- Trabalho individual, baseado em casos: cada estudante apresenta sua própria percepção do problema sob a responsabilidade da equipe.
- Plano de solução para o cliente: são apresentadas situações-problemas do campo real para os estudantes resolverem. Por exemplo, uma equipe de estudantes de Engenharia recebeu uma grande quantidade de cocos e precisaram projetar uma ferramenta eficaz para remover as partes internas, sólida e líquida. Outra equipe de estudantes foi convidada a resolver o problema das fissuras que ocorrem nas linhas ferroviárias, causadas pelo excesso de calor e vibração dos trens. Este método é bastante eficaz, mas deve ter critérios bem planejados.

Formulário de avaliação dos estudantes										
Nome do módulo: _____ Nome do tutor: _____ Data: _____ Título do problema PBL: _____ Número da sessão de PBL: _____										
Nomes dos estudantes	Pontualidade	Completou as tarefas na data apropriada	Participou ativamente na discussão	Trouxe informações relevantes para a discussão	Usou uma variedade de fontes para buscar as informações trazidas	Apresentou as ideias claramente na discussão tutorial	Justificou os comentários realizados	Avaliou suas fraquezas e potencialidades pessoais	Aceitou as críticas recebidas	Avaliação geral (total)

Escala de avaliação: 1 (ruim), 2 (regular), 3 (bom), 4 (ótimo), 5 (excelente)

Figura 6.19 Exemplo de ficha de avaliação.

130 Capítulo 6

Nome do estudante que está se autoavaliando: _____					
	Sim	Não	Às vezes	Posso melhorar	Estou ótimo
Respeitei as opiniões dos colegas					
Cheguei no horário nos encontros da equipe e permaneci até o final					
Nos encontros da equipe, contribuí com questionamentos e colocações					
Contribuí com o levantamento de informações e realizando a parte que me coube na solução do problema					
Contribuí na discussão e construção das ideias que levaram à solução do problema					
No desenvolvimento geral do trabalho, contribuí na gestão do tempo					
Contribuí para o bom relacionamento dos membros da equipe					
Procurei auxílio junto ao professor fora do horário de aula quando fiquei com dúvidas					
Aprendi os conteúdos conceituais listados como estruturantes pelo professor					

Considerando uma nota de 0 a 10, por enquanto, mereço a nota _____
Justifique.
_____
_____
_____
_____

(i) Liste 3 pontos positivos do método utilizado para a solução do problema.

1._____
2._____
3._____

(ii) Comente, brevemente, como foi sua experiência de trabalhar em equipe.
_____
_____
_____
_____

(iii) Deixe seu comentário ou sugestão para melhorar a atividade e seu aprendizado.
_____
_____
_____
_____

Figura 6.20 Exemplo de ficha de autoavaliação.

- Relatórios: a comunicação escrita é uma habilidade importante a ser desenvolvida pelos estudantes. Exigir relatórios escritos permite que eles pratiquem esta forma de comunicação. Podem ser semanais, quinzenais ou finais.
- Texto colaborativo: os estudantes apresentam seus trabalhos na forma escrita, ao longo de um número de semanas. Cada um compartilha o seu trabalho com outros colegas.

Nome do colega de equipe que está sendo avaliado: _____				
	Sim	Não	Às vezes	Poderia melhorar? Sugira como
Respeitou as opiniões dos colegas				
Chegava no horário nos encontros da equipe e permanecia até o final				
Nos encontros da equipe, contribuía com questionamentos e colocações				
Contribuía com o levantamento de informações e realizando a parte que lhe coube na solução do problema				
Contribuía na discussão e construção das ideias que levaram à solução do problema				
Entregava as tarefas que lhe couberam no prazo que foi estabelecido				
No desenvolvimento geral do trabalho, contribuía na gestão do tempo				
Contribuía para o bom relacionamento dos membros da equipe				
Considerando uma nota de 0 a 10, por enquanto, o colega merece a nota _____ Justifique.				

Espaço para outros comentários ou sugestões, se houver.

Figura 6.21 Exemplo de ficha de avaliação pelos pares.

132 Capítulo 6

- Avaliação tripla, considerando a apresentação de um relatório da equipe, a apresentação individual do trabalho de cada membro da equipe e o relato, também individual, do processo desenvolvido. Esses três componentes constituem a nota individual. A vantagem é que esse método de avaliação não privilegia todos os estudantes da mesma forma e cada um é responsável por dois terços da sua própria nota. Observamos que muitos estudantes consideram justo esse tipo de critério.

6.12.5 Alguns exemplos de aplicação de problemas na aplicação da PBL

EXEMPLO 1

Engenharia de sistemas

Desenvolver um método adequado para determinar tamanho e taxa de aumento do abastecimento de água da cidade de El Dorado. Os seguintes dados estão disponíveis: consumo de água mensal *per capita* da cidade de El Dorado, juntamente com os dados mensais de precipitação, temperatura e evaporação. Também são conhecidos os fluxos em alguns possíveis pontos de barragens juntamente com informações de armazenamento. Métodos não tradicionais podem ser incluídos na determinação do problema, tais como a detenção em tanques no local e a reutilização de água no local ou na propriedade.

EXEMPLO 2[32]

Logística

"Um empresário da região está interessado em investir na fabricação de bicicletas, inicialmente nos modelos definidos como *mountain bike* (usadas em diversos tipos de terrenos) e vendê-las para algumas regiões do Brasil. A análise da viabilidade inicial deste investimento mostrou-se interessante, porém não há dados suficientes sobre o processo de compra dos componentes diretamente dos fabricantes nacionais e estrangeiros. Estes componentes são divididos em 12 famílias (relacionadas a cada parte da bicicleta) e pelo menos 31 categorias (componente de cada família). Cada categoria possui um número muito elevado de opções relacionadas com custos, modelos e fabricantes, tornando a lista de itens possíveis para compra extremamente longa. A experiência deste empresário é limitada neste aspecto e ele contratou uma pequena empresa de consultoria (as equipes de estudantes) para auxiliá-lo na resolução deste problema."

---

[32] Exemplo extraído do artigo *Aplicação da aprendizagem baseada em problemas em Engenharia de Produção*: uma proposta para o ensino de Logística, de Cardoso e Lima (2010). Disponível em: <http://www.abepro.org.br/biblioteca/enegep2010_tn_sto_122_789_17068.pdf>. Acesso em: 18 set. 2018.

6.13 Escolhendo uma estratégia ou método de aprendizagem ativa

Feita esta apresentação de estratégias e métodos de aprendizagem ativa, potencializadores da abordagem pedagógica da sala de aula invertida, consideramos importante destacar que não existe a melhor estratégia, ou o melhor método. Contudo, cumpre afirmar que o uso de estratégias e métodos de aprendizagem ativa em sala de aula produz um poderoso impacto na aprendizagem dos estudantes. Vários estudos têm mostrado que os estudantes preferem estratégias que promovam a aprendizagem ativa do que aulas tradicionais (BAJAK, 2014; FREEMAN ET AL., 2014; PRINCE, 2004). Outras pesquisas avaliando o desempenho dos estudantes demonstraram que muitas estratégias que promovem a aprendizagem ativa são comparáveis às aulas tradicionais na promoção do domínio do conteúdo, mas superiores às mesmas na promoção do desenvolvimento das habilidades e competências dos estudantes (FREEMAN ET AL., 2014).

Além disso, algumas pesquisas na área da Neurociências mostraram que um número significativo de indivíduos possui estilos de aprendizagem mais bem servidos por estratégias pedagógicas que não sejam as aulas tradicionais (LAMBERT; MCCOMBS, 1998; HALPERN; HAKEL, 2002). Portanto, uma abordagem ponderada e acadêmica do ensino eficiente e eficaz, na qual o professor se reconhece como um profissional da educação, requer que ele se torne conhecedor das várias potencialidades das estratégias que promovem a aprendizagem ativa e que têm sido usadas com sucesso em diversas áreas do conhecimento. Como mencionamos no Capítulo 4, um professor profissional reflete sobre a sua prática, interage com seus colegas para melhorar seu desempenho em sala de aula, aceita críticas construtivas, tolera o "caos controlado" em sala de aula, típico de ambientes de aprendizagem ativa, e explora sua disposição pessoal de experimentar abordagens pedagógicas alternativas, aprendendo com elas. Afinal, a disposição de aprender sempre é inerente a todo o profissional de sucesso.

No próximo capítulo, procuramos abordar o processo de avaliação, ampliando as possibilidades já destacadas em relação às estratégias e aos métodos de aprendizagem ativa aqui apresentados.

REFERÊNCIAS BIBLIOGRÁFICAS

ABDALLA, M. E.; GAFFAR, A. M. *The seven steps of PBL implementation*: Tutor's manual. Abdelrahim Mutwakel Gaffar, 2011. Disponível em: <http://www.academia.edu/download/28014720/The_Seven_Steps_of_PBL_Implementation_Tutors_Manual.pdf>. Acesso em: 10 jun. 2018.

ALBANESE, M. A.; MITCHELL, S. Problem-based learning: a review of literature on its outcomes and implementation issues. *Academic Medicine*, Washington, v. 68, n. 1, p. 52-81, 1993.

ANASTASIOU, L. G. C.; ALVES, L. P. Estratégias de ensinagem. In: ANASTASIOU, L. G. C.; ALVES, L. P. (Org.). *Processos de ensinagem na universidade*: pressupostos para as estratégias de trabalho em aula. 6. ed. Joinville, SC: Univille, 2006.

ARAUJO, I. S.; MAZUR, E. Instrução pelos colegas e ensino sob medida: uma proposta para o engajamento dos alunos no processo de ensino-aprendizagem de física. *Caderno Brasileiro de Ensino de Física*, 30(2), 362-384, 2013.

ARONSON, E.; BLANEY, N.; STEPHAN, C.; SIKES, J.; SNAPP, M. *The jigsaw classroom*. Beverly Hills, California: Sage, 1978.

ASTIN, A. W. *What matters in college*: Four critical years revisited. San Francisco: Jossey-Bass, 1993.

BAJAK, A. *Lectures aren't just boring, they're Ineffective, too, study finds*. 2014. Disponível em: <http://www.sciencemag.org/news/2014/05/lectures-arent-just-boring-theyre-ineffective-too-study-finds>. Acesso em: 15 jun. 2018.

BARROWS, H. S. *Problem-based learning applied to medical education*. Springfield, IL: Southern Illinois University School of Medicine, 2000.

_____. *What your tutor may never tell you*: A Medical Student's Guide to Problem-based Learning (PBL). Southern Illinois University School of Medicine, 1996.

BOUD, D.; FELETTI, G. *The challenge of problem-based learning*. Kongan, 1998.

BRANSFORD, J.; BROWN, A.; COCKING, D. *How people learn*. Washington, DC: National Academy Press. National Research Council. How people learn: Brain, mind, experience, and school: Expanded edition. National Academies Press, 2000.

BRIDGES, E. M.; HALLINGER, P. Problem-based learning in medical and managerial education. In: FOGARTY, R. (Ed.). *Problem-based learning*: a collection of articles. Arlington Heights: Skylight, 3-19, 1998.

BUTCHART, S.; HANDFIELD, T.; RESTALL, G. Using peer instruction to teach philosophy, logic, and critical thinking. *Teaching Philosophy*, 32(1), 1-40, 2009.

CAMPBELL, C.; LAMBERT, S. Using case studies to teach introductory design concepts to first year engineers. In: PROCEEDINGS OF THE AMERICAN SOCIETY OF ENGINEERING EDUCATION ANNUAL CONFERENCE AND EXHIBITION, jun. 2007.

CROSSGROVE, K.; CURRAN, K. L. Using clickers in nonmajors-and majors-level biology courses: student opinion, learning, and long-term retention of course material. *CBE − Life Sciences Education*, 7(1), 146-154, 2008.

CROUCH, C. H.; MAZUR, E. Peer instruction: Ten years of experience and results. *American Journal of Physics*, 69(9), 970-977, 2001.

DA CUNHA, A. M.; SILVA, G. B.; DE ALMEIDA MONTE-MOR, J.; DOMICIANO, M. A. P.; VIEIRA, R. G. Estudo de caso abrangendo o ensino interdisciplinar de engenharia de software. *Anais... Fórum de Educação em Engenharia de Software (FEES08)*, 2008.

DelACEY, B. J.; LEONARD, D. A. Case study on technology and distance in education at the Harvard Business School. *Educational Technology & Society*, 5(2), 13-28, 2002.

DEWEY, J. *Democracy and education*. New York: Free Press, 1916.

DUCH, B. J.; GROH, S. E.; ALLEN, D. E. Why problem-based learning? A case study of institutional change in undergraduate education. In: DUCH, B.; GROH, S.; ALLEN, D. (Ed.). *The power of problem-based learning*. Sterling, Virginia: Stylus Publishing, p. 3-11, 2001.

_____. *Problems*: A key factor in PBL. About teaching #50. A newsletter of the Center of Teaching Effectiveness. 1996. Disponível em: <www.udel.edu/pbl/cte/spr96-phys>. Acesso em: 1 jun. 2018.

FELDER, R. M. Beating the numbers game: effective teaching in large classes. In: *ASEE Annual Conference*, Milwaukee, WI, p. 15-18, 1997.

_____; BRENT, R. *Cooperative learning in technical courses*: procedures, pitfalls, and payoffs. 1994. Disponível em: <https://files.eric.ed.gov/fulltext/ED377038.pdf> Acesso em: 15 abr. 2018.

FREEMAN, S.; EDDY, S. L.; MCDONOUGH, M.; SMITH, M. K.; OKOROAFOR, N.; JORDT, H.; WENDEROTH, M. P. Active learning increases student performance in science, engineering, and mathematics. *Proceedings of the National Academy of Sciences*, 111(23), 8410-8415, 2014.

GALLAGHER, S.; STEPIEN, W. Content acquisition in problem-based learning: Depth versus breadth in American studies. *Journal for the Education of the Gifted*, v. 19, 257-275, 1996.

GAVRIN, A. Just-in-time teaching. *Metropolitan Universities*, 17(4), 9-18, 2006.

GOLDE, M. F.; MCCREARY, C. L.; KOESKE, R. Peer instruction in the general chemistry laboratory: Assessment of student learning. *Journal of Chemical Education*, 83(5), 804, 2006.

GORDON, R. *Balancing real-world problems with real-world results*. Phi Delta Kappan, v. 79, p. 390-393, jan. 1998.

GRAAFF, E.; KOLMOS, A. *Management of change implementation of problem-based and project-based learning in engineering*. Netherlands: Sense Publishers, 2007.

HALPERN, D. F.; HAKEL, M. D. Learning that lasts a lifetime: teaching for retention and transfer. *New Directions for Teaching and Learning*, 89: 3-7, 2002.

HERREID, C. F.; SCHILLER, N. A. Case studies and the flipped classroom. *Journal of College Science Teaching*, 42(5), 62-66, 2013.

JENSEN, J. N. A case study approach to freshman engineering courses. *Proceedings of the 2003 American Society for Engineering Education Annual Conference and Exposition*. Disponível em: <http://www.asee.org> Acesso em: 15 abr. 2018.

JOHNSON, D. W.; JOHNSON, R. T.; SMITH, K. A. *Active learning*: Cooperation in the College Classroom. Edina, MI: Interaction Book Co., 1991.

KAPLAN, A. European management and European business schools: insights from the history of business schools. In: *Management Research*. UK: Routledge, p. 211-225, 2017.

KING, A. From sage on the stage to guide on the side. *College Teaching*, v. 41, n. 1, p. 30-35, 1993.

KOVAC, J. Student active learning methods in general chemistry. *Journal of Chemical Education*, 76(1), 120, 1999.

LAMBERT, B. L.; McCOMBS N. M. (Ed.). *How students learn:* reforming schools through learner-centered education. Washington, DC: American Psychological Association, 1998.

LEDLOW, S. *Using think-pair-share in the college classroom*. 2001. Disponível em: <https://kaneb.nd.edu/assets/137953/think_pair_share_tips.pdf>. Acesso em: 30 maio 2018.

LIMA, I. G.; SAUER, L. Z. Active learning based on interaction and cooperation motivated by playful tone. In: Active Learning in Engineering Education, ALE, 13., 2015, San Sebastian, Spain. *Anais...* Aalborg University Press: Denmark, 2015.

LOCHHEAD, J.; WHIMBEY, A. Teaching analytical reasoning through thinking aloud pair problem solving. *New Directions for Teaching and Learning*, v. 30, p. 73-92, 1987.

LYMAN, F. T. The responsive classroom discussion: The inclusion of all students. In: ANDERSON, A. (Ed.). *Mainstreaming Digest*, p. 109-113. College Park: University of Maryland Press, 1981.

MARRS, K. A.; NOVAK, G. Just-in-time teaching in biology: Creating an active learner classroom using the internet. *Cell Biology Education*, 3(1), 49-61, 2004.

MAZUR, E. *Peer instruction*. Upper Saddle River, NJ: Prentice Hall, 1997.

_____. *Peer instruction*: a revolução da aprendizagem ativa. Porto Alegre: Penso Editora, 2015. 252 p.

McKEACHIE, W.; SVINICKI, M. *McKeachie's teaching tips*. Massachusetts: Cengage Learning, 2013.

MORA, G. Peer instruction and lecture tutorials equally improve student learning in introductory geology classes. *Journal of Geoscience Education*, 58(5), 286-296, 2010.

MORAN, J. Como transformar nossas escolas. In: CARVALHO, M. T. (Org.). *Educação 3.0*: novas perspectivas para o ensino. São Leopoldo, RS: Editora Unisinos; Porto Alegre: Sinepe-RS, 2017. Cap. 4, p. 63-91.

MOREIRA, M. A. Aprendizaje significativo crítico. 2. ed. Madrid, España: Indivisa. *Boletín de Estudios e Investigación*, n. 6, p. 83-101, 2010.

NOVAK, G. M. Just-in-time teaching. *New Directions for Teaching and Learning*, v. 128, p. 63-73, 2011.

_____; PATTERSON, E. T.; GAVRIN, A. D.; CHRISTIAN, W. *Just-in-time-teaching*: blending active learning with web technology. Upper Saddle River: Prentice Hall, 1999. Disponível em: <http://jittdl.physics.iupui.edu/jitt>. Acesso em: 15 jun. 2018.

PIAGET, J. *A linguagem e o pensamento da criança*. São Paulo: Martins Fontes, 1986.

_____. *Fazer e compreender*. São Paulo: Melhoramentos, 1978.

PINTO, G. R. P. R.; BURNHAM, T. F. Recursos educacionais e estratégia para motivar a aprendizagem de estudantes de engenharia em disciplinas humanísticas. In: XXXVIII CONGRESSO BRASILEIRO DE EDUCAÇÃO EM ENGENHARIA (sessão dirigida), Fortaleza, 2010.

_____; _____; PEREIRA, H. B. de B. Uma interpretação do PBL baseada na perspectiva da complexidade. In: XXXVII CONGRESSO BRASILEIRO DE EDUCAÇÃO EM ENGENHARIA, Recife, 2009.

POWELL, P. From classical to project-led education. In: POUZADA, A. S. (Ed.). *Project based learning*: project-led education and group learning. Portugal: Editora da Universidade do Minho, p. 11-40, 2000.

POZO, J. I.; MONEREO, C.; CASTELLÓ, M. O uso estratégico do conhecimento. In: COLL, C.; MARCHESI, A.; PALACIOS, J. *Desenvolvimento psicológico e educação* – psicologia da educação escolar. Porto Alegre: Artmed, p. 145-160, 2004.

PRINCE, M. Does active learning work? A review of the research. *Journal of Engineering Education*, 93(3), 223-231, 2004.

RAO, S. P.; DICARLO, S. E. Peer instruction improves performance on quizzes. *Advances in Physiology Education*, 24(1), 51-55, 2000.

RAUCENT, B.; MILGROM, E.; BOURRET, B.; HERNANDEZ, A.; ROMANO, C. *Guide pratique pour une pédagogie active*: les APP..., Apprentissages par Problèmes et par Projets. Publicado por: École Polytechnique de Louvain e INSA de Toulouse, 2010.

REINHARDT, W.; SIEVERS, M.; MAGENHEIM, J.; KUNDISCH, D.; HERRMANN, P.; BEUTNER, M.; ZOYKE, A. PINGO: peer instruction for very large groups. In: EUROPEAN CONFERENCE ON TECHNOLOGY ENHANCED LEARNING. Springer, Berlin, Heidelberg, p. 507-512, sept. 2012.

RIBEIRO, L. R. C. Aprendizagem baseada em problemas (PBL) na educação em engenharia. *Revista de Ensino de Engenharia*, 27(2), 23-32, 2008.

_____. *A aprendizagem baseada em problemas (PBL)*: uma implementação na educação em engenharia na voz dos atores. Tese de Doutorado, da Universidade Federal de São Carlos, SP, 2005.

_____; MIZUKAMI, M. G. N. *Uma implementação da aprendizagem baseada em problemas (PBL) na pós-graduação em engenharia sob a ótica dos alunos*. Semina: *Ciências Sociais e Humanas*. Londrina, v. 25, p. 89-102, 2004.

ROOS, Y. H.; FRYER, P. J.; KNORR, D.; SCHUCHMANN, H. P.; SCHROËN, K.; SCHUTYSER, M. A.; WINDHAB, E. J. Food engineering at multiple scales: case studies, challenges and the future - a European perspective. *Food Engineering Reviews*, 8(2), 91-115, 2016.

ROSATELLI, M. C. *Um ambiente inteligente para aprendizado colaborativo no ensino a distância utilizando o método de casos*. Tese de Doutorado, da Universidade Federal de Santa Catarina, Florianópolis, 1999.

SALEMI, M. K. Clickenomics: using a classroom response system to increase student engagement in a large-enrollment principles of economics course. *Journal of Economic Education*, 40(4), 385-404, 2009.

SAVIN-BADEN, M.; HOWELL, M. C. *Foundations of problem-based learning*. New York: McGraw-Hill Education, 2004.

SCHELL, J.; MAZUR, E. *Flipping the chemistry classroom with peer instruction*. Chemistry education: Best practices, opportunities and trends, p. 319-344, 2015.

SCHULLER, M. C.; DaROSA, D. A.; CRANDALL, M. L. Using just-in-time teaching and peer instruction in a residency program's core curriculum: enhancing satisfaction, engagement, and retention. *Academic Medicine*, 90(3), p. 384-391, 2015.

SIMKINS, Scott; MAIER, Mark. *Just-in-time teaching*: Across the disciplines, across the academy. Virginia, USA, Stylus Publishing, LLC, 2010.

SIMON, B.; CUTTS, Q. Peer instruction: a teaching method to foster deep understanding. *Communications of the ACM*, 55(2), 27-29, 2012.

TEIXEIRA, K. C.; SILVA, T. E.; MOTA, J. C.; BARROSO, N. C.; TEIXEIRA, E. V. Peer instruction methodology for linear algebra subject: a case study in an engineering course. In: FRONTIERS IN EDUCATION CONFERENCE (FIE), oct. 2015.

VICKREY, T.; ROSPLOCH, K.; RAHMANIAN, R.; PILARZ, M.; STAINS, M. Based implementation of peer instruction: A literature review. *CBE – Life Sciences Education*, 14(1), es3, 2015.

VILLAS-BOAS, V.; MARTINS, J. A.; GIOVANNINI, O.; SAUER, L. Z.; BOOTH, I. A. S. (Org.). *Aprendizagem baseada em problemas*: estudantes de ensino médio atuando em contextos de ciência e tecnologia. 1. ed. Brasília: Abenge, 2016.

WOODS, D. R. Problem-based learning for large classes in chemical engineering. *New Directions for Teaching and Learning*, 68: 91-99, 1996.

Avaliação: processo contínuo e formativo $\quad$ 7

O valor da avaliação não está no instrumento em si,
mas no uso que se faça dele.

Juan Manuel Álvarez Méndez

Neste capítulo, vamos discutir o processo de avaliação em ambientes de aprendizagem ativa. Para tanto, iniciamos chamando a atenção para a importância de que, tanto professores quanto estudantes, reconheçam a necessidade de diversificação das formas de avaliação, quando a intenção é a de integrá-la ao processo de aprendizagem. Em particular, o professor precisa se conscientizar de que não é possível conceber ambientes de aprendizagem ativa mantendo somente instrumentos de avaliação tradicionais.

De fato, concordamos com Mesquita (2015), quando afirma que ainda é possível constatar que os testes escritos são instrumentos de avaliação que constituem o maior peso na avaliação final da grande maioria das disciplinas na Educação em Engenharia. Segundo a autora, a elaboração de artigos, discussões, apresentações, entre outros, já está sendo adotada por alguns professores, porém, ainda não podemos observar mudanças significativas nas práticas de avaliação para além dos testes convencionais.

Por sua vez, os estudantes, quando comparam as avaliações tradicionais, na forma de testes escritos, com outras possíveis formas de avaliação, frequentemente demonstram não gostar. No entanto, dependendo da postura do professor, acabam reconhecendo a importância de diferentes formas de avaliação, com atividades mais significativas para a aprendizagem, que podem promover o desenvolvimento de competências essenciais à prática profissional, tendo em vista suas futuras carreiras.

Podemos dizer que, a partir de ambientes de aprendizagem ativa, conforme descrevemos no Capítulo 3 deste livro, os estudantes podem mudar a concepção de aprender, reconhecendo benefícios da avaliação como parte do processo de aprendizagem. Só o fato de vivenciarem estratégias, com características mencionadas no Capítulo 6, já é um avanço, em relação à maneira tradicional de ensinar e de aprender. A relação estudante-professor e estudante-estudante também pode ser modificada, além da maneira como os estudantes se relacionam com o conhecimento, a partir de atividades que os levem a refletir sobre o que fazem, analisando, fazendo conjecturas ou resolvendo problemas com significado para eles. O envolvimento em ambientes de aprendizagem, onde são aplicados estratégias e métodos de aprendizagem ativa, pode colaborar com o desenvolvimento da autonomia dos estudantes, bem como com a mudança de suas concepções sobre avaliação, o que precisamos levar em consideração.

No Capítulo 6, foram descritas várias estratégias e alguns métodos de aprendizagem ativa, com respectivas sugestões de avaliação e exemplos de como as mesmas podem ser aplicadas, de acordo com nossa experiência. Entretanto, queremos deixar claro que não há a melhor forma de avaliar, em ambientes de aprendizagem ativa. Além disso, é importante que o professor esteja sempre atento à necessidade de revisar os instrumentos de avaliação escolhidos, levando em consideração o desempenho dos estudantes. De fato, quando planejamos nossas disciplinas, em cada uma das etapas, precisamos ter claro "como ensinar" e "como avaliar", com fundamentação teórica que sustente nosso planejamento.

Assim, neste capítulo, esperamos dar nossa contribuição no que se refere às possibilidades de avaliação consistentes e coerentes com nosso entendimento de aprendizagem e condições para que ela ocorra, o que inclui o processo de avaliação. Até porque, temos certeza de que muitos colegas leitores já têm realizado experiências com as características aqui apontadas.

Nesse contexto, nas próximas seções, abordamos *o que entendemos por avaliação da aprendizagem*; *sob que condições deve ocorrer*; nosso entendimento sobre *diferentes abordagens de avaliação* e, com base nisso, apresentamos sugestões de *estratégias de avaliação* condizentes com nossas concepções sobre os ambientes de aprendizagem ativa, em que as mesmas são promovidas, com considerações sobre como incluir o processo de avaliação nos processos de ensino e de aprendizagem.

7.1 O que significa avaliar?

A fim de esclarecer nosso entendimento da avaliação como processo contínuo e formativo, de modo a promover aprendizagem duradoura, retomamos, aqui, algumas das características dos ambientes de aprendizagem ativa, descritos no Capítulo 3, bem como das estratégias e métodos de aprendizagem ativa, apresentados no Capítulo 6. Tais características remetem a conceitos de avaliação, coerentes com concepções de avaliação, que passamos a destacar.

Com efeito, concordamos com Moran (2017), quando afirma que avaliação, no contexto da aprendizagem ativa, é um processo contínuo e flexível, que acontece sob várias formas, sobre as quais discutimos na Seção 7.3.

Segundo Mesquita (2015), facilmente conseguimos selecionar um conjunto de verbos que remetem para o conceito de avaliação. Por exemplo: mudar, objetivar, julgar, medir, regular, negociar, comparar, problematizar, verificar ou classificar. Muitos outros poderiam ser legitimamente agrupados nesta lista, o que justifica a complexidade da questão: o que é avaliar? Mas o que torna o processo de avaliação tão complexo e polêmico? De fato, a avaliação é um processo no qual se torna visível a coerência entre todos os processos de desenvolvimento do currículo: relação entre os objetivos e as atividades desenvolvidas, importância atribuída aos conteúdos, metodologia apropriada no contexto da formação inicial e os recursos que são disponibilizados durante o período de aprendizagem (MESQUITA, 2015). Muitas vezes, segundo essa mesma autora, a avaliação torna-se incompatível com a abordagem utilizada na sala de aula, o que traz dificuldades para a prática docente. Por exemplo, se o professor utiliza, em suas aulas, uma abordagem coerente com as necessidades dos estudantes, visando à sua compreensão e motivação, mas um modelo de avaliação que requer apenas memorização e reprodução, pode se estabelecer uma ruptura nesta lógica.

Nessas condições, o processo de avaliação precisa ser repensado e renovado visando a uma articulação adequada com os outros elementos curriculares, o que sugere a criação de ambientes mais participativos e processos avaliativos mais reflexivos por parte dos estudantes, indo além de uma atividade que apenas busca uma classificação no final do processo de aprendizagem. A avaliação deve, pois, ser concebida como recurso para a aprendizagem. Por sua vez, diversificar a forma de avaliar implica diversificar as atividades inerentes aos processos de ensino e de aprendizagem, em ambientes de aprendizagem ativa, nos quais os estudantes possam efetivamente refletir sobre o que aprenderam, como aprenderam e para que aprenderam. Assim é que a avaliação assume uma relação direta com a aprendizagem (MESQUITA, 2015; HOFFMANN, 2014).

Para Moretto (2010), avaliar a aprendizagem é uma situação complexa a desafiar o professor em sua tarefa de acompanhar a construção do conhecimento dos estudantes. O autor justifica, também, que, nesta linha de pensamento, avaliar a aprendizagem é um processo que deve manter coerência com o processo da "ensinagem", ou seja, o professor avalia o que o estudante aprende para poder produzir novas e melhores condições para novas aprendizagens (MORETTO, 2017). Assim, a avaliação não pode ser um produto final, fechado e acabado. Ela é um momento privilegiado em que o professor recolhe dados para (re)direcionar o processo de ensino, o que sugere a necessidade de dar mais ênfase ao processo de avaliação.

Portanto, ao compreender e considerar a avaliação como processo de verificação dos avanços, dos limites e das dificuldades, além da aferição de notas de desempenho, professor e estudantes estão implicados e a concepção é, então, de uma avaliação mediadora, que, para Hoffmann (2014),

> [...] significa ação provocativa do professor, desafiando o educando a refletir sobre as noções estudadas e situações vividas, a formular e reformular seus próprios conceitos, encaminhando-se gradativamente ao saber científico e a novas descobertas.

Nessa perspectiva, a avaliação implica o envolvimento dos estudantes, o que torna o processo mais interativo, pois considera as ações do professor e dos estudantes, com o propósito de regular e de melhorar as aprendizagens. Consequentemente, a avaliação torna-se mais participativa e mais transparente, com a responsabilidade mútua entre professor e estudantes.

Sendo a avaliação essencialmente um processo de tomada de decisão, importa que este mesmo processo seja, também, fundamentado. Só assim é conferido sentido à avaliação. Portanto, refletir sobre o seu conceito exige questionar sobre aspectos indispensáveis: Como avaliar? Quem avaliar? Por que avaliar? O que avaliar?

Buscando respostas a estas questões, encontramos em Perrenoud (1999), a importância de planejar, estudar e propor a avaliação considerando a participação responsável dos estudantes, ou seja, de envolvê-los na avaliação das próprias competências. Nisso está considerada a análise participativa das produções e dos registros dos estudantes, que permite intervir imediatamente nos resultados observados, proporcionando a valorização da colaboração entre os pares, as estratégias utilizadas e o aprimoramento das aprendizagens (MESQUITA, 2015).

7.2 Condições para que a avaliação integre o processo de aprendizagem

Diante do exposto, procuramos reforçar, nesta seção, a importância de se estabelecer um (novo) contrato didático com os estudantes, evidenciando a compreensão da avaliação como parte integrante do processo de aprendizagem, em ambientes de aprendizagem ativa.

De fato, se o ambiente é centrado nos conteúdos, o contrato do estudante compreende escutar, tentar entender, fazer os exercícios e restituir suas aquisições, individualmente, ao professor, que retornará com uma nota que representará o que o estudante aprendeu (PERRENOUD, 1999).

Porém, em ambientes de aprendizagem ativa, com estratégias coerentemente planejadas e promovidas pelo professor, o contrato impõe ao estudante o papel de envolver-se, participar ativamente, com colaborações na forma de questionamentos, discussões e resoluções. Ele tem direito a dar palpites, a errar, a expor suas dúvidas, a explicitar seus raciocínios e, com isso, tomar consciência de suas formas de aprender e dos diferentes recursos que tem à sua disposição, tais como o material bibliográfico, as anotações de aula, mas também a colaboração dos colegas, como produto da própria interação com todos. Esse contrato exige, então, uma maior coerência nas ações promovidas e realizadas. Assim, em Perrenoud (1999) encontramos inspiração para o entendimento de um possível contrato didático, em ambientes de aprendizagem ativa. Por parte do professor: (i) a capacidade de incentivar as participações, sejam na forma de questionamentos, de palpites ou de resoluções para as tarefas propostas; (ii) a demonstração de aceitação dos erros como fontes essenciais de regulação e de progresso; (iii) a valorização de palpites, resoluções corretas, ou erros, com o devido *feedback* e novas orientações, quando necessário; (iv) a valorização da cooperação entre os estudantes nas atividades propostas; (v) a capacidade de explicitar e de ajustar o contrato didático, de ouvir e de considerar as resistências dos estudantes, quando for o caso; e (vi) o compromisso de manter a sua parte no contrato e de acompanhar os estudantes no mesmo rumo, reorientando-os sempre que necessário.

Como consequência, aos estudantes compete o conhecimento desse contrato, previamente estabelecido e acordado, bem como o reconhecimento do que lhes cabe em cada uma das cláusulas, o que pode ser resumido, segundo Perrenoud (1999), em "participar ativamente, colaborando e interagindo, seja na forma de apresentação de dúvidas, como também respondendo aos colegas, sempre que entender que pode colaborar, assumindo a responsabilidade que lhe compete no próprio processo de aprendizagem".

Com isso, entendemos ser possível, ao professor, desistir de padronizar a avaliação e, com isso, envolver os estudantes na avaliação das próprias competências, explicitando e debatendo os objetivos e os critérios, favorecendo a avaliação mútua, os balanços de conhecimentos e a autoavaliação (PERRENOUD, 1999).

Nesse sentido, compreendemos, como Masetto (2011), que é possível tratar a aula como tempo e espaço para que a avaliação se transforme, sempre, em uma nova oportunidade de aprendizagem.

> Com efeito, se os professores do ensino superior se dispusessem a fazer todas as alterações que vimos defendendo ao longo destas páginas, modificando suas aulas, utilizando de novas tecnologias, selecionando conteúdos significativos, desenvolvendo um relacionamento adulto com a turma, pondo em prática uma mediação pedagógica e ao final não alterasse a avaliação, ou seja, continuassem fazendo uma avaliação como em geral se fazem nas instituições, eu diria que em nada teria adiantado todas as mudanças, pois para o aluno tudo continuaria sendo decidido nas provas e todo o trabalho inovador e participante durante o ano não teria tido nenhum outro valor. Esse comportamento seria o mesmo que colocar uma pá de cal sobre as inovações pedagógicas e mais uma vez perder a confiança dos alunos (MASETTO, 2011).

Masetto (2011) ainda questiona: se as atividades dos estudantes são realizadas em dois momentos não integrados, o das aulas tradicionais e o das provas, em qual dos dois ocorre o processo de aprendizagem? E responde: para que tal processo ocorra, é preciso que os dois momentos referidos estejam integrados, afirmando:

> Esta é, com efeito, a primeira grande característica de um processo de avaliação: estar integrado ao processo de aprendizagem como um elemento de incentivo e

motivação para a aprendizagem. E esta é a primeira diferença em nossa prática: não estamos acostumados a ver a avaliação como incentivo à aprendizagem e sim como identificadora de resultados obtidos (MASETTO, 2011).

Diante de todas as considerações aqui apresentadas, entendemos ter destacado elementos suficientes para que seja possível compreender o processo de avaliação como parte integrante do processo de aprendizagem. Porém, podemos avançar, compreendendo, também, que não se trata da padronização de diferentes instrumentos avaliativos, mas da compreensão e utilização de formas adequadas de intervir nos processos de ensino, conduzidos pelo professor, e de aprendizagem, demonstrados pelos estudantes, durante tais processos, o que passamos a considerar.

7.3 Possíveis abordagens de avaliação em ambientes de aprendizagem ativa

Em ambientes de aprendizagem ativa, como descritos no Capítulo 3 deste livro, as ações promovidas visam colaborar para o desenvolvimento da autonomia intelectual do estudante, que pode ser entendida como "processo autônomo de aprendizagem", ou seja, como capacidade de aprender a aprender.

Para tanto, os estudantes precisam mostrar o que aprenderam, com produções criativas, relevantes, que explicitem a evolução e o percurso realizado, quando da realização de estratégias promovidas visando à sua participação ativa.

Assim, entendemos, como Moretto (2017), que o processo de avaliação da aprendizagem pode ser visto sob dois aspectos: como *avaliação formativa* e como *avaliação sistemática*. O autor explica que a avaliação formativa é a que faz parte do processo de ensinar e se funde com ele. Ou seja, à medida que o professor ensina, ele deve manter-se atento e avaliar continuamente o que ocorre com seus estudantes, retomando o assunto, sempre que se fizer necessário; perguntar sobre as dúvidas, replanejar o processo, com nova linguagem e novos exemplos, dentre outras ações que revelem sua atenção ao processo. Moretto (2017) define essa avaliação como "avaliação contínua, pois pode ocorrer a qualquer momento do processo de ensino", o que depende muito da competência do professor para ensinar, pois requer o conhecimento e a prática no uso de recursos a serem mobilizados sempre que necessário. O autor ainda afirma que, para perceber sinais, analisá-los, avaliá-los e replanejar com rapidez e eficiência, o professor precisa ter desenvolvido competência para ensinar, pois assim terá recursos para poder mobilizá-los no momento em que a situação complexa o exigir. Consequentemente, os estudantes são beneficiados com o *feedback* promovido com tais avaliações.

Nessa análise, vemos que "não é possível separar o avaliar do ensinar: avalia-se ensinando, ensina-se avaliando". E, ainda, a avaliação é o único processo que aproxima o avaliado do avaliador e permite que ambos ensinem e aprendam, ao mesmo tempo, um com o outro (MORETTO, 2017).

Quanto à *avaliação sistemática*, o autor considera como *momento de síntese*, que ocorre de tempos em tempos, de acordo com o planejamento do professor ou da organização escolar. A avaliação sistemática é uma parada estratégica para avaliar os processos de ensino e de aprendizagem, visando à (re)orientação do processo de ensino. Sua principal característica como colaboradora no processo de aprendizagem está na competência do professor para selecionar os conteúdos relevantes, como forma de melhor integrá-los na construção do conhecimento do estudante.

Assim, para ser coerente com a aprendizagem, a avaliação não pode ser apenas a aplicação de um instrumento classificatório, a ser analisado por contagem de erros e acertos, mas, sim, um processo (re)orientador no planejamento de tarefas de aprendizagem e de estratégias pedagógicas que possibilitam ao estudante aperfeiçoar ações realizadas e preencher lacunas.

É dessa forma que a avaliação, em suas diferentes abordagens, ganha sentido, como um processo que possibilita "mapear" ou diagnosticar como está sendo desenvolvido o processo de aprendizagem, fornecendo informações ao professor, a fim de programar novas intervenções, propondo problemas, discussões e questões que auxiliem os estudantes a superar dificuldades encontradas, auxiliando-os a estabelecer relações e a desenvolver habilidades e condutas de valor.

Questões como:

- Quais as dificuldades?
- Quais os obstáculos?
- Quais os avanços?
- Que aspectos precisam ser aperfeiçoados?

devem estar presentes no processo de avaliação, relacionando-o à regulação do processo de aprendizagem. Concebida dessa maneira, a avaliação não é um momento específico do processo de aprendizagem, mas o integra de forma contínua, constituindo um modo de diagnosticar dificuldades e obstáculos e uma fonte de (re)planejamento da prática pedagógica (SOARES; LIMA; SAUER, 2005).

Sob esse ponto de vista, uma função importante do professor, no processo de avaliação da aprendizagem, de modo geral, é acompanhar o estudante, cuidar de sua aprendizagem, auxiliando-o a localizar o que precisa ser feito, revisto, estudado, (re)elaborado, para superar dificuldades e estabelecer relações para o desenvolvimento de estruturas cognitivas. Para serem compatíveis com a avaliação, concebida como ação educativa, as estratégias pedagógicas precisam

144 Capítulo 7

incentivar o estudante a analisar e a avaliar seu próprio desempenho (SOARES; LIMA; SAUER, 2005).

O professor deve incluir práticas formativas, como é o caso do *feedback*, que agregam valor à avaliação da aprendizagem dos estudantes. O *feedback* não é uma prática comum no Ensino Superior, tal como Mesquita (2015) confirmou pelos resultados obtidos em sua pesquisa. Os estudantes destacaram que, de uma forma geral, o *feedback* que têm recebido concentra-se exclusivamente na nota final do teste escrito (enfoque no resultado). Contudo, concordamos com a autora, quando afirma que o *feedback* é um elemento que naturalmente se relaciona com o desenvolvimento de um currículo de qualidade. Ele deve ser um elemento presente em vários momentos do processo, com o objetivo de melhorar e de contribuir para a superação das dificuldades.

Assim, o *feedback* funciona como âncora de segurança que auxilia os estudantes no processo de tomada de decisão, contrariamente à abordagem tradicional em que os ambientes de aprendizagem são caracterizados por instruções diretas e fechadas às quais os estudantes podem seguramente responder, baseando-se apenas na reprodução do que é transmitido pelo professor. O *feedback* deve ser pensado como uma ferramenta de interação entre o estudante e o professor no sentido de melhorar determinados aspectos relacionados com a aprendizagem. Portanto, a qualidade do *feedback* dado pelo professor é fundamental neste processo.

Assim, algumas questões se colocam:

- Como promover o *feedback*?
- O *feedback* deve incidir sobre que aspectos da aprendizagem?
- O professor pode ter auxílio no processo de *feedback*?

As respostas a estas questões são difíceis de serem dadas, pois envolvem vários pressupostos. De qualquer maneira, importa que a avaliação seja feita de tal forma que envolva os estudantes, não somente respondendo às questões de uma prova. Para tanto, os professores precisam ser preparados para esta prática, que é complexa, mas que contribui diretamente para a qualidade do ensino e da aprendizagem na Educação Superior (MESQUITA, 2015). Entendemos, também, que dar *feedback* constante se trata de uma prática que requer um tempo de que nem sempre o professor dispõe. Nesse caso, como resposta à terceira pergunta, com uma boa organização e orientação, o professor poderá contar com o auxílio de monitores, sempre que a IES disponibilizar a monitoria, atividade acadêmica de extrema valia nos processos de ensino e de aprendizagem.

Perrenoud (1999), quando se refere a formas de *feedback*, sugere: "Melhor ensinar a pescar do que dar um peixe". E, ao procurar interpretar essa afirmação nesse contexto, compreendemos que o acompanhamento ao estudante, em todos os momentos de seu processo de aprendizagem, com orientações que o ajudem a corrigir as falhas, completar o que falta ou refazer atividades solicitadas, deve ser constante (*ensinar a pescar*). Não pode ser adiado nem apresentado apenas em forma de nota (*o peixe*). Para isso, é preciso que venha imediatamente e na forma de informação descritiva, escrita ou oral que incentive o diálogo entre professor e estudante.

Com isso, o estudante entenderá o interesse do professor por sua aprendizagem e não apenas por melhorar sua nota; o professor escolherá a melhor orientação para aquele estudante, ou para a turma, no momento em que o processo exigir (MASETTO, 2011).

Trata-se do *feedback* contínuo, presente em todas as ocasiões do processo de aprendizagem, e não apenas nos momentos esporádicos de uma prova, seja ela mensal, bimestral ou semestral, pois, entre umas e outras, muita coisa os estudantes aprenderam, outras não, e muitas dessas não foram e não serão, jamais, recuperadas. Dessa forma,

> Com a característica de *feedback*, o processo avaliativo ganha uma dimensão *diagnóstica* porque permite verificar se a aprendizagem está sendo alcançada ou não e o porquê; uma dimensão prospectiva quando oferece informações sobre o que se fazer dali por diante para um contínuo reiniciar do processo de aprendizagem até atingir os objetivos finais; e uma dimensão de avaliação formativa enquanto acompanha o aprendiz durante todo o processo e em todos os momentos de aprendizagem (MASETTO, 2011).

Entretanto, muitos casos de não aprendizagem se explicam, não por um desempenho inadequado do estudante, mas por uma falta de preparação do professor, sua improvisação, falta de planejamento, falta de flexibilidade na aplicação de um plano, textos muito longos e em grande quantidade ou textos muito complexos, desconhecimento ou não aplicação de estratégias e métodos pedagógicos adequados aos objetivos propostos, por comportamentos preconceituosos do professor (MASETTO, 2011).

Tal constatação merece uma reflexão por parte de professores que tenham interesse na adoção do modelo de ensino e de aprendizagem com as características mencionadas até aqui.

Para concluir esta seção, enfatizamos que as abordagens de avaliação ora descritas podem ser abarcadas pelos *princípios da avaliação mediadora*, propostos por Hoffmann (2014):

> (1) oportunizar aos alunos muitos momentos de expressar suas ideias; (2) oportunizar discussão entre os alunos a partir de situações-problema; (3) prestar muita atenção nas tarefas, perguntas, comentários; (4) oferecer-lhes várias oportunidades de descobrir melhores soluções; e (5) dar complementaridade ao processo avaliativo.

146 Capítulo 7

Como possibilidade de integrar as abordagens de avaliação aqui destacadas em ambientes de aprendizagem ativa, descrevemos, na próxima seção, algumas práticas e instrumentos de avaliação, coerentes com as estratégias e os métodos de aprendizagem ativa apresentados no Capítulo 6.

7.4 Estratégias de avaliação em ambientes de aprendizagem ativa

Nesta seção, apresentamos algumas estratégias de avaliação, que temos utilizado e entendemos serem coerentes com os processos de ensino e de aprendizagem, em ambientes de aprendizagem ativa, conforme os pressupostos até aqui destacados.

Com efeito, ao sugerirmos a diversificação dos processos avaliativos, estamos pensando, também, em estratégias possíveis no modelo híbrido, assim como no modelo presencial, com ou sem o apoio de ambientes virtuais ou de tecnologias digitais de informação e comunicação (TDICs), embora talvez seja impossível desconsiderar essas últimas.

Assim, consideramos oportuno comentar sobre as que passamos a apresentar.

7.4.1 *One minute paper* (O relatório do último minuto)

A *One minute paper* (OMP) é uma estratégia de aprendizagem ativa cuja concepção é, muitas vezes, creditada a Charles Schwartz, professor de Física da Universidade da Califórnia, Berkeley, nos Estados Unidos, durante o início da década de 1980 (LIGHT; COX, 2001), embora vários de seus elementos possam ser encontrados em outros textos escritos dessa época (LIGHT; COX, 2001; GIBBS; HABESHAW; HABESHAW, 1984). Angelo e Cross (1993) têm sido importantes divulgadores da OMP (WEAVER; COTRELL, 1985).

Nesta estratégia, aqui considerada como estratégia de avaliação, o professor finaliza a aula uns dois a cinco minutos antes de terminar o tempo previsto e pede aos estudantes que, individualmente, escrevam sobre o tema abordado nesta aula, solicitando que respondam a uma ou duas questões, da lista de equações apresentadas na Figura 7.1.

Trata-se de uma forma de avaliação formativa que, conforme descrevemos na Seção 7.3, evidencia a preocupação do professor com a aprendizagem dos estudantes. A OMP também impacta no planejamento da aula, pois o professor pode utilizar as dificuldades ou facilidades na aprendizagem apresentadas pelos estudantes para direcionar a aula que virá a seguir.

Se a disciplina contar com um ambiente virtual, esta estratégia é uma boa oportunidade para aprofundar o tema abordado, no fórum de discussões do ambiente. Ou, então, o tema pode ser tratado via Internet, preferivelmente em

Avaliação: processo contínuo e formativo **147**

Caro(a) Estudante

Responda às seguintes questões:

(i) Quais foram o(s) ponto(s) principal(is) da aula?
(ii) Quais foram o(s) ponto(s) menos claro(s) da aula?
(iii) Qual foi o conceito mais importante que aprendeu durante a aula?
(iv) Qual(is) a(s) pergunta(s) que gostaria de fazer?
(v) Qual o exemplo mais significativo, a imagem mais impactante, a informação mais surpreendente, a ideia mais perturbadora?
(vi) Resolva o(s) seguinte(s) exercício(s) ou problema(s), relacionados com o conteúdo abordado.

Entregue suas respostas depois da aula. Elas serão analisadas, a fim de verificarmos o entendimento sobre os assuntos tratados. No próximo encontro, iniciaremos a aula, abordando questões comuns que foram apresentadas, visando ao *feedback* necessário para a continuação dos estudos.

Figura 7.1 Estratégia de avaliação formativa sobre os assuntos discutidos em uma aula.

lista de discussões, a fim de que todos possam ter acesso aos comentários registrados. Essa é uma forma, às vezes necessária, a fim de que o professor possa avançar no estudo e não se deter mais do que o previsto, para aquele assunto.

7.4.2 Autoavaliação

Atividades de autoavaliação podem ser realizadas em diferentes etapas de desenvolvimento de uma disciplina ou de um curso. Nessas atividades, são promovidas reflexões sobre o grau de envolvimento dos estudantes nas tarefas solicitadas, na condução do próprio processo de aprendizagem, considerando as oportunidades que lhes são oferecidas. Os estudantes avaliam, também, suas contribuições na interação com os colegas e o que aprenderam com elas, e apresentam sugestões de aprimoramento do ambiente em relação aos aspectos metodológicos ou tecnológicos. Nessas condições, a autoavaliação é uma estratégia de avaliação formativa e pode ser entendida como um mecanismo de autorregulação do processo de aprendizagem, pois pode auxiliar o estudante a entender como está acontecendo a sua aprendizagem, bem como ao professor, ao dar o *feedback* necessário.

Os exemplos a seguir têm sido utilizados antes, durante ou logo após a realização de avaliações sistemáticas, com questões contextualizadas, tais como:

(a) O professor apresenta um texto, acompanhado de questões a serem respondidas, após a devolução da prova, já avaliada. Devemos dar tempo para que respondam e entreguem em aula. Uma atividade de autoavaliação com sugestões de questões está apresentada na Figura 7.2.

148 Capítulo 7

Caro(a) Estudante

Ao encerrarmos a primeira etapa do semestre, após a realização da Primeira Avaliação Parcial, cujas questões propostas foram aperfeiçoadas e discutidas durante duas semanas, foi feito um convite para que todos os interessados respondessem às perguntas listadas a seguir. O objetivo de tal convite foi o de incentivá-los a participar ativamente, por meio da realização das tarefas propostas para o estudo da disciplina, quando afirmamos: "Não temos dúvidas quanto à qualidade do aproveitamento de todos os que se 'envolveram' com todas as atividades propostas desde o início, estudando e procurando aperfeiçoar e esclarecer as dúvidas existentes, para que pudéssemos concluir as discussões. Gostaríamos, agora, de convidá-los a refletir sobre possibilidades de avaliação a partir de atividades que permitissem 'aprender', bem como sobre a importância de que todos nós realizemos, com responsabilidade, o nosso papel para atingir os nossos objetivos." Para isso, pedimos que responda:

1. Quando lhe foi proposta a possibilidade de aperfeiçoamento das questões, como parte integrante da avaliação, o que você respondeu? (Sim, não ou deixou de responder?)

2. Você manteve sua posição? Em caso negativo, justifique.

3. Como você avalia sua participação nas atividades propostas como estudo, nesta etapa?

4. Houve progresso, em termos de aprendizagem, durante a realização das atividades que constituíram a avaliação?

5. Apresente outras sugestões ou comentários que julgue relevantes e que possam contribuir para a melhoria das condições de sua aprendizagem.

De posse dessas respostas, será possível programarmos estratégias que nos auxiliem a atingir os resultados de aprendizagem, previstos, tendo claro quais são tais resultados. Sua participação servirá, portanto, não só para analisarmos a qualidade de nossas propostas de trabalho e estudo, como também para a programação das próximas atividades.

Refletir sobre estes aspectos permitirá aumentar o grau de consciência sobre sua própria aprendizagem, o que certamente trará resultados positivos!

Figura 7.2 Exemplo de autoavaliação após a realização e devolução de uma prova.

Esta forma de autoavaliação pretende incentivar a reflexão sobre a responsabilidade que compete a cada um, professor e estudante, nos processos de ensino e de aprendizagem. À medida que estratégias como essas vão sendo empregadas, podemos observar mudanças de postura por parte de estudantes, que vão se mostrando sem argumentos para justificar o insucesso. Tais argumentos, quando existem, consistem em atribuir todas as possíveis causas de insucesso aos fatores externos: professor, material de estudo, outros compromissos, falta de competência dos monitores, dentre outros. Porém, com base nas reflexões que podem ser promovidas, após a análise das respostas, os estudantes começam a compreender que precisam investir na qualidade da própria aprendizagem, realizando as atividades indicadas, procurando esclarecer as dúvidas e até mesmo colaborando com os colegas, sabendo que ensinando se aprende também.

(b) Esta estratégia de autoavaliação pode ser aplicada após a realização de uma prova, quando de sua devolução aos estudantes. Com a mesma, além de possibilidades de promover reflexão sobre dedicação e métodos de estudos, o professor pode dar *feedback* sobre a aprendizagem dos conteúdos abordados, com base nas respostas à Questão 6, do instrumento apresentado na Figura 7.3.

Caro(a) Estudante

Esta atividade está sendo proposta com o objetivo de proporcionar um momento de reflexão sobre as atividades realizadas até aqui, em termos de sua qualidade como propostas de estudo e, consequentemente, da aprendizagem que visaram promover. Conforme procuramos deixar claro, desde o nosso primeiro encontro, entendemos a aprendizagem como um processo que requer a sua participação ativa em todos os momentos. Esta participação ativa se refere à realização das tarefas de estudo: questionando, interagindo com colegas, professores e monitores, procurando mostrar seu interesse e curiosidade, demonstrando seus conhecimentos ou dúvidas, o que é imprescindível para que possamos programar atividades que levem em consideração o que você não sabe, mas, também, o que sabe e, consequentemente, possam auxiliá-lo a "construir conhecimentos".

Precisamos lembrar sempre que não temos todo o tempo que gostaríamos de ter e, neste momento, vamos fazer um levantamento do que aprendemos, o que fizemos para aprender, como sabemos que aprendemos e o que podemos/devemos fazer daqui em diante para atingirmos nossos objetivos durante o semestre.

No primeiro dia de aula, quando apresentamos a programação do semestre e abordamos assuntos relacionados com a aprendizagem, você completou uma tabela, como esta que apresentamos a seguir, incluindo seus horários de estudo.

	Manhã	Tarde	Vespertino	Noite
2ª feira				
3ª feira				
4ª feira				
5ª feira				
6ª feira				
Sábado				
Domingo				

Naquele momento, justificamos essa tarefa pela importância de planejarmos todas as nossas atividades, para que os horários de estudo não fossem sacrificados em detrimento de outras obrigações ou dificuldades que sabemos que você, como todos nós, enfrenta.

(continua)

Figura 7.3 Exemplo de autoavaliação quando da devolução de uma prova realizada.

150 Capítulo 7

> *(continuação)*
>
> Agora, tendo cumprido uma etapa do semestre, estamos propondo que reavalie suas condições e disposição para cumprir suas obrigações de estudante que deseja alcançar o bom êxito no semestre. Para auxiliá-lo, solicitamos que responda às seguintes perguntas:
>
> 1. Você conseguiu manter sua programação inicial quanto aos horários de estudo? Justifique.
> 2. O tempo dedicado aos estudos foi suficiente para realizar todas as atividades propostas? Justifique.
> 3. As atividades que você realizou contribuíram para a sua aprendizagem? Em caso negativo, justifique.
> 4. Concorda com os benefícios gerados pela interação com os colegas, compartilhando suas dúvidas ou conhecimentos? Em caso afirmativo, de que forma você tem demonstrado isto?
> 5. Dentre os assuntos que foram estudados, o que você espera que lhe seja perguntado nesta avaliação?
> 6. Elabore e escreva, de forma clara, no verso desta folha, três questões[1] envolvendo os tópicos listados a seguir, procurando, em cada uma delas, relacionar o conhecimento que adquiriu ou o que acredita que deveria ter adquirido sobre o tema em questão.[2]
> 7. Complete a tabela que se segue enumerando a primeira coluna em ordem CRESCENTE de importância (do menos importante = 1 para o mais importante = 5 ou 6).
>
> Quando você estuda, o faz para:
> (   ) ter uma visão mais aberta do mundo e da vida.
> (   ) receber um certificado.
> (   ) adquirir novos conhecimentos.
> (   ) tirar boas notas.
> (   ) tornar-se um profissional cada vez mais competente.
> (   ) outro motivo: _____
>
> 8. Apresente sugestões que possam contribuir com a melhoria da qualidade de sua aprendizagem.
>
> Esperamos que estas reflexões nos auxiliem na programação e (re)organização do semestre, de forma que todos concluam com êxito diretamente proporcional à qualidade de seu empenho como estudante que quer aprender.
>
> Nosso maior patrimônio é o conhecimento. Com ele e por meio dele abriremos nossas fronteiras, ultrapassaremos nossos limites, teremos uma visão nova do mundo, seremos sujeitos ativos dentro do processo de transformação da sociedade!

Figura 7.3 Exemplo de autoavaliação quando da devolução de uma prova realizada *(continuação)*.

(c) Esta estratégia permite a autoavaliação do estudante em relação à própria dedicação aos estudos, além de fornecer informações ao professor quanto à qualidade do apoio aos estudos: materiais, fórum de discussões em ambiente virtual, monitoria ou outro. Um texto é apresentado antes ou depois da realização de uma prova, como ilustrado na Figura 7.4.

---

[1] Este número varia, conforme os temas estudados.
[2] O professor lista os temas de estudo naquela etapa.

Caro(a) Estudante

Com a finalidade de avaliar a qualidade de nossas propostas, bem como de seus estudos, complete as seguintes informações:

1. Assinale as atividades que você realizou com a finalidade de estudar sobre os temas abordados na disciplina, dentre as que foram sugeridas como estudo dos temas abordados.[3]
2. Quais os temas de estudo que você priorizou nesta etapa?
3. Dentre os recursos citados a seguir, assinale os que você utilizou como fonte de estudos:

    ( ) Notas de aula disponibilizadas no Material de Apoio.
    ( ) Os exercícios propostos nas atividades de estudo.
    ( ) Seu caderno de anotações.
    ( ) A bibliografia básica da disciplina.
    ( ) A monitoria presencial.
    ( ) A monitoria virtual (nesse caso, o fórum de discussões do AVA).
    ( ) Livro(s) sugerido(s) na bibliografia complementar. Qual(is)?
    ( ) Website(s) de apoio sugerido(s) na bibliografia virtual. Qual(is)?
    ( ) Outra(s) fonte(s). Qual(is)?

Suas reflexões, justificadas nas respostas aos questionamentos aqui apresentados, serão levadas em consideração e poderão esclarecer possíveis dúvidas relacionadas com as suas condições de aprendizagem.

Figura 7.4 Exemplo de autoavaliação que pode ser promovida antes ou depois da prova.

Especialmente com base nas respostas à Questão 3, o professor poderá conhecer melhor a qualidade dos apoios promovidos, reorganizando os que não estiverem atendendo as expectativas dos estudantes, de forma satisfatória, reforçando os que se mostrarem preferenciais ou acrescentando outros apoios, dependendo da disponibilidade e das sugestões que surgirem.

7.4.3 Avaliação formativa

O que apresentamos a seguir contempla nossa concepção de avaliação formativa, ou seja, de uma avaliação integrando o processo pedagógico, como base para o professor criar suas intervenções e estratégias e para o estudante repensar sua forma de aprender e de participar ativamente, como responsável, também, pela sua aprendizagem. Trata-se de uma seleção de propostas que podem ser utilizadas, entendendo-as como possibilidades de avaliar por meio de estratégias que desenvolvam autoconhecimento e tomada de consciência.

---

[3] Aqui, o professor lista todas as tarefas indicadas em cada aula e o estudante tem as seguintes opções de resposta: realizei (R), realizei parcialmente (RP) ou não realizei (NR).

152 Capítulo 7

(a) O professor apresenta um texto, logo abaixo da última questão da prova, como ilustrado na Figura 7.5.

Caro(a) Estudante

Levando em consideração o investimento que você realizou durante esta avaliação e visando aproveitá-la como parte integrante do processo de aprendizagem, vamos receber aperfeiçoamentos em relação às questões propostas nesta avaliação após a sua realização. Para isso, a partir de amanhã pela manhã, as questões aqui apresentadas estarão disponíveis no ambiente virtual de aprendizagem. Objetivando incentivar, com isso, a reflexão sobre sua responsabilidade no aproveitamento dos estudos da disciplina e, consequentemente, na construção de seu conhecimento, perguntamos: *É possível você completar/ aperfeiçoar as respostas aqui apresentadas até segunda-feira?* Nesse caso, estude mais um pouco, revise os conceitos que precisa compreender melhor e procure resolver novamente, com compreensão, as questões propostas. Na próxima aula, a prova será devolvida para que os aperfeiçoamentos que julgar necessários possam ser feitos. O tempo para isso será igual à metade do tempo destinado à primeira versão.

Figura 7.5 Exemplo de avaliação formativa.

Esta atividade pode ser considerada como estratégia de avaliação formativa, pois, de modo geral, há avanços em relação à primeira versão. Quando podemos contar com o fórum de discussões, abrimos espaço, durante a semana, para que os estudantes discutam as questões, intervindo com comentários em forma de dicas e orientações de acordo com as perguntas dos estudantes, porém, nunca fornecendo as respostas.

(b) Elaboração de resumos. O professor solicita que os alunos sistematizem suas ideias acerca do entendimento de um dado conceito, com base em pesquisas bibliográficas e nas explicações dadas em aula, elaborando, com suas palavras, o significado e as possibilidades de aplicação do conteúdo que está sendo estudado, os teoremas, as fórmulas, as regras, os passos, dentre outras informações que julgar importantes, com exceção de exercícios resolvidos. Tais sistematizações resultam em textos que podem ser objeto de consulta no decorrer de provas escritas. Essa estratégia auxilia no desenvolvimento da capacidade de elaborar textos e de comunicar suas ideias de forma clara e organizada. Uma possibilidade de texto a ser apresentado aos estudantes está ilustrada na Figura 7.6.

O emprego desta estratégia é útil para que o professor possa promover discussões sobre métodos de estudo. Para tanto, o estudante deve ser orientado a elaborar o "resumo" de forma a organizar seus estudos, procurando compreender o significado dos conceitos abordados, de modo que possa dispensar exercícios resolvidos.

Avaliação: processo contínuo e formativo **153**

Caro(a) Estudante

Para o fechamento dos estudos de cada etapa, como uma atividade de estudos pré-prova, está sendo sugerida a elaboração de um resumo. Ele deve consistir em um texto que seja a síntese comentada dos estudos realizados, devendo conter, portanto, todos os principais pontos discutidos e trabalhados (exceto exercícios resolvidos).

O texto deve ser de próprio punho, à caneta e, de nenhuma forma, cópia xerox, ocupando, no máximo, uma folha de ofício, frente e verso.

Esse material poderá ser consultado durante a prova e deverá ser entregue junto com a mesma, devidamente identificado.

Figura 7.6 Exemplo de orientação para elaboração de resumo a ser utilizado durante uma atividade de avaliação.

Com base no desempenho dos estudantes, o professor, ao devolver as provas já analisadas, pode promover um *feedback*, aproveitando a oportunidade para orientações sobre como estudar, levando em consideração as respostas recebidas, comparativamente aos resumos elaborados.

(c) Análise, junto aos estudantes, dos resumos elaborados e consultados durante a prova. Esta estratégia é empregada logo após a realização e devolução de uma prova, já avaliada. Consiste em apresentar questões para reflexão, além de, intencionalmente, reorientar a elaboração dos resumos produzidos como atividade de estudos pré-prova e consultados durante a mesma. A apresentação desta estratégia de avaliação formativa está ilustrada na Figura 7.7.

Esta atividade, também promovida como uma atividade de estudos, com a devida orientação do professor, pode ser considerada uma estratégia de avaliação formativa, uma vez que o estudante, aos poucos, pode avançar em relação ao próprio método de estudo, bem como identificar as próprias dificuldades, em cada etapa. Com a ajuda do professor, após a realização de cada avaliação, a análise do resumo elaborado, em comparação ao resultado obtido, o estudante poderá revisar a própria forma de estudar. Por sua vez, o professor também revisará o instrumento avaliativo, conforme o desempenho da turma, de modo geral.

(d) A análise de erros também é considerada uma estratégia de avaliação formativa. Por meio de diálogos, esta estratégia permite ao professor analisar, junto com os estudantes, os procedimentos adotados em resoluções de problemas. Dessa forma, o professor pode utilizar os erros ou acertos como fontes de reconhecimento do que precisa ser (re)elaborado para que

154 Capítulo 7

Caro(a) Estudante

Responda às questões a seguir, considerando o texto/resumo que você fez e usou nessa avaliação:

1. A elaboração do texto/resumo/esquema foi útil na resolução das questões da avaliação?
2. O que você mudaria no texto/resumo/esquema se fosse fazê-lo agora?
3. Em relação aos seus estudos extraclasse, quantas horas você estuda por semana?
4. O seu desempenho na avaliação atendeu suas expectativas? Justifique.
5. Você acha que pode melhorar em algum aspecto? Que dificuldades surgiram nessa primeira etapa de nossos estudos?
6. Apresente sugestões que possam melhorar nossas aulas e estudos.

Figura 7.7 Exemplo de avaliação formativa após a realização e devolução de uma prova.

sejam superadas as dificuldades. Conforme Piaget, um erro pode ser mais fecundo do que um acerto imediato, porque a comparação entre uma hipótese falsa e suas consequências fornece novos conhecimentos; além disso, a comparação entre dois erros pode levar à elaboração de novas ideias (CASTORINA, 1988).

Por exemplo, uma convicção oriunda de nossa prática pedagógica, em relação à aprendizagem, é a de que podemos ajudar nosso estudante a pensar e incentivá-lo a escrever sobre o que pensa. Quando o estudante consegue se expressar, argumentando sobre um assunto ou um problema, está em um nível superior de compreensão, em relação àquele que apenas processa numericamente, por aplicação de uma equação modelo ou de algumas operações que, por vezes, desenvolve por simples imitação. O fato de nos expressarmos sobre o que sabemos a respeito de determinado assunto indica que estamos em atividade reflexiva, em processo de coordenação dos atos do pensamento, que busca construir a própria lógica do que expressamos (SAUER, 2004).

Não consideramos, portanto, questionamentos ou respostas padronizadas. Procuramos respeitar os diferentes níveis dos estudantes e orientá-los de acordo com o que oferecem como possibilidades. Cada conquista traduz um entendimento a mais e alimenta o passo seguinte. Assim é que a motivação é impulsionada pelo motor afetivo, de tal forma que o sujeito esteja disposto a buscar respostas às suas dúvidas e seja capaz de construir conhecimentos a partir dos que possui.

O exemplo ilustrado na Figura 7.8, sugere uma possibilidade de utilização de avaliação formativa, que pode ser promovida logo após a realização de uma avaliação sistemática.

Feito isto, após a análise dos aperfeiçoamentos, o professor discute com os estudantes os procedimentos adotados em resoluções de problemas, utilizando

Avaliação: processo contínuo e formativo 155

Caro(a) Estudante

Feita a análise e devolução das provas, proponho a ampliação do prazo para o fechamento desta etapa.

Para tanto, considerando a importância do "envolvimento" como uma responsabilidade que deve ser assumida por quem quer aprender, pedimos que:

1. Resolva novamente todas as questões que errou, em novo documento.
2. Para cada uma destas questões, você deve:
   - analisar o(s) erro(s) cometido(s);
   - justificar o motivo, identificando os procedimentos incorretos, buscando, na teoria, argumentos e justificativas.

A entrega deste trabalho, por aqueles que estiverem dispostos a investir na melhoria da qualidade de suas aprendizagens, fica marcada para a próxima aula, quando todos os que a realizarem deverão entregar os dois documentos, ou seja, a prova já analisada e a nova, em que foram feitos os aperfeiçoamentos.

Somente serão aceitos os trabalhos entregues no início da aula.
Bom trabalho a todos!

Figura 7.8 Análise de erros com a mediação do professor.

os erros ou acertos como fontes de reconhecimento do que precisa ser (re)elaborado a fim de que sejam superadas as dificuldades.

Ainda sobre análise de erros, o exemplo ilustrado na Figura 7.9 sugere outra possibilidade de utilização de avaliação formativa, que também pode ser promovida logo após a realização de uma avaliação sistemática, mas em uma aula presencial.

(e) Nas discussões coletivas via fórum no AVA, o professor promove a utilização do fórum do ambiente virtual de aprendizagem como local para discussões em torno de tarefas iniciadas em encontros presenciais ou como atividades que complementem esses encontros. Essa estratégia pode abrir espaços para a construção de novos saberes. Por meio dela, estudantes e professor, em uma ação problematizadora e sistematizadora, podem observar, questionar, comentar e dar dicas, promovendo reflexão crítica e desenvolvimento de novas ideias. Para que isso aconteça, as tarefas de aprendizagem devem ser elaboradas de forma a promover a reflexão, a argumentação, a interpretação e a dedução, e não apenas respostas memorizadas ou cálculos mecânicos repetitivos e desprovidos de significado.

Para tanto, o professor promove a realização de tarefas, na forma de diálogos, via *fórum de discussões*, podendo ser considerada um instrumento de avaliação formativa. Como atividade de avaliação formativa, é importante que o professor estabeleça níveis de comunicação que, depois, integrarão a avaliação

156 Capítulo 7

> Após a análise de uma avaliação sistemática, se o resultado da turma não foi satisfatório, o professor pode preparar, para a aula seguinte à da avaliação, uma atividade para análise dos erros cometidos na prova. Em uma turma com 30 estudantes, se somente 20 % tiveram um desempenho aceitável, o professor pode formar cinco grupos, onde em cada grupo haverá um dos estudantes com desempenho aceitável. Este estudante será o líder-orientador do grupo e ajudará os colegas na resolução correta dos problemas resolvidos incorretamente na prova.
>
> Apesar de a atividade ser realizada em grupo, cada estudante deve escrever as soluções para os problemas que resolveu incorretamente na prova. Este material escrito será examinado pelo professor ao final da aula e poderá compor alguma melhoria na nota do estudante na referida avaliação. Além disso, o material escrito poderá ser usado pelo estudante como material de estudo ao comparar o mesmo com a avaliação ao qual se refere.

Figura 7.9 Análise de erros com a mediação do professor em aula presencial.

do estudante. Como exemplo sugerimos os seguintes cinco níveis, em ordem crescente de valorização na avaliação: (1) perguntar; (2) responder ao colega; (3) responder ao professor, em continuidade a uma discussão; e (4) concluir uma discussão, com êxito.

Na Figura 7.10 apresentamos uma sugestão de atividade avaliativa, realizada via fórum de discussões.

Esta prática de avaliação exige a presença frequente do professor, que, com base nas questões apresentadas, na resolução ou na sugestão do estudante, deve abrir espaços para a construção de novos saberes, por meio de ações problematizadoras e sistematizadoras. Ou seja, em cada momento, observa, questiona,

> **Caros & Caras**
>
> Na aula de ontem, cada um[4] de vocês recebeu um problema a ser resolvido.
>
> Conforme orientações dadas, cada um(a) deve apresentar a sua resolução neste fórum de discussões.
>
> São incentivadas perguntas, respostas ou sugestões de aperfeiçoamento por parte de todos os que tiverem interesse em realizar esta atividade de estudo colaborativo.

Figura 7.10 Atividade de avaliação formativa via fórum de discussões.

---

[4] Pode ser um problema por grupo, bem como uma mesma lista de problemas a serem resolvidos por toda a turma.

comenta e dá dicas, intervindo de modo a orientar e auxiliar em processos de reflexão crítica e de elaboração de ideias. Um desafio nos ambientes virtuais de aprendizagem consiste em promover a interação sem a presença física. Para isto, é importante estreitar laços, especialmente de confiança, a partir de trocas em fóruns, nos quais os participantes podem identificar interesses comuns e compartilhar conhecimentos. Em todos os casos, o acompanhamento do professor, de acordo com o que vai sendo apresentado, é o que pode promover a aprendizagem e propiciar a avaliação, de acordo com critérios bem definidos, como os sugeridos anteriormente.

7.4.4 Avaliação pelos pares

Segundo Mesquita (2015), a avaliação pelos pares é um exercício necessário e fundamental para os processos de ensino e de aprendizagem, mas deve ser realizado e introduzido de forma gradual ao longo da formação inicial. Adicionalmente, requer apoio e orientação por parte do professor, estabelecendo critérios previamente e esclarecendo que não se trata de avaliar o colega, mas, sim, sua produção. Os estudantes, ao participarem dessa forma de avaliação, tornam-se mais envolvidos, tendo a oportunidade de aprender a avaliar, por meio de críticas construtivas, competências fundamentais para a prática profissional (MESQUITA, 2015). A avaliação entre pares também tem muita importância, pois permite a ampliação dos pontos de vista e o desenvolvimento da maturidade para exercitar um julgamento justo (HOFFMANN, 2014).

No Capítulo 6, na Seção 6.12, Aprendizagem baseada em problemas (PBL), apresentamos um exemplo de avaliação pelos pares na Figura 6.21.

7.4.5 Portfólio físico ou digital

O professor tem de ser capaz de abrir mão do uso autoritário da avaliação e usá-la para realmente saber se o estudante alcançou o resultado de aprendizagem previsto. Nesse contexto, um instrumento avaliativo que pode auxiliar no processo de aprendizagem do estudante é o portfólio.

Um portfólio nada mais é que o "recipiente" ou pasta onde se guardam todos os materiais produzidos pelo estudante, cronologicamente, ou seja, é aquilo que formalmente se pode apresentar para avaliação. Segundo Sá-Chaves (2000), o portfólio é, simultaneamente, uma estratégia que facilita a aprendizagem e permite sua avaliação.

O portfólio baseia-se no detalhamento documentado dos conhecimentos construídos pelos envolvidos (SELDIN, 1997). Tais conhecimentos são inventariados, focando nos resultados de aprendizagem pretendidos na disciplina.

158 Capítulo 7

Um portfólio pode tanto ser físico quanto digital. Considerando o potencial das TDICs, acreditamos que, nos dias de hoje, o portfólio digital constitui a forma mais adequada de se registrar os materiais produzidos pelo estudante.

O portfólio digital com todo o percurso do aluno é um instrumento muito forte da avaliação, mais do que a prova tradicional, porque avalia o processo em vários momentos, dá *feedback* quando há tempo para correção do rumo e permite que cada estudante produza dentro do seu próprio ritmo, tornando visíveis para todos o processo e os resultados (compartilhamento em tempo real para todos). Como tudo fica visível, a combinação de portfólio, aprendizagem pelos pares e autoavaliação é poderosa, estimulante e socialmente relevante (MORAN, 2017).

Uma possibilidade para o portfólio digital é o professor organizar, no AVA, pastas individuais para cada estudante, nas quais, cronologicamente, o estudante irá depositar suas produções. O portfólio pode ser construído, além da forma de pasta, como um *blog* ou um *website*.

Finalmente, cabe dizer que o ideal seria que toda avaliação fosse com consulta. Melhor ainda se pudéssemos ter tempo suficiente para estabelecer uma conversa avaliativa ou entrevista avaliativa, durante a qual o estudante ficasse suficientemente à vontade para compartilhar o conhecimento construído. Vivemos na era do conhecimento, em um mundo em que temos as informações sempre à mão, seja no celular, seja no computador. Assim, por que exigirmos que nossos alunos apelem tanto para a memória? Em um mundo em que temos o Waze, por que fazer o estudante decorar os nomes das ruas como fazem os taxistas de Londres? (MORAN, 2017) O importante não é decorar fatos, fórmulas, procedimentos, mas saber interpretar, avaliar e aplicar o que aprendemos. Mais importante ainda, é saber criar usando o conhecimento construído.

REFERÊNCIAS BIBLIOGRÁFICAS

ANGELO, T. A.; CROSS, K. P. *Classroom assessment techniques*: a handbook for college teachers. 2 ed. San Francisco: Jossey-Bass, 1993.

CASTORINA, J. *Psicologia genética*: aspectos metodológicos e implicações pedagógicas. Porto Alegre: ArtMed, 1988.

GIBBS, G.; HABESHAW, S.; HABESHAW, T. *53 interesting things to do in your lectures*. Bristol: Technical and Educational Services, 1984.

HOFFMANN, J. *Avaliação mediadora*: uma prática em construção da pré-escola à Universidade. 33. ed. Porto Alegre: Saraiva, 2014.

_____. *Avaliar para promover: as setas do caminho*. Porto Alegre: Mediação, 2014.

LIGHT, G.; COX, R. *Learning and teaching in higher education*: the reflective professional. London: Paul Chapman, 2001.

MASETTO, M. T. O *professor na hora da verdade*: a prática docente no Ensino Superior. 1. ed. São Paulo: Avercamp, 2011.

MESQUITA, D. I. A. *O currículo da formação em engenharia no âmbito do processo de Bolonha*: Desenvolvimento de competências e perfil profissional na perspectiva dos docentes, dos estudantes e dos profissionais. 2015, 340f. Tese (Doutorado em Ciências da Educação Especialidade em Desenvolvimento Curricular) – Instituto de Educação, Universidade do Minho, Portugal, 2015.

MORAN, J. Como transformar nossas escolas. In: CARVALHO, M. T. (Org.). *Educação 3.0*: novas perspectivas para o ensino. São Leopoldo, RS: Editora Unisinos, 2017. cap. 4.

MORETTO, V. P. *Planejamento*: planejando a educação para o desenvolvimento de competências. 33. ed. Petrópolis, RJ: Vozes, 2017.

_____. *Prova*: um momento privilegiado de estudo não um acerto de contas. Rio de Janeiro: Lamparina, 2010.

PERRENOUD, P. *Construir as competências desde a escola*. Porto Alegre: ArtMed, 1999.

SÁ-CHAVES, Idália. *Portfólios reflexivos*: estratégia de formação e de supervisão. Portugal: Universidade de Aveiro, 2000.

SAUER, L. Z. *O diálogo matemático e o processo de tomada de consciência da aprendizagem em ambientes telemáticos*. 2004, 202f. Tese (Doutorado em Informática em Educação) – PGIE, UFRGS, Porto Alegre, 2004.

SELDIN, P. *The teaching portfolio*: a practical guide to improved performance and promotion/tenure decisions. Boston: Anker Publishing Company, 1997.

SOARES, E. M.; LIMA, I. G.; SAUER, L. Z. Avaliação formativa: estratégia pedagógica para aprendizagem significativa de matemática em ambientes virtuais. In: CONGRESSO INTERNACIONAL DE EDUCAÇÃO A DISTÂNCIA, ABED, 12., 2005, Florianópolis, Santa Catarina. *Anais...* Universidade Federal de Santa Catarina, 2005.

WEAVER, R. L.; COTRELL, H. W. Mental aerobics: the half-sheet response. *Innovative Higher Education*, v. 10, n. 1, p. 23-31, 1985.

8 O planejamento das aulas e os resultados de aprendizagem

Não há ventos favoráveis a quem não sabe para onde navega.

Sêneca (4 a.C.-65 d.C.)

Neste livro, não temos a intenção de discorrer sobre planejamento curricular, tema que tem sido amplamente debatido e justificado, como uma exigência das escolas de Engenharia e dos gestores dos cursos, em consonância com a sociedade, a indústria e a comunidade de educadores em Engenharia. Contudo, não podemos deixar de enfatizar a necessidade de currículos funcionais que promovam não somente a aprendizagem de conteúdos conceituais, procedimentais e atitudinais, mas forneçam condições favoráveis à aplicação e integração dos conhecimentos construídos e das competências desenvolvidas. O momento clama por currículos que favoreçam o desenvolvimento de habilidades dos estudantes para solucionar problemas, desde os mais simples e presentes em seu dia a dia, aos mais complexos ainda não enunciados.

Os cursos de Engenharia precisam preparar engenheiros com mentalidade flexível e adaptável para enfrentar as rápidas transformações da sociedade, com condições de resolver problemas que ainda não existem. Estes engenheiros precisarão ser profissionais que aprenderam a aprender e, assim, capazes de continuar aprendendo sempre. Ser professor nesse contexto, onde o conhecimento está disponível ao estudante em diferentes fontes e formatos, significa muito mais do que ser aquele profissional que ministra aulas expositivas.

Com efeito, concordamos com Demo (2008) quando aponta a importância de superar a aula instrucionista, porque ela, ao contrário do que muitos acreditam, tolhe a aprendizagem. E acrescenta:

> [...] apesar de todas as agruras dos professores − que são inúmeras, e algumas inaceitáveis − em geral, eles gostam de dar aula e acabam recebendo mal esta sugestão, porque continuam apegados ao estilo tradicional de 'ensinar', 'instruir', 'treinar'. A definição mais corriqueira de professor é dar aula. Frequentemente ouço que aula é 'cachaça', a ponto de não importar muito o que se paga por ela. [...] Em sentido bem concreto, aula é xodó de professor. Ele gosta de aula, em geral, muito mais que os alunos.

Além disso, o professor precisa considerar que uma grande fração dos estudantes estuda em cursos noturnos, presenciais ou híbridos e, não menos importante, cuja formação na escola básica nem sempre os capacitou para enfrentar os estudos universitários.

Entretanto, como já discutimos, a informação, hoje, está disponível e acessível pela grande maioria dos estudantes e a função do professor é auxiliar no desenvolvimento de competências que lhes propiciem a (re)construção de conhecimentos, com base nos princípios mencionados.

Nos capítulos anteriores, exploramos, também, as principais características dos estudantes da geração chamada digital (Capítulo 2), com considerações sobre como eles aprendem, além de teorias de aprendizagem que embasam a aprendizagem ativa (Capítulo 3), acompanhadas de estratégias e métodos visando à aprendizagem em tais ambientes (Capítulo 6), bem como recursos avaliativos coerentes (Capítulo 7).

Assim, neste capítulo, não poderíamos deixar de mencionar algumas palavras sobre o planejamento que, como refere Moretto (2017), é desconsiderado por muitos professores que alegam que tudo já está planejado nos livros-texto ou nos materiais de sua própria autoria, ou mesmo adotados por outros autores. Amparados por uma discussão em torno das novas diretrizes curriculares para os cursos de Engenharia no Brasil e da importância de uma alfabetização científica e tecnológica, que enfatizam a necessidade de abordagens pedagógicas centradas no estudante, saber planejar uma aula, nesse contexto cambiante e disruptivo, não é tarefa simples. Contudo, queremos tranquilizar os colegas, professores de disciplinas de Engenharia, que aqui buscarem inspiração, no sentido de que preparar um ambiente eficaz de aprendizagem ativa não significa utilizar todas as estratégias e métodos disponíveis, descartar bons momentos de exposição e de diálogos, ou acreditar que o que quer que seja feito vai atingir todos os estudantes. Esta nossa afirmativa encontra apoio em Prince (2011), que, em seu *Active Learning Continuum* (Figura 8.1), argumentou que não necessariamente nossas disciplinas devem estar planejadas somente nas condições do extremo direito do *Continuum*, ou seja, totalmente planejadas à luz dos métodos de aprendizagem baseada em problemas e em projetos. O recado de Prince (2011) para os colegas professores de Engenharia é que:

> Aprendizagem ativa se apresenta em uma variedade de sabores. As chances são de que há um sabor que combina com o professor e os resultados de aprendizagem que ele quer que os estudantes alcancem. Nesse contexto, espero que o professor encontre alguns desses sabores no *Active Learning Continuum*, e que os mesmos o faça se sentir confortável no processo.

O planejamento tem uma importância fundamental do ponto de vista pedagógico e operacional, na medida em que tem implicações na forma como o estudante aprende. Ou seja, uma das competências do professor passa, entre outras, por saber planejar (MESQUITA, 2015). De fato, para a autora, o planejamento é considerado um processo determinante na operacionalização

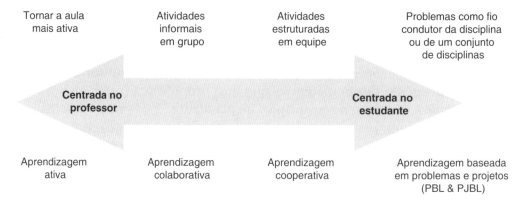

Figura 8.1 *Active Learning Continuum*. (Fonte: Adaptada de Prince (2011).)

do currículo, na medida em que as decisões do professor, na organização dos processos de ensino e de aprendizagem, refletem-se no que acontece na sala de aula, mais exatamente na forma como se ensina e na forma como se aprende.

Com essas considerações, na sequência, apresentamos sugestões de como o professor de Engenharia pode planejar suas aulas tendo como ponto de partida os resultados de aprendizagem pretendidos, a metodologia de desenvolvimento das aulas e os instrumentos de avaliação, com uma abordagem em que os estudantes sejam os principais atores durante os processos de ensino e de aprendizagem. São estes os elementos do planejamento que pretendemos enfatizar nas próximas seções, mesmo entendendo que há outros, os quais dependem da estrutura organizacional dos cursos e da instituição.

Assim, abordamos na próxima seção nosso entendimento sobre resultados de aprendizagem.

8.1 O planejamento e os resultados de aprendizagem

Entendemos por resultados de aprendizagem aqueles ligados diretamente aos processos de ensino, de aprendizagem e de avaliação. Segundo Mesquita (2015), os resultados de aprendizagem relacionam-se com os requisitos necessários a desenvolver no âmbito das atividades de ensino e de aprendizagem, inerentes a uma unidade de aprendizagem, no sentido de garantir oportunidades para os estudantes desenvolverem um conjunto de competências técnicas e transversais. O enfoque em uma lógica de competências na organização curricular é o que justifica a transição conceitual de objetivos para resultados de aprendizagem.

Entretanto, precisamos propor resultados de aprendizagem que possibilitem o desenvolvimento cognitivo dos estudantes em diferentes níveis, bem como o desenvolvimento de habilidades e atitudes. Se estabelecermos resultados de aprendizagem e os utilizarmos de forma apropriada, a unidade de aprendizagem estará alinhada, de forma construtiva, com os estudos propostos, com as atividades propostas tanto para as aulas quanto para fora de aula, com as tarefas de casa e com os instrumentos de avaliação.

Por isso, um dos desafios que os professores enfrentam é escrever resultados de aprendizagem significativos para os estudantes, os quais sejam devidamente comunicados sobre as expectativas em relação à disciplina. Os resultados de aprendizagem não precisam ser difíceis de escrever. De fato, quanto mais clara e concisa a linguagem, maior a probabilidade de que os estudantes sejam capazes de usá-los para estruturar seu aprendizado.

Um resultado de aprendizagem deve responder à seguinte pergunta: "o que os estudantes devem ser capazes de fazer ao final de uma aula ou de uma disciplina, que não conseguiam fazer antes?" Um resultado de aprendizagem está direcionado ao conhecimento que o estudante deve construir e às habilidades que deve desenvolver, em um processo mediado pelo professor (MESQUITA, 2015).

Três exemplos de resultados de aprendizagem, em disciplinas distintas, são apresentados a seguir:

- O estudante deve ser capaz de reconhecer funções positivas ou negativas, identificar a região compreendida entre cada um dos tipos e o eixo x, e também calcular as áreas de tais regiões, usando um dos métodos de integração já conhecidos, sendo capaz de avaliar a qualidade das respostas obtidas.

- O estudante deve ser capaz de, no caso de uma força eletromotriz induzida em um circuito que contém uma fonte, determinar a força eletromotriz total e calcular a corrente no circuito.

- O estudante deve ser capaz de desenvolver atitudes de consciência e sensibilização diante dos problemas e das grandes diferenças existentes entre os povos em função de seus diferentes graus ou tipos de desenvolvimentos sociais e tecnológicos.

Obviamente, existem diferentes tipos de resultados de aprendizagem. Alguns são simples, exigindo apenas a compreensão de uma definição. Outros são mais complexos, requerendo resolução de problemas, avaliação ou concepção de um produto. Outros ainda se concentram em procedimentos ou atitudes.

Alguns pesquisadores sugerem que, na proposição dos resultados de aprendizagem, uma possibilidade é o uso das taxionomias. As taxionomias podem ser definidas como instrumentos que servem para classificar e revelar relações entre diferentes dimensões. A mais utilizada e conhecida nos contextos educacionais é a taxionomia de Bloom, brevemente comentada a seguir.

8.2 A taxionomia de Bloom

A partir de 1948, um grupo de educadores realizou a tarefa de classificar as metas e os objetivos da educação. A intenção era desenvolver um sistema de classificação para três domínios: o cognitivo, o afetivo e o psicomotor. Esta classificação ficou conhecida como Taxionomia dos objetivos educacionais de Bloom.

O trabalho no domínio cognitivo foi concluído na década de 1950 e é, comumente, referido como Taxionomia do Domínio Cognitivo de Bloom (BLOOM ET AL., 1956). Outros educadores desenvolveram taxionomias para os domínios afetivo e psicomotor (KRATHWOHL; BLOOM; MASIA, 1964; HARROW, 1972).

A ideia principal da taxionomia é que o que os educadores querem que os estudantes aprendam (contido nos resultados de aprendizagem) pode ser organizado em uma hierarquia de menor para maior complexidade. Os níveis são entendidos como sucessivos, de modo que um nível deve ser dominado antes que o próximo nível possa ser alcançado. Os níveis originais estabelecidos (BLOOM ET AL., 1956) foram ordenados da seguinte forma: conhecimento, compreensão, aplicação, análise, síntese e avaliação, conforme apresentado na Figura 8.2.

Anderson e Krathwohl (2001) revisaram a taxionomia de Bloom para adequá-la aos objetivos da educação moderna, mais focados em resultados de aprendizagem, incluindo a mudança nos nomes dos níveis, de substantivos para verbos ativos e invertendo a ordem dos dois níveis mais altos. Em outras palavras, a mudança foi proposta, justificando que os verbos expressam melhor as ações que esperamos que os estudantes realizem e são mais condizentes com os resultados de aprendizagem pretendidos. Na Figura 8.3, apresentamos a taxionomia de Bloom revisada. O uso de uma rosácea, em lugar de uma escada, traz a ideia da flexibilidade dos níveis e da possibilidade de desenvolvimento de habilidades conceituais, procedimentais e atitudinais ao mesmo tempo que desenvolvemos os diferentes níveis cognitivos.

O nível de ordem mais baixa, observado na Figura 8.2, *conhecimento*, foi renomeado para *lembrar*: o estudante é solicitado a identificar ou lembrar-se de

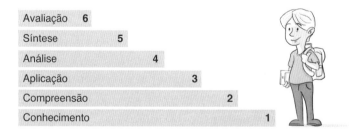

Figura 8.2 Categorias do domínio cognitivo da taxionomia de Bloom (MESQUITA, 2015).
(Fonte: Adaptada de Ferraz e Belhot (2010).)

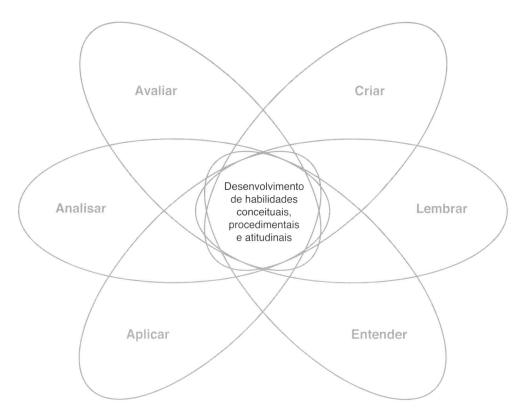

Figura 8.3 Taxionomia de Bloom revisada. (Fonte: Adaptada de Fink (2007).)

informações. O nível *compreensão* foi renomeado para *entender*: o estudante deve explicar ou descrever conceitos e os utilizar em contextos diferentes. O nível *aplicação* foi renomeado para *aplicar*: o estudante usa informações, métodos e conteúdos aprendidos em novas situações concretas. A análise foi revisada para se tornar *analisar*: o estudante deve diferenciar componentes ou relações, demonstrando a capacidade de comparar e contrastar. Esses quatro níveis permanecem os mesmos da hierarquia original (BLOOM, 1956).

Em geral, a pesquisa nos últimos 40 anos confirmou esses níveis como uma hierarquia (ANDERSON; KRATHWOHL, 2001). Além de revisar a taxonomia, os autores acrescentaram uma conceitualização das dimensões do conhecimento, na qual esses níveis de processamento são usados (factual, conceitual, processual e metacognitivo). O Centro de Excelência em Aprendizagem e Ensino da Iowa State University (2012) fornece uma excelente representação gráfica sobre como essas duas taxonomias podem ser usadas juntas para gerar resultados de aprendizagem, como ilustramos na Figura 8.4.

Os dois níveis mais altos e mais complexos de síntese e avaliação foram invertidos, no modelo revisado, e renomeados como avaliar e criar (ANDERSON;

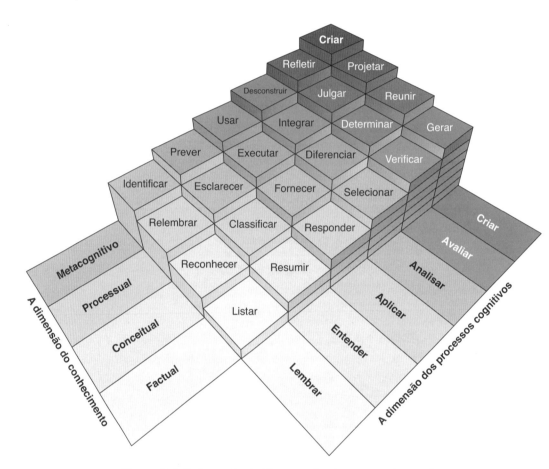

Figura 8.4 Taxionomia de Bloom revisada, com as dimensões cognitiva e do conhecimento. (Fonte: Iowa State University (2012).)

KRATHWOHL, 2001). Como os autores não forneceram evidências empíricas para essa inversão, acreditamos que esses dois níveis mais altos são essencialmente iguais em grau de complexidade. Ambos dependem da análise como um processo fundamental. No entanto, síntese ou criar requer reorganizar as partes de uma maneira nova e original, enquanto avaliação ou avaliar demanda uma comparação com um padrão utilizando um julgamento. Isso é semelhante à distinção entre pensamento criativo e pensamento crítico. Ambos são valiosos, ao mesmo tempo que nenhum é superior ao outro. De fato, quando um dos dois é omitido durante o processo de resolução de problemas, a eficácia do processo diminui (HUITT, 1992).

Em qualquer caso, é fato que os estudantes podem "saber" sobre um tópico ou assunto em diferentes níveis. Embora a maioria das avaliações feitas por professores ainda considere os níveis mais baixos da taxionomia, uma pesquisa

O planejamento das aulas e os resultados de aprendizagem **167**

realizada por Garavalia *et al.* (1999) mostrou que os estudantes lembram mais quando aprenderam a lidar com o assunto nos níveis mais altos da taxonomia. Para tanto, isso não requer que tenham, necessariamente, se apropriado dos níveis anteriores. Com efeito, isso pode ocorrer após terem atingido os níveis mais altos. Em outras palavras, um nível mais alto pode ser atingido antes de ter atingido o anterior.

Ferraz e Belhot (2010) chamam a atenção para o fato de que:

> [...] embora a nova taxonomia mantenha o 'design' hierárquico da taxonomia original, ela é flexível, pois possibilitou considerar a possibilidade de interpolação das categorias do processo cognitivo quando necessário, devido ao fato de que determinados conteúdos podem ser mais fáceis de serem assimilados a partir do estímulo pertencente a uma mais complexa. Por exemplo, pode ser mais fácil entender um assunto após aplicá-lo e só então ser capaz de explicá-lo.

Neste capítulo, nos embasamos na Taxonomia de Bloom revisada para a explanação sobre a construção de objetivos educacionais e consequente composição dos resultados de aprendizagem.

Porém, há outras taxonomias utilizadas na educação superior, tais como a taxonomia de SOLO (BIGGS; COLLIS, 2014) e a taxonomia do aprendizado significativo (FINK, 2003).

Na próxima seção apresentamos nossa concepção de metodologia para o desenvolvimento de uma aula, em consonância com os fundamentos teóricos assumidos.

8.3 O planejamento da metodologia para o desenvolvimento da aula

Ensinar está relacionado com incentivar o aluno a pensar, a fazer conjecturas, a ler e interpretar informações e, com base nelas, planejar e experimentar formas de resolver problemas, interagindo com colegas, refletindo sobre as ações desenvolvidas e tomando decisões. Assim, aumentam as possibilidades de que o estudante construa relações, aprendendo de forma significativa (SAUER; SOARES, 2004).

Considerando nossas concepções do que seja ensinar e aprender e dos papéis do professor e do estudante nesse processo, as atividades a serem realizadas pelos estudantes devem ser propostas visando à participação ativa destes, em todos os momentos, quer seja mediante sugestão de leituras relacionadas com os temas de estudo ou de momentos de sistematização dos conceitos, em que o professor auxilia na organização dos conceitos estudados. Nesses momentos, podem ser promovidas discussões sobre as ideias centrais ligadas aos temas de estudo, ou mesmo sobre questões significativas de aplicação dos conceitos

168 Capítulo 8

abordados. Assim, é possível valorizar a socialização das ideias, as interações e as colaborações. Isso permite transformar erros em possibilidades de desenvolvimento, (re)construindo conceitos visando ao desenvolvimento de habilidades, tais como analisar, argumentar com clareza e com base nas teorias estudadas, defendendo pontos de vista, expondo e desenvolvendo ideias, lidando com informações e com tecnologia. Afinal, estas são habilidades e competências necessárias para lidar com o mercado de trabalho no qual nossos alunos estão ou estarão inseridos, de forma a resolver os problemas e realizar transformações visando à melhoria da qualidade de vida e do desenvolvimento sustentável.

As disciplinas dos cursos de Engenharia precisam capacitar os estudantes a relacionar os conceitos com situações reais e desenvolver o raciocínio dedutivo, habilitando-os a lerem textos científicos e a interpretar fenômenos relacionados com a Engenharia.

Em relação ao conteúdo, Porlan (2000) pergunta:

- Aprender é reproduzir conteúdos ou elaborar os seus, relendo os conceitos e ressignificando-os?
- Como mobilizamos os saberes?
- Como os apresentamos aos estudantes?
  - De forma linear e em tópicos, sistematizados, prontos e acabados?
  - Dando informações?
  - Por meio de situações e problemas?

E enfatiza: aprender significativamente está relacionado com resolver e lidar com situações-problema e com questões de interesse. Dessa forma, ele enfatiza que relacionar o conteúdo com problemas, projetos, casos de ensino etc. lança o estudante à discussão, pesquisa, interação, cooperação, dentre outros processos ricos, que desenvolvem diferentes habilidades e condutas relevantes.

O não estabelecimento, ou o estabelecimento de maneira muito tênue, desta relação talvez seja, em boa parte, consequência do ensino centrado no discurso, na repetição de regras e procedimentos desprovidos de seus significados. Para formar cidadãos criativos e empreendedores, habilidades como deduzir, observar, comparar, interpretar, organizar, estabelecer relações, precisam "surgir" no ambiente de aprendizagem, não apenas na sua dimensão formal, mas em termos de condutas por elas requeridas.

No que diz respeito à taxionomia de Bloom, o professor deve ter claro quais são os níveis de pensamento que espera que sejam alcançados. E, coerentemente com os mesmos, programar e selecionar a(s) estratégia(s) ou método(s) mais adequadas(os) para obter o êxito almejado. Além disso, devemos estar cientes de que a forma como as(os) aplicamos interfere no processo.

Dessa forma, as expectativas do estudante em relação ao que vai aprender, a como vai aplicar e dar sentido aos conhecimentos adquiridos, no seu universo de atuação, também são aspectos a serem considerados. Nesse sentido, cabe tornar relevante o que está sendo ensinado, contextualizar, sempre que possível, auxiliando, assim, o estudante a dar sentido ao que está aprendendo. Também parece ser fundamental oferecer condições para que ele tenha consciência de que conhece algo e de que pode utilizar para lidar com problemas e situações. As condições precisam ser tais que o estudante reflita sobre o que está aprendendo, compreendendo que pode lidar de maneiras diferentes com a realidade, com base no que aprende, promovendo qualidade de vida, resolvendo problemas e descobrindo novas soluções.

Sob esse ponto de vista, a orientação do professor precisa ser contínua e centrada em perguntas, dicas e intervenções que auxiliem na realização das tarefas com êxito, aprender com elas, elaborar suas ideias e percepções. Ou seja, o professor precisa orientar a construção do saber, pelo estudante, de forma autônoma. Isso não é explicar, prevenir erros, nem dar os passos para resolver problemas, mas, sim, acompanhar o processo de aprendizagem, efetivamente (FINK, 2003).

As estratégias empregadas deverão considerar a construção de conceitos, mas também procedimentos e atitudes: os conceitos estão relacionados com o saber declarativo, o saber dizer, expressando-se por meio da linguagem; os procedimentos estão ligados ao saber fazer, saber resolver, saber calcular, ou seja, referem-se às habilidades, estratégias e técnicas de trabalho; e as atitudes estão associadas com o saber conduzir-se, ou seja, adotar princípios éticos em atitudes e decisões e desenvolver competências requeridas para o engenheiro.

Se focarmos o ensino nos cursos de Engenharia, podemos dizer que ele objetiva o desenvolvimento de habilidades relacionadas com a formalização, organização, raciocínio lógico e elaboração de modelos para representar situações por meio de conceitos. Para que isso ocorra, partimos do pressuposto de que o processo de aprendizagem precisa estar baseado em estratégias que promovam o desenvolvimento da autonomia, do pensamento crítico e da capacidade de aplicar conhecimentos para lidar com situações de Engenharia, produzindo resultados de interesse. Ou seja, uma concepção de aprendizagem fundamentada na proposição de atividades e reflexões que levem o estudante a explorar e analisar seus erros e obstáculos, elaborar conjecturas, construir explicações, fazer analogias e pensar em diferentes alternativas para a resolução de problemas. Cabe ao professor, sob esse ponto de vista, planejar ambientes que favoreçam essas ações. Sua intervenção pode, então, ser especialmente colaboradora (FINK, 2003).

Um ambiente de aprendizagem deve promover situações que levem os alunos a produzirem significados e a compreenderem conceitos quando realizam

170 Capítulo 8

atividades, interagindo por meio de diálogos que podem surgir do processo de construção de significados e de argumentação em torno das tarefas propostas, envolvendo a resolução de problemas. Essa forma de planejar o processo de aprendizagem desloca o foco do conteúdo programático para o desenvolvimento de competências cognitivas, entendidas como operações realizadas para estabelecer relações entre os objetos, situações, fenômenos e conceitos (LIMA; SAUER; SOARES, 2009).

Diante dessas considerações, entendemos que "as aulas" precisam ser redesenhadas, considerando as teorias educacionais, apresentadas no Capítulo 3 deste livro, que apontam a necessidade de planejar ambientes de aprendizagem ativa, de forma a privilegiar as interações e a cooperação entre estudantes e professores e entre estudantes entre si, onde as trocas cooperativas prevaleçam em relação à fala e à instrução do professor como única fonte de informações. As estratégias e métodos de aprendizagem ativa, apresentadas no Capítulo 6, estão em consonância com o que esperamos ter esclarecido nesta seção.

Na próxima subseção, apresentamos exemplos de planos de aula, procurando contemplar os pressupostos teóricos assumidos neste livro. Nestes planos, estão explicitados os resultados de aprendizagem esperados e a metodologia para o desenvolvimento da aula.

8.3.1 Exemplos de planos de aula

Os planos de aula apresentados a seguir foram concebidos à luz dos pressupostos teóricos e das estratégias e métodos contidos neste livro. Os planos de aula de Termodinâmica e Mecânica dos Fluidos foram adaptados de planos já existentes e que foram criados pelo Grupo GEN. O plano de aula de Física III tem sido utilizado por um dos autores deste livro em suas aulas.

TERMODINÂMICA

Ementa da disciplina (ou unidade de aprendizagem):

- Motores de combustão interna.
- Ciclo Otto e ciclo Diesel.
- Turbinas a gás. Ciclo de Brayton.
- Irreversibilidades.
- Turbinas a gás com reaquecimento e inter-resfriamento.
- Escoamento compressível em bocais e difusores.

O planejamento das aulas e os resultados de aprendizagem **171**

Plano da Aula 9
Sistemas de Potência a Gás

I. Resultados de aprendizagem esperados

- Apresentar os ciclos relacionados com os motores de combustão interna (ciclo Otto e ciclo Diesel), com ar como fluido de trabalho.
- Analisar as eficiências dos ciclos Otto e Diesel, estudando o efeito da taxa de compressão.
- Apresentar a modelagem de turbinas a gás e o ciclo de Brayton.
- Avaliar o efeito de irreversibilidades em turbinas a gás.
- Analisar o efeito do reaquecimento e do inter-resfriamento na eficiência térmica de turbinas a gás.
- Estudar o escoamento compressível em bocais e difusores, definindo quantidades importantes, como o número de Mach.
- Interpretar e otimizar resultados.
- Resolver problemas.
- Elaborar perguntas.
- Estabelecer relações interpessoais.
- Trabalhar em equipe.
- Comunicar-se oralmente.
- Ter responsabilidade coletiva.

II. Metodologia de desenvolvimento

Para desenvolver a Aula 9, vamos aplicar a abordagem pedagógica conhecida por Sala de Aula Invertida. O planejamento de cada um dos três momentos que compõem esta abordagem está descrito a seguir:

1. Pré-Aula

Para o momento Pré-Aula, sugerimos que seja solicitado aos estudantes que leiam os conteúdos abaixo listados e assistam às videoaulas abaixo sugeridas.

Moran | Princípios de Termodinâmica para Engenharia	
Páginas	**Tópicos**
412-414	Ciclo de Ar Padrão Otto
416-418	Ciclo de Ar Padrão Diesel
423	Modelagem de Turbinas a Gás
425	Ciclo de Brayton

430	Irreversibilidades em Turbinas a Gás
433-434	Turbinas Regenerativas
443	Reaquecimento e Inter-resfriamento
458-460	Escoamento Compressível em Bocais e Difusores

Vídeoaulas	Títulos
1.2	Gases Ideais
5.1	Ciclos e Máquinas Térmicas (Parte 1)
5.2	Ciclos e Máquinas Térmicas (Parte 2)

2. Aula

O assunto a ser trabalhado no momento Aula é a eficiência térmica do ciclo de Otto, comumente encontrado em motores de automóveis (o que é uma aplicação prática dos conceitos termodinâmicos, principalmente para cursos de Engenharia Mecânica).

Como estratégias de Aprendizagem Ativa, potencializadoras da Sala de Aula Invertida, sugerimos no momento Aula a utilização das estratégias *In-Class Exercises* e Controvérsia Construtiva, alternadas com curtas exposições dialogadas sobre o assunto que está sendo trabalhado no momento Aula. Ao final do momento Aula, sugerimos a estratégia *One Minute Paper* (OMP). O uso da estratégia OMP auxilia no planejamento da próxima aula, pois o professor pode utilizar as dificuldades ou facilidades na aprendizagem apresentadas pelos estudantes para direcionar a aula que virá a seguir.

2.1 *In-class exercises*

Na estratégia *In-Class Exercises*, uma das variações mais usadas é a Resolução de problemas. Sugerimos que sejam criados grupos e que os mesmos tenham tempo suficiente para pensar sobre o problema e para formular uma resposta. O professor pode optar por uma resolução completa ou parcial. Uma terceira possibilidade de aplicação é o professor entregar para os grupos a resolução completa do problema, com erros, para que os grupos analisem, encontrem os erros e proponham a resolução correta.

Para o assunto desta aula, sugerimos o seguinte problema:

> Obtenha a expressão para eficiência térmica do ciclo ar padrão frio Otto em função da razão c_p/c_v (para gás ideal) e da taxa de compressão do motor (r).

A seguir, apresentamos a solução do problema proposto.

O planejamento das aulas e os resultados de aprendizagem **173**

Solução

O ciclo Otto apresenta duas etapas isentrópicas e duas etapas isovolumétricas. Desprezam-se variações de energia cinética e de energia potencial.

Para as duas etapas isentrópicas (representadas, de acordo com a notação do livro, como etapas 1-2 e 3-4, expansão isentrópica e compressão isentrópica, respectivamente), não há troca térmica. Desse modo, a Primeira Lei da Termodinâmica implica:

$$W_{1-2} = \Delta u_{1-2} = u_2 - u_1$$

$$W_{3-4} = \Delta u_{4-3} = u_3 - u_4$$

Note-se que os trabalhos estão representados em módulos (assim como é feito no livro-texto, neste ponto específico). De modo similar, aplicando-se a Primeira Lei da Termodinâmica para os processos isovolumétricos, não há trabalho nessas etapas, o que implica:

$$Q_{2-3} = \Delta u_{2-3} = u_3 - u_2$$

$$Q_{4-1} = \Delta u_{1-4} = u_4 - u_1$$

Novamente, os calores estão apresentados em módulo. O trabalho líquido do ciclo é então o trabalho de expansão (3-4) menos o trabalho de compressão (1-2), de modo que

$$W = (u_3 - u_4) - (u_2 - u_1).$$

O calor adicionado ocorre na etapa 2-3 (que imita a ignição ar-combustível). Portanto, o rendimento é

$$\eta = \frac{(u_3 - u_4) - (u_2 - u_1)}{(u_3 - u_2)} = 1 - \frac{(u_4 - u_1)}{(u_3 - u_2)}.$$

Quando se considera o calor específico a volume constante cv como constante $(\Delta u = c_v \Delta T)$, a equação anterior pode ser reescrita como

$$\eta = 1 - \frac{(T_4 - T_1)}{(T_3 - T_2)}.$$

Para as etapas isentrópicas, valem as seguintes relações:

$$\left(\frac{T_2}{T_1}\right) = \left(\frac{v_1}{v_2}\right)^{k-1} = r^{k-1}$$

$$\left(\frac{T_4}{T_3}\right) = \left(\frac{v_3}{v_4}\right)^{k-1} = \frac{1}{r^{k-1}},$$

em que $k = {c_p}/{c_v}$.

(Tais expressões foram deduzidas como sugestão de aula para o Capítulo 5, quando da análise do ciclo de Carnot.)

Portanto, pode-se calcular a eficiência por

$$\eta = 1 - \frac{T_1 \left(T_4 / T_1 - 1\right)}{T_2 \left(T_3 / T_2 - 1\right)}.$$

Considerando as equações para as etapas isentrópicas do gás ideal e que

$$v_1 = v_4 \text{ e } v_2 = v_3,$$

De modo que

$$\frac{v_1}{v_2} = \frac{v_4}{v_3} = r.$$

Então as razões entre as temperaturas podem ser escritas como

$$\frac{T_4}{T_1} = \frac{T_3}{T_2}.$$

Desse modo, temos finalmente a expressão do rendimento em termos das temperaturas:

$$\eta = 1 - \frac{T_1}{T_2}.$$

Agora, em termos da taxa de compressão:

$$\eta = 1 - \frac{1}{r^{k-1}}.$$

Portanto, fica evidente que quanto maior a taxa de compressão r, maior a eficiência do motor. Desse modo, procuram-se motores com altas taxas de compressão.

Ao final do tempo estipulado, o professor pode solicitar, aleatoriamente, a alguns estudantes para apresentar a resolução de seus grupos. Dessa forma, todos os estudantes devem se responsabilizar na resolução da tarefa, pois a avaliação do desempenho do estudante escolhido para a apresentação será estendida a todos os membros do grupo.

2.2 Controvérsia construtiva

A estratégia Controvérsia Construtiva auxilia a engajar os estudantes na construção de conhecimento, deflagrando situações de conflito, visto que esse tipo de situação ganha atenção e interesse dos mesmos. Assim, sugerimos que seja lançada uma discussão em torno da questão da eficiência energética da gasolina *versus* a do etanol. Os estudantes estarão trabalhando em grupos de quatro componentes. A pergunta norteadora da discussão é a seguinte:

> Sabendo que a eficiência energética da gasolina é maior do que a do álcool,
> por que tantos incentivos para o uso do álcool?
> Considerem aspectos técnicos e ambientais nesta discussão.

Solução

Aspecto técnico: Os motores a gasolina, a álcool e flex (no caso de veículos brasileiros) empregam normalmente o ciclo Otto (basta verificar o manual do veículo). As taxas de compressão de motores a álcool são superiores às verificadas para motores a gasolina. Tipicamente, a taxa de compressão para um motor a álcool é de 12:1, enquanto para um motor a gasolina a taxa de compressão fica em torno de 9:1.

O planejamento das aulas e os resultados de aprendizagem **175**

Aspectos ambientais: A Gasolina é, e, talvez, ainda será por um bom tempo, o combustível principal para veículos. Contudo, a gasolina é proveniente de uma fonte não renovável de energia. A gasolina vem do petróleo. Assim sendo, é um tipo de combustível fóssil. Uma característica negativa de um combustível fóssil é que ele não é renovável. Uma vez refinado o petróleo, não dá para "criar" mais petróleo, só extrair. Em algum momento, o petróleo vai acabar. Por outro lado, o etanol é proveniente de uma fonte renovável. Ao contrário do petróleo, o etanol pode ser fabricado, reduzindo o impacto da extração de petróleo do meio ambiente. Outro ponto positivo do etanol é sua menor pegada de carbono comparada à da gasolina. O álcool produz muito menos gases nocivos do que combustíveis fósseis. Como resultado, temos menos gases causadores do efeito estufa na atmosfera, reduzindo o aquecimento global. Finalmente, podemos ressaltar que o álcool, por ser solúvel em água, reduz o impacto ambiental, caso haja algum vazamento, ao contrário do petróleo, que pode demorar décadas para se diluir em água.

2.3 One Minute Paper

A estratégia *One Minute Paper* é uma estratégia de avaliação formativa sobre os assuntos trabalhados no momento Aula. Sugerimos que o professor finalize o momento Aula uns dois a cinco minutos antes de terminar o tempo previsto e peça aos estudantes que individualmente respondam às seguintes questões, por exemplo:

(i) Qual foi o conceito mais importante que você aprendeu nesta aula?

(ii) Quais foram os pontos menos claros desta aula?

O professor poderá usar as respostas dos estudantes, onde estarão evidenciadas suas dificuldades ou facilidades na aprendizagem, no planejamento da próxima aula.

3. Pós-Aula

Como tarefa para o momento Pós-Aula sugerimos a seguinte discussao:

> Os gases dentro de uma câmara de combustão de um motor envolvem hidrocarbonetos, dióxido de carbono, monóxido de carbono, vapor d'água, entre outras substâncias. Por que a análise do ciclo de ar padrão Otto considera os gases de combustão somente como ar? Tal aproximação é razoável?

Solução

De fato, gases de combustão são misturas complexas e dependem do tipo de combustão ocorrida dentro do motor. Por outro lado, é extremamente difícil caracterizar a composição de uma mistura gasosa dentro de uma câmara de combustão, o que seria fundamental para determinar as propriedades termodinâmicas da mistura. Por esse motivo, admite-se, com boa aproximação, que a mistura gasosa seja ar, para o qual há tabelas de dados termodinâmicos.

Na próxima aula...
Aula 10 – Sistemas de Refrigeração e Bombas de Calor

Lembramos ao professor que se a Sala de Aula Invertida também nortear o planejamento da Aula 10, é necessário, para o momento Pré-Aula, solicitar aos estudantes que façam algumas leituras e/ou assistam a videoaulas.

Como estratégias para a Aula 10 o professor pode utilizar as estratégias *Peer instruction* e *Just-in-time teaching*. Neste caso, o professor deve avisar aos estudantes que fiquem preparados para responder a algumas questões via Google Formulários até 24 horas antes do próximo encontro presencial, ou seja, até 24 horas antes do momento Aula!

MECÂNICA DOS FLUIDOS

Ementa da disciplina (ou unidade de aprendizagem):

- Introdução e classificação de máquinas de fluxo.
- Bombas, ventiladores e sopradores.
- Bombas de deslocamento positivo.
- Turbinas hidráulicas.
- Hélices e máquinas eólicas.

Plano da Aula 15
Bombas e Turbinas

I. Resultados de aprendizagem esperados

- Desenvolver conhecimento básico sobre máquinas de fluxo, caracterizadas por dispositivos rotativos que retiram ou fornecem energia ao fluido, visando ao dimensionamento de propulsores como hélices, turbinas eólicas e bombas.
- Identificar as características básicas de cada um dos tipos de máquinas de fluxo.
- Entender o funcionamento e as características básicas das bombas, por meio do cálculo de parâmetros e da análise de curvas de desempenho.
- Conhecer os parâmetros básicos para análise de sopradores, ventiladores, turbinas hidráulicas, hélices e máquinas eólicas.
- Dimensionar propulsores como hélices, turbinas eólicas e bombas.
- Interpretar e otimizar resultados.
- Resolver problemas.
- Elaborar perguntas.
- Estabelecer relações interpessoais.
- Trabalhar em equipe.
- Comunicar-se oralmente.
- Ter responsabilidade coletiva.

II. Metodologia de desenvolvimento

Para desenvolver a Aula 15, vamos aplicar a abordagem pedagógica conhecida por Sala de Aula Invertida. O planejamento de cada um dos três momentos que compõem esta abordagem está descrito a seguir:

1. Pré-Aula

Para o momento Pré-Aula, sugerimos que seja solicitado aos estudantes que leiam os conteúdos abaixo listados.

Fox | Introdução à Mecânica dos Fluidos	
Páginas	**Tópicos**
438-444	Introdução e classificação de máquinas de fluxo.
449-454	Eficiência, análise dimensional e velocidade específica.
460-470	Bombas: Características de desempenho.
470-473	Bombas: Cavitação e NPSH.
485-492	Sopradores e ventiladores.
492-495	Bombas de deslocamento positivo.
496-506	Turbinas hidráulicas.
506-519	Hélices e máquinas eólicas.

2. Aula

O assunto a ser trabalhado no momento Aula é bombas e turbinas. Vamos estudar bombas, sopradores, ventiladores e compressores que causam o escoamento de fluidos; turbinas e moinhos de vento que extraem energia de um fluido em escoamento; e hélices que proporcionam a força de propulsão para aviões.

Como estratégias de Aprendizagem Ativa, potencializadoras da Sala de Aula Invertida, sugerimos no momento Aula a utilização das estratégias *Think-Pair-Share* (TPS), *Thinking-aloud pair problem solving* e *In Class Exercises*, alternadas com curtas exposições dialogadas sobre o assunto que está sendo trabalhado no momento Aula. Ao final do momento Aula, sugerimos a utilização da estratégia *One Minute Paper* (OMP). O uso da estratégia OMP auxilia no planejamento da próxima aula, pois o professor pode utilizar as dificuldades ou facilidades na aprendizagem, apresentadas pelos estudantes, para direcionar a aula que virá a seguir.

2.1 *Think-Pair-Share*

No início do momento Aula, o professor pode utilizar a estratégia *Think-Pair-Share* (TPS) para avaliar a compreensão dos estudantes sobre as características básicas de cada um dos tipos de máquinas de fluxo. Após a aplicação das duas primeiras etapas da TPS (Think-Pair), o professor inicia a terceira etapa (Share) pedindo que os pares compartilhem suas ideias com o restante da turma. Um estudante, designado como auxiliar, escreve as respostas no quadro, para apreciação do grande grupo.

Na sequência, o professor discute, por meio de uma breve exposição dialogada, o conceito de eficiência, assim como os adimensionais utilizados para a análise de turbomáquinas. Posteriormente, o professor lança o desafio de resolução de dois exemplos do livro-texto (10.1 e 10.2), utilizando a estratégia *Thinking-aloud pair problem solving*.

2.2 Thinking-aloud pair problem solving

Com a estratégia *Thinking-aloud pair problem solving* (TAPPS) os estudantes resolvem problemas, em duplas. Assim, o professor solicita aos estudantes que decidam quem será o explicador (ou solucionador do problema) e quem será o ouvinte (ou questionador) para o Exemplo 10.1. Para o Exemplo 10.2, os papéis são invertidos. Para avaliar o trabalho realizado pelos estudantes na aplicação da estratégia TAPPS, o professor pode, após a resolução de cada exemplo, solicitar que os estudantes façam um registro do processo de resolução. Nesse registro, o explicador e o ouvinte devem se identificar e apresentar a contribuição de cada um para a resolução do exemplo.

Na sequência, o professor discute, por meio de uma breve exposição dialogada, as principais características de desempenhos de bombas, necessárias para seu correto dimensionamento e previsão de funcionamento. E para que os estudantes possam aplicar os conceitos discutidos, o professor pode propor a resolução de uma situação-problema mais complexa utilizando a estratégia *In-class exercises*.

2.3 In-class exercises

Na estratégia *In-class exercises*, uma das variações mais usadas é a Resolução de problemas. Sugerimos que sejam criados grupos e que os mesmos tenham tempo suficiente para pensar sobre o problema e para formular uma resposta. O professor pode optar por uma resolução completa ou parcial. Uma terceira possibilidade de aplicação é o professor entregar para os grupos a resolução completa do problema, com erros, para que os grupos analisem, encontrem os erros e proponham a resolução correta.

Para o assunto desta aula, sugerimos o seguinte problema:

Os navios-bombeiro têm como objetivo combater incêndios em embarcações vizinhas. Para a garantia da vazão e da pressão requerida é necessária a escolha do conjunto motor-bomba em função da análise do sistema.

© RanieriMeloni | istockphoto.com

O planejamento das aulas e os resultados de aprendizagem **179**

Considere os seguintes dados para o projeto de um navio-bombeiro:

- Vazão volumétrica necessária: 230 m³/h.
- Velocidade requerida no bocal de saída para alcançar a distância mínima de combate a incêndio: 30 m/s.
- Diâmetro da tubulação de recalque: 6".
- Material da tubulação de recalque: aço comercial.
- Comprimento da tubulação de recalque: 25 m.
- Desnível entre o nível d'água na sucção e o bocal de saída: 20 m.
- Singularidades: 2 × cotovelo de 90° flangeado ($K = 0,3$), 2 × cotovelo de 45° flangeado ($K = 0,2$), 2 × válvula de gaveta aberta ($K = 0,2$), 10 × acoplamento ($K = 0,08$), entrada com borda-viva ($K = 0,5$).
- Rotação da bomba: 3500 rpm.

Calcule:

1) O diâmetro do bocal de saída.

2) A velocidade na tubulação de recalque.

3) O número de Reynolds, classificando o escoamento.

4) A perda de carga distribuída na tubulação de recalque.

5) A perda de carga localizada.

6) Desprezando as perdas de carga na sucção e no bocal de saída, a carga H da bomba.

7) A potência hidráulica, conforme a Equação 10.3a.

8) A velocidade específica da bomba, conforme a equação da Figura 10.9.

9) Com base no gráfico da Figura 10.9 do livro, estime a eficiência da bomba.

10) A potência mecânica que deve ser entregue pelo motor para bomba, conforme a Equação 10.3c.

Solução

A seguir, apresentamos a solução do problema proposto.

1) O diâmetro do bocal de saída.

$$Q = VA \rightarrow A = \frac{Q}{V} = \frac{230/3600}{30} = 2,13 \cdot 10^{-3} \, \text{m}^2$$

$$A = \frac{\pi D^2}{4} \rightarrow D = \sqrt{\frac{4A}{\pi}} = \sqrt{\frac{4 \cdot (2,13 \cdot 10^{-3})}{\pi}} = 0,052 \, \text{m} = 50 \, \text{mm}$$

O diâmetro comercial mais próximo é de 2" ($\cong 50$ mm).

2) A velocidade na tubulação de recalque.

Conforme enunciado, o diâmetro na tubulação de recalque é de 6", portanto

$$A_r = \frac{\pi D_r^2}{4} = \frac{\pi (6 \cdot 0,0254)^2}{4} = 0,0182 \, \text{m}^2$$

180 Capítulo 8

A velocidade média na tubulação de recalque será então

$$\bar{V} = \frac{Q}{A_r} = \frac{230/3600}{0,0182} = 3,51\,\text{m/s}$$

3) O número de Reynolds, classificando o escoamento.

$$Re = \frac{\rho \bar{V} D}{\mu} = \frac{1000 \cdot 3,51 \cdot (6 \cdot 0,0254)}{10^{-3}} = 5,34 \cdot 10^5$$

Portanto, trata-se de um escoamento interno, turbulento, incompressível e viscoso.

4) A perda de carga distribuída na tubulação de recalque.

A rugosidade de aço comercial é $e = 0,046$ mm (Tabela 8.1).

Os dados necessários para o cálculo do fator de atrito são:

- rugosidade relativa: $\dfrac{e}{D} = \dfrac{0,046 \cdot 10^{-3}}{6 \cdot 0,0254} = 0,000302$
- Reynolds: $Re = 5,34 \cdot 10^5$

Com esses valores, o fator de atrito de Darcy pode ser calculado diretamente pela equação aproximada de Haaland (pág. 321)

$$\frac{1}{\sqrt{f}} = -1,8\log\left[\left(\frac{e/D}{3,7}\right)^{1,11} + \frac{6,9}{Re}\right] \rightarrow f = 0,0161$$

A perda de carga maior (distribuída) é então calculada pela equação de Darcy (Equação 8.35)

$$H_l = f\frac{L}{D}\frac{V^2}{2g} = 0,0161\frac{25}{(6 \cdot 0,0254)}\frac{(3,51)^2}{2 \cdot 9,8} = 1,66\,\text{m}$$

5) A perda de carga localizada.

A perda de carga localizada (menor) é calculada pela Equação 8.40 (dividida pela gravidade)

$$H_{l_m} = K\frac{V^2}{2g}$$

A soma dos coeficientes de perda de carga de todas as singularidades será

$$K = 2 \cdot 0,3 + 2 \cdot 0,2 + 2 \cdot 0,2 + 10 \cdot 0,08 + 0,5 = 2,7$$

Então

$$H_{l_m} = 2,7\frac{(3,51)^2}{2 \cdot 9,8} = 1,70\,\text{m}$$

6) Desprezando as perdas de carga na sucção e no bocal de saída, a carga H da bomba.

Conforme a equação da energia (Equação 8.49 dividida pela gravidade)

$$\left(\frac{p_1}{\rho g} + \alpha_1\frac{\bar{V}_1^2}{2g} + z_1\right) - \left(\frac{p_2}{\rho g} + \alpha_2\frac{\bar{V}_2^2}{2g} + z_2\right) = H_{l_r} - \Delta H_{\text{bomba}}$$

$$\rightarrow \Delta H_{\text{bomba}} = \left(\frac{p_2}{\rho g} + \alpha_2\frac{\bar{V}_2^2}{2g} + z_2\right) - \left(\frac{p_1}{\rho g} + \alpha_1\frac{\bar{V}_1^2}{2g} + z_1\right) + H_{l_r}$$

O planejamento das aulas e os resultados de aprendizagem **181**

Podemos considerar que a pressão nos pontos 1 e 2 é atmosférica (pressão manométrica zero).

Para escoamentos turbulentos $\alpha \cong 1$.

A diferença $z_2 - z_1$ corresponde ao desnível total de 20 m.

A perda de carga total H_{l_T} será a soma da distribuída com localizada (maior com a menor):

$$H_{l_T} = H_l + H_{l_m} = 1,66 + 1,70 = 3,36 \text{ m}$$

Então

$$\Delta H_{bomba} = \frac{\bar{V}_2^2 - \bar{V}_1^2}{2g} + (z_2 - z_1) + H_{l_T} = \frac{(30)^2 - (3,51)^2}{2 \cdot 9,8} + 20 + 3,36 = 69 \text{ m}$$

---

7) A potência hidráulica, conforme a Equação 10.3a.

$$\dot{W}_h = \rho Q g H_{bomba} = 1000 \cdot \frac{230}{3600} \cdot 9,8 \cdot 69 = 43 \text{ kW} = 58 \text{ cv}$$

---

8) A velocidade específica da bomba, conforme a equação da Figura 10.9.

$$N_{s_{us}} = \frac{N(\text{rpm})[Q(\text{m}^3/\text{h})]^{1/2}}{[H(\text{m})]^{3/4}} = \frac{3500 \cdot (230/3600)^{1/2}}{(69)^{3/4}} = 37$$

---

9) Com base no gráfico da Figura 10.9 do livro, estime a eficiência da bomba.

Com base na figura e o valor calculado no item anterior, estima-se uma eficiência $\eta = 70\%$.

---

10) A potência mecânica que deve ser entregue pelo motor para bomba, conforme a Equação 10.3c.

$$\dot{W}_m = \frac{\dot{W}_h}{\eta} = \frac{43000}{0,7} = 61 \text{ kW} = 83 \text{ cv}$$

Ao final do tempo estipulado, o professor pode solicitar, aleatoriamente, a alguns estudantes para apresentar a resolução de seus grupos. Dessa forma, todos os estudantes devem se responsabilizar na resolução da tarefa, pois a avaliação do desempenho do estudante escolhido para a apresentação será estendida a todos os membros do grupo.

2.4 One Minute Paper

A estratégia *One Minute Paper* é uma estratégia de avaliação formativa sobre os assuntos trabalhados no momento Aula. Sugerimos que o professor finalize o momento Aula uns dois a cinco minutos antes de terminar o tempo previsto e peça aos estudantes que individualmente respondam às seguintes questões, por exemplo:

(i) Considerando os exemplos e a situação-problema resolvidos nesta aula, qual(is) a(s) pergunta(s) que você gostaria de ter feito e não fez?

(ii) Resolver os exemplos utilizando a estratégia *Thinking-aloud pair problem solving* (TAPPS) lhe auxiliou na compreensão dos conceitos e dos exemplos?

O professor pode usar as respostas dos estudantes, onde estão evidenciadas suas dificuldades ou facilidades na aprendizagem, para o planejamento da próxima aula.

182 Capítulo 8

3. Pós-Aula

Como tarefa para o momento Pós-Aula sugerimos a seguinte discussão:

> Analisar as consequências da cavitação em bombas e os critérios de dimensionamento para evitá-la. Para um maior entendimento, sugerimos o Exemplo 10.7.

Também sugerimos a resolução dos seguintes exemplos do Capítulo 10:

Tópicos	Tema
Exemplos 10.4 e 10.6	Bombas
Exemplo 10.10	Ventilador
Exemplo 10.11	Bomba de deslocamento positivo
Exemplos 10.13 e 10.14	Turbina de impulsão
Exemplos 10.15 e 10.17	Hélice
Exemplo 10.18	Turbina eólica

e dos seguintes problemas de final de capítulo: 10.8, 10.17, 10.23, 10.31 e 10.41.

> OBSERVAÇÃO:
> Apesar de não ser muito complexo, o conteúdo deste capítulo é muito extenso, quando são abordados todos os tipos de turbomáquinas. Portanto, o professor deve avaliar as disciplinas que têm Mecânica dos Fluidos como pré-requisito para determinar qual ênfase será dada. Neste plano de aula, o conteúdo foi concentrado em bombas.

Na próxima aula...
Aula 16 – Escoamento em Canais Abertos

Lembramos ao professor que, se a Sala de Aula Invertida também nortear o planejamento da Aula 16, será necessário, para o momento Pré-Aula, solicitar aos estudantes que façam algumas leituras e/ou assistam a videoaulas.

Um dos métodos que o professor pode usar para a Aula 16 é o Casos de Ensino. Este método exige uma grande dedicação do estudante na "preparação do caso", levantando hipóteses e explicações, bem como reunindo evidências que as comprovem. O método também demanda dos estudantes a capacidade de trabalhar em grupos. Estes dois fatores são fundamentais para o sucesso do método e para o bom aproveitamento de cada estudante. Em relação ao professor, este tem a complexa tarefa de elaborar ou apresentar um bom caso já existente. Para tanto, pode tomar como ideias resultados de pesquisas na área de Mecânica dos Fluidos ou fatos relacionados com eventos atuais. Embora casos que abordem fatos históricos ou que ocorreram em um passado recente possam interessar ao professor, os estudantes ficam mais motivados e intrigados por situações que envolvam problemas e questões atuais.

O texto que descreve o caso, bem como as questões norteadoras para sua resolução, pode ser disponibilizado no momento Pré-Aula, para que os estudantes tenham mais motivação para estudar os conteúdos sugeridos.

FÍSICA III

Ementa da disciplina (ou unidade de aprendizagem):

- Lei de Coulomb.
- Campos Elétricos.
- Lei de Gauss.
- Potencial Elétrico.
- Capacitância.
- Corrente Elétrica e Resistência.
- Circuitos de Corrente Elétrica.
- Campos Magnéticos e Força Magnética.
- Campos Magnéticos Produzidos por Correntes.
- Indução Magnética.

Plano da Aula 8
Corrente Elétrica e Resistência

I. Resultados de aprendizagem esperados

- Entender os conceitos de corrente elétrica e vetor densidade de corrente elétrica.
- Entender o conceito de nó e usar a lei de conservação da carga.
- Calcular a corrente elétrica a partir do vetor densidade de corrente elétrica.
- Entender e aplicar os conceitos de velocidade de deriva, velocidade térmica dos elétrons de condução e densidade de portadores.
- Entender e aplicar os conceitos de resistência elétrica, resistividade elétrica e a condutividade elétrica.
- Entender e aplicar a Lei de Ohm.
- Conhecer a relação entre o campo elétrico, a resistividade elétrica e o vetor densidade de corrente elétrica.
- Conhecer a equação que expressa, de forma aproximada, a variação da resistividade elétrica de um metal com a temperatura.
- Classificar elementos resistivos que obedecem à lei de Ohm e elementos resistivos que não obedecem à lei de Ohm.
- Entender os conceitos de potência elétrica e de potência elétrica dissipada.
- Aplicar a lei de conservação da energia a um circuito com uma bateria e um componente resistivo para calcular as transferências de energia em um circuito.
- Entender a diferença entre condutores, semicondutores e supercondutores.
- Interpretar e otimizar resultados.
- Resolver problemas.
- Elaborar perguntas.
- Estabelecer relações interpessoais.

184 Capítulo 8

- Trabalhar em equipe.
- Comunicar-se oralmente.
- Ter responsabilidade coletiva.

II. Metodologia de desenvolvimento

Para desenvolver a Aula 8, vamos aplicar abordagem pedagógica conhecida por Sala de Aula Invertida. O planejamento de cada um dos três momentos que compõem esta abordagem está descrito a seguir:

1. Pré-Aula

Para o momento Pré-Aula, sugerimos que seja solicitado aos estudantes que leiam os conteúdos e resolvam as perguntas e problemas.

Halliday & Resnick | Fundamentos de Física – Eletromagnetismo	
Seções 26.1, 26.2, 26.3, 26.4 e 26.5	Capítulo 26 | Corrente e Resistência
Perguntas	Final do Capítulo 26
Problemas 21, 26, 31, 33, 47 e 50	Capítulo 26

Veja a distribuição apresentada no Ambiente Virtual de Aprendizagem (AVA). Os estudantes são divididos em 6 grupos de 6 elementos. Cada elemento de um dado grupo tem a atribuição de resolver um problema diferente, pois no momento Aula será aplicada a estratégia *Jigsaw*.

2. Aula

O assunto a ser trabalhado no momento Aula é a corrente elétrica e a resistência elétrica, ou seja, a física básica das correntes elétricas e a razão pela qual alguns materiais conduzem corrente elétrica melhor que outros. No início do momento Aula, o professor faz uma exposição dialogada de uns 15 a 20 minutos sobre os principais conceitos apresentados no Capítulo 26.

Como estratégias de Aprendizagem Ativa, potencializadoras da Sala de Aula Invertida, sugerimos no momento Aula a utilização das estratégias *Jigsaw e Peer Instruction*. A estratégia *Jigsaw* é utilizada para a compreensão de conceitos e resolução de problemas e, neste caso, a estratégia *Peer Instruction* é utilizada ao final do momento Aula, para que o professor possa avaliar a compreensão conceitual dos estudantes.

2.1 *Jigsaw*

Na estratégia *Jigsaw*, um dos principais objetivos é que os estudantes possam compreender melhor os conceitos estudados, além de melhorar suas habilidades de comunicação e de trabalho em grupo. Os grupos que foram criados e anunciados no AVA (chamados de grupos *Jigsaw*) terão em sua

O planejamento das aulas e os resultados de aprendizagem **185**

composição 6 elementos com cada um tendo resolvido um problema diferente no momento Pré-Aula. No momento Aula, o professor pede que todos os estudantes que resolveram o Problema 21 formem um grupo, que todos os que resolveram o problema 26 formem outro grupo, e assim por diante com os Problemas 31, 33, 47 e 50. Estes grupos chamados de grupos de especialistas vão, durante 10 minutos, discutir o problema que ficou sob sua responsabilidade. Na sequência, os estudantes voltam aos grupos *Jigsaw* de origem e cada um explica o problema que ficou sob sua responsabilidade aos demais colegas do grupo.

Ao final do tempo estipulado, o professor pode solicitar, aleatoriamente, a um estudante de cada grupo, por sorteio, para apresentar a resolução de um dos problemas. Dessa forma, todos os estudantes devem se responsabilizar na realização da tarefa. A avaliação do desempenho do estudante escolhido para a apresentação é estendida a todos os membros do grupo.

2.2 *Peer instruction*

Como se trata de um capítulo com muitos conceitos importantes e, às vezes, de difícil compreensão para alguns estudantes, sugerimos a aplicação da estratégia *Peer instruction*, na última parte do momento Aula. Como recurso para os estudantes apresentarem as suas respostas aos testes conceituais, o professor e os estudantes podem usar o aplicativo Kahoot!. Apresentamos, abaixo, alguns exemplos de testes conceituais que podem ser aplicados aos estudantes.

1) As cargas que fluem pelos fios em sua casa:

   (a) estão armazenadas nas tomadas;

   (b) são criadas quando um aparelho elétrico é ligado;

   (c) têm origem na empresa de energia da sua cidade;

   (d) se originam nos fios entre sua casa e a empresa de energia;

   (e) já existem nos fios da sua casa.

Resposta: (e)

Esta questão visa desfazer uma concepção alternativa comum sobre corrente elétrica em circuitos elétricos. A concepção alternativa presume que o papel da tomada elétrica, da bateria ou da companhia de energia é fornecer a carga necessária para se mover pela casa. Mas a companhia de energia é apenas a fonte da energia necessária para colocar a carga em movimento pelo estabelecimento de uma diferença de potencial elétrico. A carga em si está presente nos fios e elementos condutores de sua casa na forma de elétrons livres.

2) Se a diferença de potencial V for aumentada em um condutor ôhmico:

   (a) a resistência diminuirá;

   (b) a corrente diminuirá;

   (c) a corrente aumentará;

   (d) a corrente e a resistência aumentarão;

   (e) a resistência aumentará.

Resposta: (c)

Esta questão visa à compreensão da lei de Ohm em um condutor ôhmico. Condutores ôhmicos são condutores que obedecem à lei de Ohm. Na verdade, este teste não depende do uso da equação da lei de Ohm, mas sim da compreensão de como os condutores ôhmicos se comportam quando sujeitos a uma diferença de potencial. Em condutores ôhmicos, a resistência $R = V/I$ do componente não

186 Capítulo 8

depende do valor absoluto e da polaridade da diferença de potencial aplicada *V*. Hoje sabemos que essa afirmação é correta apenas em certas situações; entretanto, por questões históricas, continua a ser chamada de "lei".

3) Ao aumentarmos o comprimento de um resistor, sem variarmos outros parâmetros, tais como área ou resistividade, espera-se que:

(a) sua resistividade aumente;

(b) sua resistência elétrica diminua;

(c) sua resistividade diminua;

(d) sua resistência elétrica aumente;

(e) sua condutividade aumente.

Resposta: (d)

Esta questão visa à compreensão de que a resistência de um resistor depende do material do qual é feito e de suas dimensões geométricas. Para solucionar este teste, os estudantes podem fazer uma analogia com canos percorridos por água. Não é necessário o uso de equações para a resolução deste teste.

4) Uma jovem, descontente com o desempenho de seu secador de cabelos, resolve aumentar a potência elétrica do aparelho. Sabendo-se que o secador tem potência elétrica nominal de 1200 W e opera em 220 V, a jovem deve:

(a) ligar o secador em uma tomada de 110 V;

(b) aumentar o comprimento do fio metálico que constitui o resistor do secador;

(c) diminuir o comprimento do fio metálico que constitui o resistor do secador;

(d) diminuir a espessura do fio metálico que constitui o resistor do secador;

(e) trocar o material do fio metálico que constitui o resistor do secador por outro de maior resistividade.

Resposta: (c)

Esta questão visa à compreensão do conceito de potência dissipada. Se a jovem quer aumentar a potência dissipada pelo secador de cabelos, então ela terá de diminuir a resistência do fio metálico que constitui o resistor do secador. Assim sendo, as possibilidades seriam diminuir o comprimento do fio, aumentar a espessura do fio ou usar um fio feito de material com menor resistividade. Este teste é muito bom para reforçar a influência das dimensões geométricas do resistor em sua resistência e consequentemente na potência dissipada.

Se o professor utilizar como processo de votação o Kahoot!, os resultados das respostas aos testes conceituais ficam registrados no aplicativo Kahoot!, na área específica do professor em *My Results*. Assim, o professor pode acompanhar o desempenho e a evolução dos estudantes neste tópico da disciplina e usar as respostas dos estudantes, para analisar as dificuldades ou facilidades na aprendizagem dos estudantes e também como recurso para o planejamento da próxima aula.

3. Pós-Aula

Como tarefa para o momento Pós-Aula sugerimos que os estudantes resolvam mais problemas do Capítulo 26 (6, 13, 14, 22, 26, 35 e 51).

O planejamento das aulas e os resultados de aprendizagem **187**

Também sugerimos que os estudantes explorem mais os temas: semicondutores e supercondutores. Para aqueles que tiverem interesse em um texto mais científico sobre Supercondutividade, sugerimos o artigo "Supercondutividade: um século de desafios e superação" de Marconi Costa e Antonio Carlos Pavão, publicado na *Revista Brasileira de Ensino de Física* (http://www.scielo.br/pdf/rbef/v34n2/v34n2a17), e para os que tiverem interesse em um texto de divulgação científica sugerimos o artigo "A Revolução dos Supercondutores" da *Revista Super Interessante* (https://super.abril.com.br/ciencia/revolucao_supercondutores/).

Na próxima aula...
Aula 9 – Circuitos de Corrente Elétrica

Lembramos ao professor que, se a Sala de Aula Invertida também nortear o planejamento da Aula 9, será necessário, para o momento Pré-Aula, solicitar aos estudantes que leiam alguns conteúdos e/ou assistam a videoaulas.

Uma das estratégias que o professor pode usar para a Aula 10 é a *Just-in-time teaching*. Neste caso, o professor deve avisar aos estudantes que fiquem preparados para responder a três questões via Google Formulários até 24 horas antes do próximo encontro presencial, ou seja, até 24 horas antes do momento Aula!

Na sequência, convidamos os leitores para uma reflexão sobre a importância de planejar os critérios de avaliação, processo sobre o qual discorremos no Capítulo 7.

8.4 O planejamento de critérios de avaliação

Conforme abordamos no capítulo anterior, a avaliação tem sido objeto de estudos, de pesquisas, de reflexões e de ações de pesquisadores e de professores comprometidos com a construção de um processo educativo, em todos os níveis, de melhor qualidade. Na educação em Engenharia, cada vez mais, resultados de pesquisas apontam para a importância de envolver o futuro engenheiro, de forma tal que ele se sinta responsável pelo desenvolvimento do próprio processo de aprendizagem. Esse processo, por sua vez, está cada vez mais vinculado ao desenvolvimento da autonomia intelectual como forma de identificar suas potencialidades, bem como suas dificuldades, e de planejar sua capacitação ao longo da vida, em um processo de autoconhecimento e de aprender a aprender constantemente.

Nessas condições, a avaliação pode tornar-se um fator integrante deste processo, quando concebida como avaliação formativa. De fato, ensino-aprendizagem-avaliação, sob uma concepção de desenvolvimento do estudante a partir do que ele já conhece, não acontece sem a participação ativa de todos os envolvidos no processo. E a participação ativa requer o abandono de práticas em que basta copiar, repetir respostas prontas, decorar, ouvir ou assistir para aprender.

188 Capítulo 8

Participar ativamente, em sala de aula ou em outros programas de estudos, significa envolver-se de tal modo, que todos, professor e estudantes, estejam integrados e comprometidos com a modificação do ambiente, na medida em que novos conhecimentos vão se consolidando e, com isso, fornecendo novos indicadores capazes de orientar os rumos do processo de aprender.

A avaliação como processo formativo inclui: planejamento e apresentação de critérios de avaliação; mapeamento e compreensão de como está acontecendo a aprendizagem; quais as dificuldades; quais os obstáculos; quais os avanços; que aspectos precisam ser aperfeiçoados, considerando também as emoções que perpassam esse contexto: ansiedades, medos, receios (FINK, 2003).

Assim concebida, a avaliação pode fornecer dados e informações para que o professor programe intervenções pedagógicas, dicas e orientações, problemas e desafios, a fim de que os estudantes estabeleçam relações e desenvolvam competências, habilidades e condutas de valor. Dessa maneira, a avaliação não é apenas um momento específico, mas integra o processo pedagógico de forma contínua, constituindo-se em um processo contínuo de diagnosticar dificuldades e obstáculos de aprendizagem como fonte de reinvenção da prática pedagógica.

Considerando o que abordamos ao longo deste livro, entendemos ter apresentado argumentos suficientes para a compreensão do que concluímos nesta seção. Em breves palavras, o planejamento com ênfase na coerência entre os resultados de aprendizagem, a metodologia e a avaliação deve ter como foco a aprendizagem do estudante, por meio de estratégias ou métodos de aprendizagem ativa, cujos critérios de avaliação considerem as ações realizadas com a mediação do professor, sempre que necessário.

REFERÊNCIAS BIBLIOGRÁFICAS

ANDERSON, L. W.; KRATHWOHL, D. (Ed.). A *taxonomy for learning, teaching, and assessing*: A revision of Bloom's taxonomy of educational objectives. New York: Longman, 2001.

BLOOM, B.; ENGLEHART, M. Furst, E.; HILL, W.; KRATHWOHL, D. *Taxonomy of educational objectives*: The classification of educational goals. Handbook I: Cognitive domain. New York, Toronto: Longmans, Green, 1956.

BIGGS, John B.; COLLIS, Kevin F. *Evaluating the quality of learning*: The SOLO taxonomy (Structure of the Observed Learning Outcome). Academic Press, 2014.

DEMO, P. *Aula meu xodó.* 2008. Disponível em: <https://docs.google.com/document/d/e/2PA-CX-1vRaRlZKbxBHxQNILf2bucbzBLNryT-fITGA4l0xHom0mbOlwIh1ooUWm3kSiKIO-QkNFkZMSosdP8HJv7/pub>. Acesso em: 15 jun. 2018.

FERRAZ, A. P. C. M.; BELHOT, R. V. Taxonomia de Bloom: revisão teórica e apresentação das adequações do instrumento para definição de objetivos instrucionais. *Gestão & Produção*, São Carlos, 17(2), p. 421-431, 2010.

FINK, L. D. The power of course design to increase student engagement and learning. *Peer Review*, 9(1), 13-17, 2007.

_____. *Creating significant learning experiences*: An integrated approach to designing college courses. San Francisco: Jossey-Bass, 2003.

GARAVALIA, L.; HUMMEL, J.; WILEY, L.; HUITT, W. Constructing the course syllabus:

Faculty and student perceptions of important syllabus components. *Journal of Excellence in College Teaching*, 10(1), 5-22, 1999.

HARROW, A. J. *A taxonomy of the psychomotor domain*: A guide for developing behavioral objectives. Massachusetts, USA: Addison-Wesley Longman, 1972.

HUITT, W. Problem solving and decision making: Consideration of individual differences using the Myers-Briggs Type Indicator. *Journal of Psychological Type*, 24, p. 33-44, 1992.

IOWA STATE UNIVERSITY. *A Model of Learning Objectives* based on A Taxonomy for Learning, Teaching, and Assessing: A Revision of Bloom's Taxonomy of Educational Objectives. Model created by Rex Heer, Center for Excellence in Learning and Teaching, Iowa State University, 2012. Licensed under a Creative Commons Attribution-NonCommercial-ShareAlike 3.0 Unported License. Disponível em: <http://www.celt.iastate.edu/wp-content/uploads/2015/09/RevisedBloomsHandout-1.pdf>. Acesso em: 19 set. 2018

KRATHWOHL, D. R.; BLOOM, B. S.; MASIA, B. B. *Taxonomy of educational objectives*, handbook II: affective domain. New York: David McKay Company, 1964.

LIMA, I. G.; SAUER, L. Z.; SOARES, E. M. A model of active and significative learning in the resolution of problems. In: Active Learning in Engineering Education, ALE 2009, Barcelona, España. *Anais...*, 2009.

MESQUITA, D. *O currículo da formação em engenharia no âmbito do processo de Bolonha: desenvolvimento de competências e perfil profissional na perspectiva dos docentes, dos estudantes e dos profissionais*. Tese de doutorado da Universidade do Minho, Portugal, 2015.

MORETTO, V. P. *Planejamento*: planejando a educação para o desenvolvimento de competências. 33. ed. Petrópolis, RJ: Vozes, 2017.

PORLAN, R. *Constructivismo y escuela*: hacia un modelo de enseñanza-aprendizaje basado en la investigación. 4. ed. Sevilla: Diáda Editora S.L., 2000.

PRINCE, M. *Active/Cooperative Learning*. ASEE 2011. Disponível em: <https://vimeo.com/30753803> ou <https://www.asee.org/documents/conferences/annual/2011/plenary-michael-prince.pdf.> Acesso em: 19 set. 2018.

SAUER, L. Z.; SOARES, E. M. Um novo olhar sobre a aprendizagem de matemática para a engenharia. In: CURY, H. N. (Org.). *Disciplinas matemáticas em cursos superiores: reflexões, relatos, propostas*. Porto Alegre: EdiPUCRS, 2004. cap. 10.

9 A aprendizagem ativa e a educação em Engenharia: um par natural

Sempre me fascina o momento exato em que, da plateia, vemos abrir-se a porta que dá para o palco e um artista sair à luz; ou, de outra perspectiva, o momento em que um artista que aguarda na penumbra vê a mesma porta abrir-se, revelando as luzes, o palco e a plateia.

António Damásio, 2015

Aprendizagem Ativa e Educação em Engenharia constituem um par natural. O engenheiro é educado para projetar e construir soluções para problemas do mundo real. Originalmente, o ato de educar, em Engenharia, costumava ter ligações muito estreitas com a sua prática, mas, de forma gradual, a Educação em Engenharia passou a ser mais e mais baseada na teoria (GRAAFF; CHRISTENSEN, 2004). Infelizmente, nos dias de hoje, a pedagogia dominante para a Educação em Engenharia ainda tem sido "o giz e o discurso" em muitas escolas, embora tenhamos as disciplinas de projetos e práticas laboratoriais e atividades computacionais. Contudo, a pesquisa em educação tem demonstrado a ineficácia dessa estratégia e, em muitos países, esta tendência está sendo revertida nos últimos anos por meio de novas estratégias pedagógicas.

A preocupação com a aprendizagem na graduação tem acompanhado sua própria evolução, provocando mudanças no sentido de promover o indivíduo em uma dimensão diferente, proporcionando-lhe o desenvolvimento da habilidade de identificar e resolver problemas reais e atuais, redimensionando-os, apresentando soluções, aperfeiçoando-as e utilizando-as em novas situações. O mercado de trabalho pouco tem a oferecer a quem não apresenta capacidade de compreender, criticar, gerar e defender novas ideias. E a velocidade crescente de carências sociais de toda ordem, como trabalho, saúde, segurança, lazer e escola, dentre outras, clama por indivíduos conscientes e comprometidos com a qualidade de seu saber e com valores éticos e morais.

Tais considerações, aliadas aos altos índices de reprovações e desistências em disciplinas de cursos de Engenharia, motivaram, em grande parte, os estudos que apresentamos nesta obra. Com o diagnóstico da realidade, buscando alternativas metodológicas que pudessem fazer frente aos problemas mencionados, reconhecidos mundialmente, compreendemos que possíveis ações que visem solucioná-los, requerem uma consideração:

> [...] educação científica só pode progredir mais visivelmente se cuidarmos bem melhor da formação docente: se o docente só dá aula, sem produção própria, não se pode superar o instrucionismo dominante na escola e na universidade. Para que o aluno aprenda a produzir conhecimento, antes é preciso resolver a questão do professor, redefinindo-o por sua autoria (DEMO, 2010).

Com efeito, "a falta de formação adequada dificulta a ação do professor, uma vez que esse não se sente à vontade para ousar e aplicar novas estratégias de ensino e, com isso, se distanciar do modelo tradicional" (LODER, 2009). Além disso, muitos professores de Engenharia possuem competência técnico-profissional muito acentuada. Contudo, a competência pedagógica, fundamental para a sua ação docente, acaba sendo alcançada pelos professores em serviço, geralmente de forma autônoma, quando toma consciência da importância de superar essa deficiência em sua formação para a atividade docente. Do contrário, acabam atribuindo exclusivamente ao estudante as causas do insucesso no aprendizado e perpetuando a pedagogia tradicional. Além disso, mesmo sendo a Engenharia um campo propício à criatividade, à invenção e à inovação, nem sempre o contexto escolar universitário se vale dessa premissa e explora, amplamente, esse aspecto para o propósito de formação dos novos engenheiros (LODER, 2009).

Por sua vez, muitos estudantes focam no "passar", tendo em vista a "aprovação" nas diferentes disciplinas.

Considerando a necessidade de participar dos processos de ensino e de aprendizagem, com contribuições no sentido de buscar soluções para os problemas considerados prioritários, compreendemos a importância de levar em consideração aspectos relacionados com *como ocorre a aprendizagem*, *qual o papel do ambiente nos processos de ensino e de uprendizagem*, *qual o papel do professor*, *qual o papel do estudante*, dentre outros. Isso implica um novo aprendizado para todos os envolvidos e a necessidade de utilização de estratégias ou métodos de aprendizagem ativa, coerentes com as respostas a essas questões e, concomitantemente, com a análise, a discussão e a adaptação de tais estratégias ou métodos no sentido de torná-los viáveis e eficazes.

Ao estudante compete um grau de envolvimento considerável, que não se reduza à presença passiva nas aulas. Resultados já obtidos pelos autores deste livro confirmam que muitos estudantes universitários apresentam grandes dificuldades para ler e interpretar, o que gera problemas de expressão clara e objetiva sobre os temas em estudo. Ante o exposto, há necessidade de incentivar a cooperação, a partir de estratégias e métodos que os levem a leituras e discussões de textos, bem como a reflexões sobre seu próprio fazer. Nossa discussão teórica, com base no quadro conceitual apresentado no Capítulo 3, revela que as ações necessárias para o "aprender" são fontes de descentração, na medida em que outros pontos de vista são considerados e hipóteses são confrontadas.

Tais ações devem envolver estudantes e professores em estratégias e métodos de aprendizagem ativa e de avaliação, promovendo, assim, a construção do conhecimento: os estudantes refletindo sobre suas ações e seus professores conduzindo o processo, de tal forma que lhes permitam superar dificuldades.

Estas são fontes importantes de dados, na medida em que tais atividades revelam potencial para o desenvolvimento do pensamento crítico e, consequentemente, de autonomia, o que pode produzir tomada de consciência, necessária para que a aprendizagem ocorra.

O planejamento e a utilização de ambientes de apoio às disciplinas, de acordo com as estratégias e métodos sugeridos no Capítulo 6, são, também, indicadores de aspectos que precisam ser levados em conta na programação de ambientes de aprendizagem ativa, com vistas ao seu aperfeiçoamento contínuo.

Muitas das habilidades requeridas para os egressos dos diferentes cursos de Engenharia podem ser desenvolvidas em ambientes de aprendizagem ativa, no sentido dado por Piaget (1977). Com efeito, como um processo de construção de conhecimento, a aprendizagem requer: interação, cooperação, participação ativa, envolvimento em atividades de estudo, colaboração, solidariedade, socialização de ideias, capacidade de argumentação e síntese, capacidade para expressar ideias próprias, disposição para rever resultados obtidos, comparando-os com outros possíveis, pesquisa, assunção do próprio processo de construção do conhecimento e consciência. O professor, por sua vez, no papel de problematizador em atividades de discussão, tem a responsabilidade de estar atento ao processo, valorizando todas as participações, incentivando novas intervenções, orientando-se pelas respostas dos estudantes, ao coordenar ações e reflexões (MESQUITA ET AL. *apud* OLIVEIRA ET AL. 2016).

A diversificação de estratégias ou métodos de aprendizagem ativa e de avaliação permite que o estudante refaça o trajeto percorrido para chegar às soluções de problemas, o que, de acordo com Piaget (1977), é útil para se julgar a tomada de consciência obtida em cada nível.

O conhecimento das diferentes concepções dos estudantes revela-se de grande importância, no sentido de que, a partir de seu reconhecimento, é possível a elaboração de estratégias que permitam partir da tomada de consciência do estudante, de modo a aceitar os desafios e a responsabilizar-se pela sua aprendizagem.

No processo de *revisão dos papéis*, de inquestionável relevância, é possível constatar que há queixas recíprocas, muita resistência em aceitar novas propostas e dificuldades em promover o encontro. De fato, sabemos que são obstáculos constituídos a partir da história das interações em instituições educativas. Esse enfoque provoca reações, por vezes de curiosidade ou de insatisfação. Muitos professores e estudantes revelam, por meio de seu fazer, a falta de reflexão anterior sobre questões relacionadas com o "aprender", o que é compreensível.

Por isso mesmo, julgamos importante colocar esse tema em pauta, sempre que possível, em ambientes de aprendizagem, também. A reflexão sobre as próprias concepções gera inseguranças iniciais: primeiro, pensar-se a si mesmo, passando para a participação em atividades, acompanhadas de reflexão permanente sobre sua participação no processo. Porém, o objetivo não deve ser tentar fazer com que os estudantes mudem suas concepções tradicionais sobre aprendizagem e conhecimento, mas promover a realização de estratégias e métodos de aprendizagem ativa, que possam contribuir para melhorar as condições de aprendizagem. Com isso, a superação de concepções tradicionais sobre aprendizagem pode ser consequência do envolvimento em atividades de discussão promovidas nos ambientes.

A aprendizagem de conteúdos, da forma como sugerimos, deve também promover a reflexão por parte do estudante. Esse processo é lento e exige determinação, porém, é condição para que seja possível aplicar o conhecimento construído, de forma crítica, com autonomia, envolvendo-se em processos de decisão e tomada de consciência. De acordo com a análise realizada por Basso (2003) em sua pesquisa com futuros professores de Matemática, foram encontradas evidências, também nesse estudo, confirmando que:

> [...] a proposta implementada não exerce efeitos na direção do rompimento de paradigmas de ensino e de aprendizagem sobre todos os estudantes. Alguns são refratários a toda e qualquer proposta que represente a possibilidade de romper com suas crenças a respeito dos processos de ensino e de aprendizagem.

Evidências que confirmam tais constatações consistem, principalmente, na *ausência* de alguns estudantes nos ambientes de aprendizagem, participantes como *ouvintes* ou *expectadores* das disciplinas.

No entanto, é possível ampliar o tempo da sala de aula.

> É importante lembrar que não é a partir do que se realiza apenas na sala de aula que ele ou ela será capaz de apoiar os(as) alunos(as) na reconstrução de suas posições no mundo. O tempo limitado da sala de aula representa apenas um momento da experiência social e individual total do aluno (FREIRE; FREIRE, 2001).

E prossegue:

> O que seria verdadeiramente interessante e importante é se uma sociedade através do ensino, ao atingir o momento gráfico – a forma escrita –, não o transformasse de modo a burocratizá-lo. [...] A oralidade exige solidariedade com o outro. A oralidade é dialógica por sua própria natureza, à medida que não se pode realizá-la de modo individualista.

Outro fator relevante, em ambientes virtuais de aprendizagem, e, portanto, no modelo híbrido, é a possibilidade de socialização das reflexões feitas, já que os percursos de raciocínio ficam disponíveis aos colegas, podendo ser tomados em suas próprias reflexões, o que amplia a rede do diálogo, isto é, a extensão do diálogo para além do tempo em encontros presenciais. A hipertextualidade e o texto dialógico, presentes também fora do contexto da sala de aula, constituem um ambiente favorável para a construção de aprendizagem. Sem dúvida, a tecnologia serve como mediador no processo. As análises das intervenções, disponíveis durante todo o processo em evolução para estudantes e professores e a sua leitura em qualquer momento, permitem respeitar as condições de cada um, superando distâncias, espaço, tempo. Entretanto, o mais importante é a concepção de aprendizagem, de conhecimento, de novas relações professor-estudante.

Conforme procuramos evidenciar, é possível inferir que a concepção epistemológica do estudante influencia sua participação nos ambientes de aprendizagem ativa. E as estratégias ou métodos promovidos, em tais ambientes, podem favorecer a aprendizagem como consequência de *envolvimento*: participação ativa, com demonstração de reflexão crítica sobre outros pontos de vista, defendendo ou modificando os seus, não sem antes considerar os demais, participação com cooperação e tomada de consciência. Esse processo, por sua vez, auxilia a crítica epistemológica do estudante, uma vez que requer o pensar, o conhecer e, à medida que agimos sobre nosso pensar, transformá-lo.

Esperamos, pois, que os dados e as reflexões apresentados nesta obra sejam fruto de novas análises e, quem sabe, de outras interpretações, que possam contribuir para uma melhor qualidade da aprendizagem nos cursos de graduação em Engenharia.

Como contribuição pedagógica do que aqui apresentamos, esperamos ter demonstrado que o aproveitamento acadêmico depende de vários fatores *internos* ao sujeito, tais como disposição para o envolvimento, conhecimentos anteriores, interesse, motivação, tomada de consciência, em muitos dos quais se demonstrou ser possível interferir. Cabe, pois, ao professor sensível a essas questões encontrar formas de fazê-lo, com a melhor qualidade possível.

Além disso, o perfil profissional do egresso depende do tipo de IES, de sua inserção social, de sua cultura institucional, de sua tradição de oferta de cursos, de seu engajamento na pesquisa científica e tecnológica, de aspectos relacionados com a economia do país, as conjunturas nacional e internacional, a inserção regional e as demandas do setor empresarial.

Os professores precisam estar cientes de que não basta o conhecimento dos conteúdos para promover a aprendizagem de conhecimentos estruturantes. É preciso estar atentos em como construir o conhecimento e quais as condições para efetivar a aprendizagem. Em outras palavras, os professores são atores fundamentais na promoção da excelência na Educação em Engenharia, mas, para isso, sugerimos que os cursos de graduação em Engenharia ofereçam oportunidades para que os professores participem, de forma permanente, não

Índice

A

Active Learning Continuum, 161, 162
Ambiente de aprendizagem
    ativa, 34
    flexível, 45
Aprendizagem
    ativa, 38
    baseada em problemas, 120
    significativa, 39
Aula(s), 47, 172, 177, 184
    expositivas, 42
Autoavaliação, 147
AVA, 53
Avaliação(ões)
    formativa, 142, 151
    pelos pares, 157
    sistemática, 142, 143

B

Blended learning, 9, 53

C

Casos de ensino, 114
CDIO, 43
Concepções de aprendizagem, 36
Constructive controversy, 99
Conteúdo intencional, 46
Controvérsia construtiva, 174
Co-op co-op, 108
Cultura da aprendizagem, 46

D

Desafios em grupos, 111

E

Engajamento, 17

F

Flipped
    classroom, 43
    Learning Network, 45

G

Grupos com tarefas diferentes, 91

H

Homo zappiens, 19

I

In-class exercises, 86, 172, 178
Inverted classroom, 43

J

Jigsaw, 103, 184
Just-in-time teaching, 45, 172

M

Modelo híbrido, 53

N

Nativos digitais, 19

O

One minute paper (OMP), 146, 175, 181

P

Pedagogias de engajamento, 17
Peer instruction, 45, 64, 185
Planejamento de critérios de avaliação, 207
Portfólio físico ou digital, 157
Pós-aula, 50, 175, 182, 186
Pré-aula, 47, 171, 177, 184
Princípios da avaliação mediadora, 145
Problem-based learning, 120
Professor profissional, 46

S

Sala de aula invertida, 43
Subsunçores, 39

T

Taxionomia de Bloom, 165, 166
Taxionomia de Bloom revisada, 164
Thinking-aloud pair problem solving, 96, 178
Think-pair-share, 82, 177

W

Wikis, 55

só em programas de formação continuada de docentes, bem como no desenvolvimento das políticas de organização curricular e no projeto pedagógico dos cursos em que atuam, levando em consideração abordagens pedagógicas pautadas em práticas reais, interdisciplinares, de pesquisa e de extensão, de modo a assumirem maior compromisso com o desenvolvimento das competências desejadas para os futuros profissionais.

REFERÊNCIAS BIBLIOGRÁFICAS

BASSO, M. V. *Espaços de aprendizagem em rede*: novas orientações na formação de professores de matemática. 412f. Tese (Doutorado em Informática em Educação) – PGIE-UFRGS, Porto Alegre, 2003.

DEMO, P. Educação Científica. Boletim Técnico do Senac: *A Revista de Educação Profissional*, Rio de Janeiro, v. 36, n.1, p.15-25, jan./abr. , 2010. Disponível: <http://www.bts.senac.br/index.php/bts/article/viewFile/224/207>. Acesso: 14 jul. 2018.

FREIRE; FREIRE. *Pedagogia da autonomia*: saberes necessários à prática educativa. 18. ed. São Paulo: Paz e Terra, 2001.

GRAAFF, E. de; CHRISTENSEN, H. P. Editorial: Theme issue on active learning in engineering education. *European Journal of Engineering Education*, v. 29 (4), 2004.

LODER, L. L. *Engenheiro em formação*: o sujeito da aprendizagem e a construção do conhecimento em Engenharia Elétrica. 341f. Tese (Doutorado em Educação) – UFRGS, Porto Alegre, 2009.

MESQUITA, D.; NEVES, R. *et al*. Perfil do professor de engenharia: desenvolvimento de competências nos contextos de aprendizagem ativa. In: OLIVEIRA, V. F.; MATTASOGLIO NETO, O.; TOZZI, M. J. (Org.). *Desafios da educação em engenharia*: perfil do professor, aprendizagem ativa e multidisciplinar, processos de ingresso, inovação e proposições. Brasília: Abenge, 2016, cap. 1.

PIAGET, J. *A tomada de consciência*. São Paulo: Melhoramentos, 1977.